Autorin: Christine Berger
Redaktion: Andreas Müller
Bildredaktion: Gabriele Forst
Gestaltung: Cyclus · Visuelle Kommunikation
Aktualisierung: Christine Berger

© MAIRDUMONT GmbH & Co. KG, Ostfildern, **3. Auflage 2012**
Kartografie: © MAIRDUMONT/Falk Verlag, Ostfildern

„National Geographic" ist eine eingetragene Marke der
National Geographic Society. Deutsche Ausgabe lizenziert durch
National Geographic Deutschland
(G+J/RBA GmbH & Co. KG), Hamburg 2009
www.nationalgeographic.de



A04756

# RÜGEN

# Inhalt

# Das Magazin

Zu einem tollen Urlaub gehört mehr als genüssliches Faulenzen oder Shoppen bis zum Umfallen – damit die Reise sich wirklich lohnt, muss man das Besondere seines Ziels kennen und schätzen. Das Magazin gibt einen unterhaltsamen Überblick über die gesellschaftlichen, kulturellen und geografischen Zusammenhänge, die dieser Region ihren besonderen Zauber verleihen.

# EINZIGARTIGE LANDSCHAFT

**Deutschlands größte Insel ist ein Naturphänomen: Fast 90 km Strand, herrliche Wälder und eine faszinierende Kreideküste mit mehr als 100 m hohen Felsen machen Rügen zum Ort grandioser Landschaften.**

So viele Strände und gleichzeitig eine so hügelige Landschaft mit dichten Buchenwäldern – da scheint sich an einigen Stellen der Insel der Thüringer Wald mit der Ostseeküste vereint zu haben. So sehr die Insel mitunter an ein Binnenland erinnert, wenn Sie die Ohren spitzen, können Sie dennoch oft das Meer rauschen hören. Kein Ort ist mehr als 7 km vom Wasser entfernt! So haben Sie immer beides dicht beisammen: den Strandurlaub mit Dünenwäldchen, Promenade und Hotel am Meer und gleichzeitig wunderschöne Rad- und Wanderwege durch hügelige Wälder und weite Felder.

### Steilküsten aus Kreide und Sand

Majestätisch ragt der Königsstuhl 119 m über das Meer. Wer von der Plattform auf dem Felsen in die Ferne schaut, fühlt sich tatsächlich wie ein König, erhaben über das Wasser, das weit unten rauscht und so flach und klar ist, dass man bis auf den Grund schauen kann. Millionen von Jahren haben diese Felsen schon auf dem Buckel. Steinalt sind sie und dennoch nicht für die Ewigkeit geschaffen: 2005 brachen die berühmten Wissower Klinken – zwei markante Kreidekliffs – einfach ab. 50 000 m³ Kreide stürzten ins Meer. Die Natur auf Rügen ist immer in Bewegung – besonders im Winter, wenn raue Stürme über die Insel ziehen und manchmal Eisschollen das Meer bedecken.

**Seite 5: Die typische Bäderarchitektur findet man auch in Sassnitz**

**Rechts: Schon von weitem beeindruckt die Selliner Seebrücke**

**Link: Auf Rügen gibt es noch herrliche Alleen, rechts: Leuchtender Kreidefelsen**

## Faszinierende Boddenlandschaft

Rügen ist wie eine Medaille mit zwei Seiten: Auf der einen Seite gibt es die Ostseeküste mit ihren kilometerlangen Sandstränden, der mächtigen Steilküste und den stolzen Seebädern im Norden und Osten. Auf der anderen Seite findet man die stille Boddenlandschaft mit schilfumsäumten Ufern, weiten Wiesen und einsam gelegenen Dörfern im Süden und Westen. Dort wohnen überwiegend die Einheimischen. Viele haben ein Landhaus mit unverbautem Blick über Felder und Wiesen gekauft und renoviert. Allerorten gibt es prachtvolle Gutshäuser, die aus Ruinen wieder auferstanden sind. Wunderschöne Alleen mit windgebeugten Bäumen überziehen die Insel wie natürliche Tunnel. Im Mönchgut im Nordosten beginnt die 2000 km lange Deutsche Alleenstraße, die sich einmal quer durch Deutschland zieht.

## Naturschutz wird groß geschrieben

Insgesamt vier Naturschutzzonen sorgen dafür, dass die einmalige Landschaft, erhalten bleibt. Als Teil des Nationalparks Vorpommersche Boddenlandschaft ist die Westküste Rügens samt Hiddensee geschützt. Am bekanntesten ist der Nationalpark Jasmund mit der Kreideküste. Das Biosphärenreservat Südost-Rügen wiederum schließt die Regionen Mönchgut, Granitz und den Rügischen Bodden ein. Fast die gesamte Insel Rügen steht als Naturpark Rügen unter Schutz.

### DAS WEISSE GOLD RÜGENS

12 km lang ist der Küstenabschnitt Rügens, der von Kreidefelsen gesäumt wird. Nicht viel, angesichts von insgesamt 574 km Uferlänge auf der gesamten Insel. Die einzigen Kreidefelsen Deutschlands entstanden vor rund 50 bis 100 Mio. Jahren. Auch heute noch wird die Kreide in der Nähe von Sassnitz industriell abgebaut. Sie wird zur Herstellung von Farben, Kitt, Zahnpasta und in der Porzellan- und Glasproduktion genutzt. Auch als Heilkreide (► 13) findet sie in etlichen Wellnesshotels der Insel Verwendung.

# Highlights auf einen Blick

### Die schönsten Strände

Kilometerlang nur Sand und Wellen, das ist die **Schaabe** (➤ 52): Auch in der Hochsaison finden Sie dort ein stilles Plätzchen. Die Sonne scheint den ganzen Tag auf den Sand, Sie finden aber auch Schatten am Rande des Kiefernwaldes. Die **Schmale Heide** (➤ 66) bietet ebenfalls einen kilometerlangen Strand, dahinter Hitlers Hotelburg Prora mit vielen Museen. So viel Kultur und Sand auf einmal ist selten! Einen kleinen, aber feinen Strand gibt es in **Suhrendorf auf Ummanz** (➤ 104f). Besonders Surfer lieben das flache Gewässer mit Blick auf Hiddensee.

### Die schönsten Ausblicke

Der **Leuchtturm auf Hiddensee** (➤ 124) bietet einen einmaligen Blick über Rügen und Hiddensee. Vom **Turm des Jagdschlosses Granitz** (➤ 71) können Sie ebenfalls phantastisch weit schauen. Und vom Kirchturm der **St. Marienkirche in Stralsund** (➤ 138) haben Sie eine tolle Sicht über die Stadt, ihren Hafen und Rügen.

### Die schönsten Kirchen

Die älteste Dorfkirche Rügens in **Altenkirchen** (➤ 45) ist zugleich auch die schönste. Aber auch die kleine Holzkirche im Schwedenstil in **Ralswiek** (➤ 107) hat Charme. Imposant ist die riesige **St. Marienkirche** (➤ 138) in Stralsund –

**Von oben nach unten: schon von weitem ist der Leuchtturm auf dem Bakenberg zu sehen; In einem Strandkorb kann man die Schaabe besonders gut genießen; So empfängt einen das Kurhotel in Binz; im Mönchgut fühlen sich die Schafe sehr wohl; Fischkutter vor Groß Zicker**

**Der Blick von der Stralsunder Marienkirche reicht an sonnigen Tagen weit nach Rügen**

ein lichtdurchflutetes Gotteshaus mit der beeindruckendsten Orgel weit und breit!

## Die schönsten Orte
Die prachtvollsten Bädervillen können Sie in **Sellin** (➤ 73) bewundern. Die schönste Strandpromenade mit Kurhaus und Seebrücke finden Sie in **Binz** (➤ 68). Und **Groß Zicker** (➤ 79) ist eines der ursprünglichsten Dörfer auf Rügen mit rohrgedeckten Fischerhäusern, Pfarrwitwenhaus und hübscher Kirche.

## Die besten Restaurants
Das **Ambiance** (➤ 85) in Sellin gilt als eine der ersten Adressen der Insel: eine gelungene Melange aus mediterraner und pan-asiatischer Küche. In Binz bietet das Restaurant des **Kurhauses Binz** (➤ 83) erstklassiges Speisen am historischen Ort direkt an der Strandpromade. Hervorragenden Fisch essen Sie in Sassnitz im **Gastmahl des Meeres** (➤ 58) am Hafen.

## Die besten Bars
In Binz, dem Nightlifezentrum der Insel, bekommen Sie hervorragende Cocktails in der **Bar der Villa Salve** (➤ 88) an der Strandpromenade. Die **Altstadtbrasserie** (➤ 60) in Sassnitz ist ebenfalls bekannt für frisches Pils Drinks und netten Service. Und im **Globetrotter** (➤ 88) in Göhren treffen sich Barflys wegen der ausgezeichneten Auswahl an Rum- und Whisk(e)ysorten sowie der großen Cocktailkarte.

## Die besten Ausflüge mit Kindern
Der **Rügenpark in Gingst** (➤ 102) bietet Spiel und Spaß für die ganze Familie mit Wildwasserrondell, Superrutsche und Jetscooter sowie einem Miniaturenpark (mit einem Modell der Insel Rügen). Eine tolle Alternative zum Strand finden Kinder im **Erlebnisbad Inselparadies** (➤ 87) mit seiner 106 m langen Rutsche, Wildwasserkanal und einem 30 Grad warmen Abenteuerbecken.

## Nur Zeit für 1 …
… **Felsenküste**, dann besuchen Sie unbedingt den Nationalpark Jasmund (➤ 42). Wer einmal auf dem **Kreidefelsen Königsstuhl** 119 m über dem Meer gestanden hat, bekommt Respekt vor der Schönheit der Natur.
… **Leuchtturm**, dann sollten Sie **Kap Arkona** (➤ 47) nicht verpassen. Suchen Sie sich einen der drei Türme vor Ort aus und genießen Sie den herrlichen Ausblick auf die Insel vom Nordkap Deutschlands!

# Feste FEIERN

**Piraten belagern die Bucht am Großen Jasmunder Bodden, Wallenstein zieht mit seinen Truppen in Stralsund auf, und Tausende von Zuschauern sind begeistert. Historische Theaterfestivals boomen, aber auch Dorffeste und der Binzer Strandkarneval bringen auf Rügen die Menschen auf Trab. Über 200 Feste sorgen jährlich für ausgelassene Stimmung in den Dörfern und Städtchen der Insel.**

Einmal im Jahr verwandelt sich der Stralsunder Rathausplatz in eine mittelalterliche Kulisse. Marktfrauen in weiten Röcken, das Haar hinter einem Häubchen versteckt, preisen ihre Ware an; Junker, mit Schwert und Trinkhorn versehen, stolzieren wie die Hähne die Stände der Kunsthandwerker entlang; Gaukler führen ihre Kunststücke vor. Die Stadt erinnert auf diese Weise an ihren erfolgreichen Widerstand gegen die von Albrecht von Wallenstein geführten kaiserlichen Truppen im Jahr 1628. Das wird jedes Jahr im Juli mit einem großen Mittelalterfest, den **Wallensteintagen**, gefeiert. Mittlerweile ist es das größte historische Volksfest der Region.

> **» Ein Riesenspaß ist auch der Binzer Strandkarneval «**

Auf Rügen reisen Einheimische und Urlauber ebenfalls gerne in die Geschichte. Hunderttausende verfolgen jedes Jahr während der Sommermonate in Ralswiek (➤ 106) auf einer der schönsten Freilichtbühnen Europas das **Störtebeker-Festival** mit Theaterstücken wie *Piraten vor Britannien* oder *Der Seewolf*. Die Geschichte des Seeräubers Klaus Störtebeker (➤ 17), der vermutlich auf Rügen geboren

wurde, wird mit 280 Mitwirkenden, 20 Schauspielern, zahlreichen Stunt-men, 30 Pferden und vier Schiffen nachgespielt – eine beeindruckende Show am Ufer und auf dem Wasser des Großen Jasmunder Boddens!

## Karneval nicht nur zur Faschingszeit

Auch die ganz normalen kleineren Dorf- und Hafenfeste haben ihren be-sonderen Charme. Sie kosten keinen Eintritt, erinnern an volkstümliche Bräuche und dienen dazu, zusammenzusitzen und einfach viel Spaß zu haben bei Tanz und Musik. Das schätzen nicht nur die Einheimischen. Ein Highlight ist etwa der **Pferdefasching auf Ummanz** im Februar. Reiter und ihre Pferde der Haflingerzucht ziehen dann fantasievoll verkleidet durch das Dorf Waase. Ein Riesenspaß ist auch der **Binzer Strandkarneval** im Mai. Dann verkleiden sich nicht nur die Hoteliers und Bewohner des See-bades, sondern auch die Strandkörbe werden entsprechend dem Thema aufgehübscht. Die originellsten Sitzmöbel werden sogar prämiert. Ein kun-terbunter Umzug durch den Ort gehört natürlich ebenfalls dazu. Wenn Sie das einmal erlebt haben, werden Sie wissen, wie ausgelassen auf Rügen gefeiert wird. Und einen Anlass gibt es eigentlich immer.

### HEIRATEN IM LEUCHTTURM

Den Bund fürs Leben können Paare auf Rügen an vielen ungewöhnlichen Orten schließen. Standesämter gibt es u. a. im historischen Leuchtturm auf Kap Arko-na, auf der Selliner Seebrücke, im Kurhaus Binz sowie im Jagdschloss Gra-nitz und Schloss Ralswiek (links). Auch auf den Fahrgastschiffen sind schon manche Eheleute in spe in den Hafen der Ehe eingelaufen. Viele Hotels bieten spezielle Hochzeitsarrangements. Für eine kirchliche Trauung stehen die 46 Rügener Dorfkirchen und die Pfarrkirchen Stralsunds offen. Für die Feier da-nach können Sie für Ihre Hochzeitsgesellschaft z. B. die Dampflokbahn *Rasender Roland* (► 98) mieten.

# TYPISCH RÜGEN

**Steine, Schilf und Kreide sind auf Rügen begehrt. Während die einen am Strand nach Bernstein, Hühnergöttern oder Donnerkeilen suchen, ernten andere Schilf, um damit Dächer zu decken. Und die Kreide ist eine Wohltat für empfindliche Haut.**

Steine gibt es auf Rügen wie Sand am Meer, und wohl kaum in einer Region sind sie so bedeutend wie hier: Besonders nach stürmischen Tagen sieht man an den Stränden viele Menschen, die ihren Blick konzentriert auf den Boden richten, dort mal ein Treibholz umstülpen und hier ein wenig Seetang zur Seite kicken. Sie sind auf der Suche nach Bernstein, Millionen Jahre altem versteinerten Harz. Mit ein bisschen Glück finden selbst Laien ein centgroßes Stück, das sie sich – durchbohrt – als Schmuckstück um den Hals hängen können. Wer keine Lust zum Suchen hat, wird trotzdem fündig. Zahlreiche Läden verkaufen Bernstein in allen Größen.

### Hühnergötter bringen Glück

Diese besonderen Feuersteine müssen Sie allerdings selber suchen. Hühnergötter finden Sie vor allem am Kap Arkona und an der Steilküste des Jasmund. Sie sind schwarz-weiß gemustert, oft bizarr geformt und im Gegensatz zu normalen Feuersteinen durchlöchert. Hühnergötter sollen Glück bringen, so sagen jedenfalls die Rüganer.

### Versteinerte Tintenfische am Strand

Etwas ganz Besonderes sind Donnerkeile. So heißen versteinerte Skelettreste von prähistorischen Tintenfischen. Sie zu finden, ist am

**Auf den Feuersteinfeldern nördlich von Binz gibt es Hühnergötter**

**Links:** So sieht aus, wer sich eine Heilkreidekur gönnt
**Oben:** Ein Rohrdach ist nicht nur idyllisch, sondern fast schon Luxus



schwierigsten. Wer von allen Steinen eine Auswahl anschauen möchte, ohne den halben Grund Rügens umzugraben, sollte sich im Deutschen Meeresmuseum in Stralsund (➤ 143) die Ostseeabteilung nicht entgehen lassen. Dort sind die Steine in ihrer ganzen Vielfalt ausgestellt. Im Bernsteinmuseum in Sellin (➤ 75) können Sie übrigens Ihren gefundenen »Schatz« auf Echtheit überprüfen lassen.

## Erntezeit für Dachdecker

Im Winter von Dezember bis März wird am Boddenufer Schilf geerntet. Dann kommen riesige Traktoren, die im sumpfigen Untergrund nicht so schnell einsacken, und scheren die Schilfrohrwiesen. Getrocknet wird das Rohr zum Dachdecken genutzt. Rohrdachhäuser gibt es auf Rügen eine ganze Menge, obwohl es für viele Hausbesitzer seit der Wende mit erheblichen Mehrkosten verbunden ist, ein Rohrdach zu besitzen. Allein die Brandschutzversicherung kostet ein Vielfaches dessen, was für ein Haus mit Ziegeldach genommen wird. Dennoch besinnen sich viele auf die Tradition des Naturdaches, und selbst Neubauten werden häufig rohrgedeckt.

## Kreide – eine Wohltat für die Haut

Während früher Kreide von den Rügener Felsen ausschließlich industriell verarbeitet wurde, bieten Hotels auf Rügen seit Mitte der 1990er-Jahre auch so genannte Heilkreideanwendungen an. Auf die Haut aufgetragen, lindert die Kreide Hautkrankheiten, Rheuma, Gelenkentzündungen, Arthrosen und Ischias. In Sassnitz wurden in einigen Hotels zwar schon Anfang des 20. Jhs. Kreidebäder und -packungen angeboten, aber im Laufe der Zeit geriet die Kreidetherapie wieder in Vergessenheit. Heute lebt die Wellnessbranche der Insel zunehmend von der Rügener Spezialität Naturheilkreide.

# RÜGENS
# Vermächtnis

**Vor 6000 Jahren wurde Rügen erstmals von Germanen besiedelt. Während diese vor allem stattliche Großsteingräber hinterließen, zeugen Hügelgräber von der nachfolgenden Bronzezeit 1800–1000 v. Chr. Vom Slawenvolk der Ranen, das die Insel bis vor rund 900 Jahren dominierte, sind vor allem mächtige Burgwälle und Reste von Tempelburgen geblieben.**

Im 11. Jh. war es den Dänen ein Dorn im Auge, dass die Bewohner Rügens noch immer einem heidnischen Kult huldigten und vom Christentum nichts wissen wollten. Für Gott Svantevit und seine Nebengötter opferten die Ranen auf Rügen regelmäßig Hühner, bauten riesige Tempelburgen und feierten archaische Feste. Mehrmals versuchten die Dänen, dem ein Ende zu machen. 1168 gelang es ihnen, die Burg Arkona einzunehmen. Die anderen Tempelburgen auf Rügen wurden daraufhin kampflos übergeben. Noch heute zeugen auf Rügen 28 ringförmige Erdwälle, u. a. in Garz (► 100) sowie in Bergen (► 94) auf dem Rugard, von den slawischen Tempelanlagen. Kurz nach der Machtübernahme durch die Dänen entstanden auf Rügen die ersten Kirchen, etwa in Altenkirchen (► 45).

**Die Svantevit-Büste aus den 1990er-Jahren am Kap Arkona**

**Ankunft des Königs von Schweden, Gustav II. Adolf**

Die unterworfenen Slawen wurden im Laufe der Jahrhunderte von zuge-
zogenen Deutschen verdrängt, sodass die slawische Sprache bereits im
15. Jh. auf Rügen nicht mehr gebräuchlich war. Nur die typisch slawischen
Endungen von Ortsnamen wie -ow, -itz oder -gast sind geblieben.

## Kahlschlag auf der Insel

Am schlimmsten setzte der Dreißigjährige Krieg dem Eiland zu. Deutsche,
schwedische und dänische Soldaten verwüsteten um 1628 nacheinander
das Land und plünderten es aus. In dieser Zeit wurde auch fast die gesamte Inselfläche kahl geschlagen, die damals noch überwiegend aus Wald
bestand. Heute sieht man nur noch auf der Halbinsel Jasmund und in der
Granitz, wie dicht bewachsen Rügen einmal war.

1648 fiel Rügen an Schweden und blieb schwedisch bis zum Beginn
des 19. Jhs. Da besetzte Napoleon mit seinen Truppen die Insel und für
kurze Zeit war Rügen französisch. Nach der Niederlage des französischen
Feldherrn übernahmen dann 1815 die Preußen das Regiment auf Rügen.
Die Verbundenheit mit Schweden jedoch ist geblieben. Volksfeste, etwa
die Wallensteintage in Stralsund (▶ 10), und die 700 km lange Schweden-
straße, die in Sassnitz ihren Anfang nimmt, erinnern an die Verbundenheit
mit den skandinavischen Nachbarn.

## HAUSMARKEN

Besonders verbreitet sind diese runenartigen Zeichen noch auf Hiddensee,
wo die meisten alten Häuser am Eingang eine Hausmarke ziert. Auch auf
Rügen dienten Hausmarken einst dazu, den Besitz zu kennzeichnen. Jede
Familie hatte ihr eigenes Zeichen, da ja so gut wie niemand des Schreibens
mächtig war, geschweige denn lesen konnte. Hausmarken gab es lange Zeit
übrigens auch in anderen Teilen Deutschlands, etwa in Westfalen. Aber nur
in relativ abgelegenen Gegenden wie auf Hiddensee oder Rügen haben sich
diese Kennzeichen bis heute erhalten.

# VON **PIRATEN** UND SCHRIFTSTELLERN

**Abenteurer, Romantiker und Schriftsteller fanden auf Rügen und Hiddensee eine Heimat für ihre Sehnsüchte nach Natur und unverstelltem Leben. Die bekanntesten unter ihnen waren Klaus Störtebeker, Caspar David Friedrich und Gerhart Hauptmann.**

Eine faszinierende Landschaft, majestätische Sonnenuntergänge und die Weite des Meeres haben von jeher Künstler und Schriftsteller magisch nach Rügen gezogen. Bekannt wurde die Insel vor allem durch die Malerei Caspar David Friedrichs, der mit dem Bild *Kreidefelsen auf Rügen* international Aufmerksamkeit erzeugte. Friedrich, der 1774 in Greifswald geboren wurde, hielt sich öfters auf der Insel auf und kletterte zum Entsetzen der Einheimischen halsbrecherisch in den Felsen herum, um die Natur in sich aufzusaugen. Für Romantiker war die Insel eine Inspiration, und einige Literaturexperten sind sogar der Meinung, dass diese Kunst- und Geistesströmung zu Beginn des 19. Jhs. von hier ihren Ausgang nahm.

### Künstler auf der Suche nach Natur

Die Pianistin Clara Schumann stattete Rügen in den 1870er-Jahren auf einer Konzertreise einen Besuch ab, ebenso ihr enger Vertrauter Johannes Brahms, der in Sassnitz 1875 seine *1. Sinfonie c-moll* vollendete. Friedrich Schleiermacher, bekannter Professor und Theologe aus Berlin, weilte Anfang des 19. Jhs. ebenfalls regelmäßig auf der

**Wie zu Caspar David Friedrichs Zeiten sehen die Kreidefelsen heute nicht mehr aus.**

**Sie liebten die Ruhe auf der Insel: Gerhart Hauptmann, Johannes Brahms, Clara Schumann und Friedrich Schleiermacher (von links nach rechts)**

Insel, auch weil er in eine Rüganerin namens Henriette von Willich verliebt war, die er später dann heiratete.

Anfang der 1920er-Jahre wurde Hiddensee (▶ 117) förmlich von Künstlern überrannt, die das freie Leben in der Natur auf der Insel genossen. Unter anderem besaß der Stummfilmstar Asta Nielsen hier ein Haus (▶ 128). Das Haus des Dramatikers Gerhart Hauptmann (▶ 122), der in den 1930er-Jahren in Kloster auf Hiddensee wohnte, können Sie besichtigen. Auch die bekannte Tanzpädagogin Gret Palucca weilte ab 1948 viele Sommer auf Hiddensee. Ihr zu Ehren findet jedes Jahr ein Tanzfestival (▶ 176) auf der Insel statt.

## EIN SCHRECKEN DER MEERE

Kaum ein Seefahrer ist so sagenumwoben wie Klaus Störtebeker. Gleich mehrere Orte Norddeutschlands verbuchen für sich, Geburtsort des Piraten gewesen zu sein. Fest steht jedoch, dass der Seeräuber mit seinen Mannen regelmäßig auf Rügen weilte und vielleicht sogar in Ruschvitz bei Glowe aufgewachsen ist. Störtebeker war der Anführer der so genannten Vitalienbrüder, die Hansekoggen zunächst auf der Ostsee, später auch auf der Nordsee ausplünderten und das Erbeutete u. a. unter den Armen verteilten. Nach seiner Gefangennahme 1402 wurde Störtebeker samt Crew in Hamburg geköpft. Auf Rügen ist der Pirat vor allem wegen der berühmten Störtebeker-Festspiele (▶ 10) in Ralswiek ein Begriff.

# ÖKO-INSEL RÜGEN

**Rügen bietet nicht nur einen gut ausgebauten öffentlichen Nahverkehr, auch im Fahrradtourismus, u. a. mit Elektroräderverleih und Akkuladestationen, sowie beim Natururlaub hat die Insel die Nase vorn. Künftig soll ein Drittel der benötigten Energie auf Rügen durch Biomasse gewonnen werden.**

Umweltschutz und Ressourcen schonen wird auf Rügen groß geschrieben. Allem voran sorgt der gut ausgebaute öffentliche Nahverkehr dafür, dass Zugereiste und Rüganer das Auto öfter stehen lassen. Alle Orte inklusive der touristischen Highlights wie Kap Arkona (➤ 47) oder der Nationalpark Jasmund (➤ 42) können bequem viertelstündlich (in der Hauptsaison) oder stündlich (im Winter) mit dem Bus erreicht werden. Radsfatz heißt ein Fahrradbus, der bis zu 16 Fahrräder inklusive Fahrer Huckepack nimmt. So können Radler während des gesamten Sommerfahrplans Fahrrad- und Busfahren miteinander verbinden. Via Internet bietet der Rügennahverkehr einen Tourenplaner, Reisende können eine Fahrradtour auf den Fahrplan der Busse abstimmen (www.rpnv.de/tourenplaner). Weiteres Plus: Fast alle Busse fahren bereits mit Biodiesel aus heimischem Raps, in naher Zukunft sollen die Fahrzeuge auf Biogas umgestellt werden.

## Biomasse als Stromerzeuger

Viele Hotels und Wellnessanlagen verbrauchen viel Energie – kein Problem, wenn dieser aus der Region stammt und zudem aus regenerativen Quellen stammt. Die Kampagne »Natürlich Rügen – Voller Energie« (www.ruegen-voller-energie.de) hat zum Ziel, dass mindestens ein Drittel des Primärenergiebedarfs der Region bis 2020 aus Biomasse gewonnen wird. Durch einen Mix aus Abfallenergie, Windkraft, etc. soll die Insel Rügen weitgehend energieautark werden. So können Urlauber und Einheimische ihr Nachttischlämpchen mit Rügener Strom leuchten lassen, und auch die Heizwärme für Pools und Saunen stammt dann u. a. vom Kraftwerk »um die Ecke«. In Rügens Hauptstadt Bergen produziert bereits eine Biogasanlage Strom und Wärme für über 2.000 Haushalte. Dabei werden jährlich ca. 5600 Tonnen $CO_2$ eingespart.

## Hiddensee und Zentralrügen – Natururlaub pur

Als autofreie Insel hat sich Hiddensee (➤ 117) einen Namen gemacht. Nur ein kleiner Linienbus fährt täglich über die Insel, ansonsten ist das kleine Eiland im Westen den Radlern und Spaziergängern vorbehalten. Als Adresse für erholsamen Land- und Natururlaub ist auch Zentralrügen bekannt. Landhotels, Bauernhöfe, Ruhe und Ursprünglichkeit ziehen die Urlauber an, die in ihren Ferien die Beschaulichkeit des ländlichen Rügens dem quirligen Trubel in den Ostseebädern vorziehen. Der Bauernhof Thom (➤ 34) etwa bietet nicht nur idyllische Landferien, hier können Sie auch gleich einkaufen im Öko-Hofladen. Eier, Kartoffeln, Gemüse, Kräuter, Käse, Marmelade, Milch und Fleisch stammen aus ökologischer Produktion. Wer hier oder in der Nähe Urlaub macht, kann auf den Einkauf im Supermarkt für eine Weile komplett verzichten. Auch andere Bauernhöfe bieten Erzeugnisse aus ökologischer Produktion an. Wieso nicht aus der geplanten Radtour eine Einkaufstour machen? So bekommen Sie ganz nebenbei frische Lebensmittel von bester Qualität. Die Höfe liegen idyllisch und die Betreiber freuen sich auf Besuch.

### MOVELO – BEQUEM RADELN MIT STROM

Mancher Rüganer reibt sich verdutzt die Augen, wenn plötzlich Fahrradfahrer bei Windstärke sechs und Gegenwind vergnügt in die Pedale treten und steile Hügel im Handumdrehen bezwingen. Ein Wunder? Nein, ein Elektromotor, der die eigene Pedalkraft kraftvoll unterstützt, wenn es nötig ist. Seit 2011 ist Rügen so genannte movelo Region. Der Begriff »movelo« verbindet Mobilität und Velo (Fahrrad). Ein flächendeckender Verleih von Elektrorädern sowie zahlreiche Akkuladestationen an vielen Orten auf der Insel sollen dafür sorgen, dass sich auch Urlauber auf den Sattel schwingen, die bislang die Anstrengung bei Wind und Bergen gescheut haben. Je nach Gelände und Wind kann man mit den strombetriebenen Drahteseln vierzig bis sechzig Kilometer weit fahren, rund ein Kilowatt pro Stunde (ca. 20 Cent) verbrauchen die Räder auf hundert Kilometer. Rund 20 bis 30 Euro pro Tag kostet der Spaß (www.movelo.com).

# WASSERSPORT

**Surfen, Segeln, Schwimmen und Paddeln – am Ostseestrand ist im Sommer alles möglich. Aber auch Golfer und vor allem Reiter können in herrlicher Natur ihrem Sport nachgehen. Und für Pedalritter und Wanderer ist die Insel ein Paradies.**

Sie möchten nicht nur am Strand in der Sonne brutzeln, sondern auch etwas für Ihre Fitness tun? Wie wäre es z.B. mit einem Surfkurs (► 36) auf der Insel? Oder gehen Sie doch einmal mit einem historischen Segelschiff (► 88) auf Tour und erfahren Sie, wie die Fischer früher zur See fuhren. Sogar Kajakfahren auf dem Meer ist möglich (► Kasten).

### Schwimmwettkämpfe zum Vergnügen

Wenn Sie gerne und viel schwimmen, sollten Sie beim Sundschwimmen mitmachen, das jährlich Anfang Juli stattfindet. Dann pflügen rund 1000 Teilnehmer durch den 2,3 km breiten Strelasund zwischen Stralsund und Altefähr auf Rügen. Auch das im August stattfindende Vilm-Schwimmen, einmal um die gleichnamige Insel, ist inzwischen ein Begriff. Seit 2004 wird außerdem ein Inselschwimmen von Rügen nach Hiddensee veranstaltet. Mit rund 4,5 km Länge ist dies das längste Wettschwimmen, das Rügen zu bieten hat.

### Golfen im Schlosspark

Ein wunderschöner 18-Loch-Turnierplatz (► 36) im Park von Schloss Karnitz (► 109) zwischen Bergen und Garz zieht Golfer aus der ganzen Region an. Er hat eine Gesamtlänge von ca. 6 km und wurde 2002 eröffnet. Auf dem 9-Loch-Public-Course können Sie auch ohne Platzreife spielen. Oder vielleicht haben Sie Lust, ein paar Golfschwünge auf der Driving Range zu machen?

## Wer hat den Größten an der Angel?

Für Angler gibt es kaum einen besseren Ort als Rügen, um ihre Fangkünste auszuprobieren. Ob Hechtangeln in den Boddengewässern oder Hochsee- angeln vom Kutter aus – fette Beute ist vorprogrammiert. Bis zu zwölf Angel- kutter (➤ 60) laufen jeden Morgen in aller Frühe aus, um Hobbyangler zu den besten Fanggründen zu fahren. Auch Watangeln ist ein Hit. Sie brauchen nur ins hüfttiefe Wasser zu laufen und Ihre Angel auszuwerfen, schon kommen Hecht und Barsch angeschwommen, um anzubeißen.

## Ausreiten durch Felder und Wälder

Rügen ist ein Paradies für Reiter! 30 Reiterhöfe (➤ 36) sowie Reit- und Fahrvereine sorgen auf Rügen dafür, dass große und kleine Pferdenarren ihren Spaß haben. Geländeritte, Springreiten, Reitunterricht und Voltigie- ren für Kinder stehen u. a. auf dem Programm. Je nach Wunsch können Sie mehrtägige Kurse buchen oder z. B. Ihre Kinder für einen Tag zum Reiten anmelden.

## Fahrradfahren oder Wandern?

Leihen Sie sich ein Fahrrad und erkunden Sie die einsame Weite Zentral- rügens mit seinen vielerorts gut ausgebauten Fahrradwegen und eigenen Schildern für Radler. Und an einem anderen Tag wandern Sie über die traumhaften Zickerschen Alpen (➤ 79).

### MIT DEM SEEKAJAK AUFS MEER HINAUS

Sie dachten immer, Kajakfahren sei etwas für Flüsse und Seen? Falsch, auch auf dem Meer könne Sie wunderbar paddeln. Vorausgesetzt, es hat nicht mehr als 5 Windstärken. Mit dem Kajak können Sie dicht an der Küste ent- lang fahren und die Schönheit von Rügens Küste aus einer ganz neuen Pers- pektive entdecken. Besonders bei Sonnenuntergang wird das Seekajakfahren zum unvergesslichen Erlebnis (weitere Infos: www.wasser-wind.de).

# HITLERS HOTELBURG

**Prora ist ein architektonischer Koloss, wie es ihn weltweit kein zweites Mal gibt: 4,5 km lang und sechs Etagen hoch erstreckt sich das einstmal als Urlauberdomizil für Werktätige der NS-Zeit geplante Gebäude.**

**Kilometerweit erstreckt sich das Gebäudeband entlang der Küste**

Wenn Sie zum ersten Mal nach Prora kommen, werden Sie zunächst nichts Auffälliges bemerken. Unscheinbar erstreckt sich das im klassischen Mietshausstil der 1930er-Jahre gehaltene Gebäude am Strand entlang, ein bisschen versteckt durch den Kiefernwald, der Prora vom Strand trennt. Das Sonderbare ist nur, dass dieser Bau einfach nicht mehr aufzuhören scheint. Immer gleichförmig zieht sich die schier endlose graue Fassade an der Küstenlinie entlang. Nach rund 40 Minuten Fußweg ist es dann schließlich geschafft, das andere Ende von Hitlers Hotelburg ist endlich erreicht und Sie stehen am einsamsten Strand der Insel.

## Der Traum vom Seebad für die Massen

20 000 Menschen sollten hier zur gleichen Zeit Urlaub machen können. Für jeden waren 5 m2 Strand vorgesehen, außerdem sollte es für jeweils 2 Personen ein 9 m$^2$ großes Zimmer mit Meerblick geben. Prora, das war Hitlers Vision von organisiertem Urlaub. Der Entwurf des Kölner Architekten Clemens Klotz sah sogar noch ein Wellenbad und einen 250 m hohen Turm mit Aussichtscafé vor. Auch eine Festhalle für alle 20 000 Urlauber und ein 4 ha großer Festplatz waren geplant. Doch dann zettelte Hitler den Zweiten Weltkrieg an, und alle Arbeiten wurden 1939 auf Eis gelegt. Da waren immerhin schon große Teile des Gebäudes fertig, und so wurden hier dann zunächst Polizisten und Nachrichtenhelferinnen ausgebildet.

Zwangsarbeiter deckten während des Krieges die Dächer, und wenig später kamen die ersten »Gäste«: Evakuierte, Ausgebombte, Vertriebene und Flüchtlinge. Sie fanden am Strand der Schmalen Heide Unterschlupf bis zum Kriegsende. 1948 versuchte man zunächst, den Bau zu sprengen,

### MUSEUMSMEILE PRORA

Eine Vielzahl interessanter Museen trägt dazu bei, dass Prora heute eines der bedeutendsten Kulturzentren Rügens ist. Unter dem Titel Kulturkunstatt Prora versammeln sich allein 5 Museen, darunter ein NVA-Museum und eine Ausstellung über die Geschichte Rügens. Eine Bildergalerie bietet den Rügener Künstlern die Möglichkeit, ihre Werke auszustellen. (▶ 66, 87)

doch die gigantische Anlage aus Stahlbeton war einfach nicht klein zu kriegen. So gab man den Versuch wieder auf und nutzte die Häuser zu militärischen Zwecken: U. a. war hier die 8. Motorschützendivision der NVA mit insgesamt 15 000 Mann untergebracht. Fast die gesamte Schmale Heide, auf der sich Prora befindet, war bis Anfang der 1990er-Jahre militärisches Sperrgebiet.

Nach der Wende wurde Prora unter Denkmalschutz gestellt. Seitdem haben sich hier verschiedene Kultureinrichtungen wie etwa Galerien und Museen angesiedelt (▶ Kasten). Seit 2008 wird ein Teil der Anlage auch wieder touristisch genutzt. Ein Campingplatz für Jugendliche bietet 250 Stellplätze. 2011 hat eine Jugendherberge mit 402 Betten eröffnet.

# GEFUNDEN oder GEKAUFT

**Bernsteinschmuck, Sanddornmarmelade oder eingelegter Fisch sind die bekanntesten Souvenirs von der Insel. Doch auch Keramik, Honig und Kerzen sind typische Produkte von Rügener Manufakturen.**

Besonders in Zentralrügen haben viele Kunsthandwerker ihre Ateliers. Sie fertigen wunderschönen Schmuck an, töpfern oder stricken kunstvolle Pullover mit Landschaftsmotiven der Insel (➤ 115). Viele Produkte sind Unikate, und bei manchen Ateliers sollten Sie lieber vorher anrufen, denn nicht überall gibt es feste Öffnungszeiten. Gerne lassen sich die Künstler auch mal über die Schulter schauen, und einige Manufakturen bieten sogar Kurse an, etwa die Kerzenwerkstatt auf dem Rügenhof in Putgarten (➤ 59).

### Geschenke des Meeres

Die schönsten Souvenirs sind nicht unbedingt mit Geld zu bezahlen – Sie finden sie am Strand, schöne Muscheln etwa oder besonders geformte

**Ganz oben: Steine an der Kreideküste**

**Oben: Ketten aus Bernstein finden ihre Liebhaber**

**Links: Die Arbeit in einer Keramikwerkstatt erfordert eine ruhige Hand**

## HIDDENSEER GOLDSCHMUCK

Ein wahrer Schatz war es, der in den 1870er-Jahren auf Hiddensee an den Strand gespült wurde und die Insel in Goldgräberstimmung versetzte. Ein prächtiger Goldschmuck aus der Wikingerzeit mit filigranen Reliefs wurde stückweise im Sand gefunden. Er zeugt von einem für die damalige Zeit außerordentlichen kunsthandwerklichen Geschick. Im Original ist der Schmuck aus dem 10. Jh. zwar nirgendwo zu sehen, weil er zu wertvoll ist, doch zwei Repliken können Sie jeweils im Heimatmuseum Hiddensee (➤ 123) und im Kulturhistorischen Museum Stralsund (➤ 148) bewundern. Dort liegt auch der echte Goldschmuck im Tresor.

Feuersteine, so genannte Hühnergötter, oder Versteinerungen von prähistorischen Fischen, z. B. die auf Rügen sehr begehrten Donnerkeile (➤ 12). Bernstein ist ebenfalls ein typisches Souvenir der Insel, das Sie auch in Schmuckform in vielen Läden Rügens kaufen können. Und sogar von Wind und Wellen geformtes Holz wird als Deko für daheim so gerne mitgenommen, dass mittlerweile etliche Souvenirshops solcherart Strandgut verkaufen. Shoppingzentrum auf Rügen ist neben der Hauptstadt Bergen vor allem das Seebad Binz. Dort finden Sie eine Vielzahl eleganter Boutiqen, aber auch Läden für den täglichen Bedarf.

### Schnäpse und Kosmetik

Etwas Besonderes bietet die Haflingerzucht auf der Insel Ummanz (➤ 104). Dort wird Stutenmilch verkauft. Die Apotheke *Rugard* (➤ 35) in Bergen verarbeitet diese Milch wiederum zu Kosmetik, die Sie kaufen können. Sie ist sehr nährstoff- und mineralstoffhaltig und daher gut für die Haut. Rügens einzige Edeldestillerie (➤ 115) in Lieschow bei Ummanz produziert feine Obstbrände aus teilweise heimischen Kirschen, Äpfeln, Sanddorn und Birnen. Bei einer Besichtigung der Brennerei können Sie die edlen Brände und Destillate verkosten und auch gleich etwas über alte Obstsorten auf Rügen erfahren.

**Rügener Obstschnaps ist eine Spezialität aus dem Südwesten; rechts: Hier entstehen die leckeren Schnäpse**

# RÜGENER
# Spezialitäten

**Fisch in vielen Variationen ist das tägliche Brot der Insel. Besonders Räucheraal, Dorsch und Hering kommen häufig auf den Tisch. Sanddorn ist ein beliebter Vitaminspender.**

Wenn die Fischer mitten in der Nacht die Leinen lichten, um aufs Meer hinauszufahren, sorgen Sie dafür, dass bei Ihnen mittags ein fangfrischer Fisch auf dem Teller liegt. Je nach Jahreszeit kann das ein anderer sein: Heringszeit ist im Frühjahr. Ab Mitte März erreichen diese Fische in großen Schwärmen die Gewässer vor Rügens Küste. Im Mai geht der Hornfisch ins Netz, eine seltene Spezialität, die die Einheimischen am liebsten mit Kartoffelpüree und Rhabarberkompott verputzen. Räucheraal bekommen Sie rund ums Jahr vor allem in Form von Fischbrötchen serviert, und auch in einer speziellen Suppe wird der schlangenähnliche Fisch gerne gegessen. Dorsch ist in vielen Variationen beliebt, z. B. gespickt mit Speck oder paniert und gebraten.

**Räucherfisch gibt es in fast jedem Dorf zu kaufen**

Wenn Sie eine Weile auf Rügen herumgekommen sind, werden Sie merken, wie viele Fischräuchereien hier existieren. Diese traditionelle Art des Konservierens ist auch heute noch sehr beliebt. Räucherfisch, meist Aal, Rotbarsch und Lachs, wird besonders gerne mit Kartoffelsalat oder Bratkartoffeln serviert.

## ZUM WOHL – SANDDORN

So viel Vitamin C hat kaum eine andere Frucht: Sanddorn wächst an der Ostseeküste Rügens seit rund 200 Jahren. Erst in letzter Zeit aber hat man diese Dornenfrucht wieder schätzen gelernt. Heute ist die Nachfrage nach Sanddornprodukten auf Rügen so groß, dass längst nicht alle Säfte und Marmeladen tatsächlich von der Insel stammen. Achten Sie daher immer auf den Herkunftsnachweis auf dem Etikett.

# MEHR als eine INSEL

**Hiddensee, die kleine Schwester Rügens, kennt man zwar, aber wussten Sie, dass vor der Küste Rügens noch viel mehr Inseln liegen? Die Inseln Ruden und Oie können Sie an klaren Tagen im Südosten vom Strand aus am Horizont entdecken, direkt vor Schaprode befindet sich Öhe, und am bekanntesten ist noch Vilm, Honeckers ehemalige Urlaubsinsel (▶ 108).**

Segler, die von Usedom aus Kurs auf Rügen nehmen, kennen Ruden, eine kleine Insel, rund 10 km entfernt vom Thiessower Haken, der Südostspitze Rügens. Dort gehen Skipper und Tagesausflügler, die von Usedom oder Rügen übersetzen, von Bord und genießen die Einsamkeit der kleinen Insel, auf der nur ein Ehepaar wohnt. In einem früheren Beobachtungsturm der Wehrmacht bietet eine kleine Ausstellung Informationen über Geschichte und Natur auf Ruden.

### Geschützte Insel Oie

Auch Oie, nordöstlich von Ruden, diente vor allem als Anhaltspunkt für den Schiffsverkehr. Seit 1855 befindet sich ein Leuchtturm auf der Insel, und im 19. Jh. war sie von drei Bauern, die Kartoffeln und Getreide anbauten, bewohnt. Früher gab es sogar ein Hotel mit 25 Betten, heute fegt nur noch der Wind über das unbewohnte Eiland, das unter Naturschutz steht.

### Öhe, Liebitz und Heuwiese

Kleine Inseln sind auch der Westküste Rügens vorgelagert. Heuwiese, südlich von Ummanz, und Liebitz im Kubitzer Bodden sind unbewohnt. Öhe vor Schaprode ist im Privatbesitz einer Adelsfamilie. Alle Inseln stehen unter Naturschutz und gehören zum Nationalpark Vorpommersche Boddenlandschaft.

**Auf Vilm gibt es viele seltene Pflanzen**

# WUSSTEN SIE ...

- ... dass die Insel eine Zeit lang zu Dänemark und Schweden gehörte? Der dänische König Waldemar I. herrschte im 12. Jh. und führte das Christentum ein. Im 17. Jh. ging Rügen in schwedischen Besitz über. Ab 1818 gehörte die Insel zu Preußen.
- ... dass Rügen mehr als 60 km Sandstrände besitzt? Viele davon sind auch im Hochsommer nicht überfüllt. Die gesamte Küste Rügens ist 574 km lang. Das ist mehr als die Ostseeküste von ganz Schleswig-Holstein!
- ... dass Rügen mit die meisten Sonnenstunden in Deutschland hat? Rund hundert mehr als etwa München.
- ... dass Kreide von den Jasmunder Felsen gut für die Haut ist? Zahlreiche Hotels und Wellnessoasen bieten Kreidepackungen und -kuren an. Kreidebrocken für Anwendungen kann man aber auch selber im Sommer und Winter am Ufer unterhalb der Felsen einsammeln.
- ... dass ein Spaziergang unterhalb der Kreidefelsen im Herbst und Frühjahr lebensgefährlich sein kann? Regelmäßig brechen dann riesige Stücke Kreide aus den Felsen und stürzen hinab. Im März 2011 etwa brach eine 80 m (!) lange Kreidewand bei Sassnitz ab.
- ... dass in Göhren Anfang Mai beim Mönchguter Heringsfest auch ein Heringsweitwurf stattfindet? Allerdings sind die Geschosse aus Gummi ...
- ... dass sich beim Anbaden im April in Binz alljährlich rund 80 Mutige in die eiskalten Fluten stürzen? Der Event ist ein Höhepunkt der Binzer Historischen Tage und über tausend Zuschauer verfolgen den Sprung ins 10 Grad kalte Wasser.
- ... dass jedes Jahr Ende April eine Herde mit vierhundert blökenden Schafen auf der Fähre von Schaprode auf Rügen nach Hiddensee fährt? Dort grasen sie dann auf der Sommerweide. Zwanzig Ziegen werden ebenfalls per Schiff transportiert. Sie dürfen nicht gemeinsam mit den Schafen reisen, weil sie sonst Unruhe stiften würden. Anfang November geht es dann wieder zurück aufs Festland.

**Kreidefelsen im Nationalpark Jasmund**

# Erster Überblick

# Ankunft

**Seit 1936 verbindet ein 3 km langer Damm Rügen mit dem Festland. Mit dem Auto und der Bahn können Sie die Insel so bequem erreichen. Doch auch eine Überfahrt mit der Fähre ist kein strapaziöses Unterfangen.**

## Mit dem Auto

### Rügendamm

Seit 2007 verbindet die dreispurige, 42 m hohe Rügenbrücke die Insel mit dem Festland. Nach wie vor befahrbar ist der Rügendamm. Fünfmal am Tag wird allerdings die Ziegelgrabenbrücke für den Schiffsverkehr auf dem Strelasund hochgeklappt. Für jeweils 20 Minuten ist dann der Damm dicht und die Autos stauen sich besonders zur Hochsaison teilweise kilometerweit. Die Zeiten sind täglich 2.30–2.50, 5.20–5.40, 8.20–8.40, 12.20–12.40, 17.20–17.40, 21.30–21.50 Uhr. Manchmal ändern sich die Zeiten wegen Baumaßnahmen (Info-Tel. (038 31) 299662).

### Autofähre ab Stahlbrode

Während der Sommermonate bietet sich alternativ die Autofähre (Tel. (0180) 321 21 20) ab Stahlbrode südlich von Stralsund an. Sie fährt von April bis Oktober täglich alle 20 Minuten zwischen 6 und 21.30 Uhr auf die Insel. Die Überfahrt nach Glewitz dauert nur 12 Minuten! Anfahrt: Von der Autobahn A 20 fahren Sie an der Abfahrt Pommernkreuz auf die Bundesstraße 96 Richtung Stralsund, in Reinberg rechts über die Landstraße bis Stahlbrode.

## Mit der Bahn

- Ein Intercity über Bergen Richtung Binz und diverse Nahverkehrszüge nach Sassnitz und Bergen verbinden die Insel mehrmals täglich mit dem Festland. Nach Stralsund fährt ein ICE aus Berlin (Service-Nr. (0180) 5 99 66 33).
- Günstiger und teilweise sogar schneller sind Regionalzüge aus Hamburg und Berlin Richtung Stralsund bzw. Binz oder Sassnitz.
- Erkundigen Sie sich auch nach speziellen **Vergünstigungen** wie dem Ostsee-Ticket oder dem Schönes-Wochenende-Ticket. Kinder in Begleitung ihrer Eltern oder Großeltern reisen bis zum Alter von 14 Jahren umsonst mit der Bahn.
- Von Mitte Juni bis September fährt freitags sogar ein ICE von München über Berlin und Stralsund direkt bis nach Binz. Zurück fährt der ICE in dieser Zeit jeden Samstag.

## Mit dem Flugzeug

Flugverbindungen gibt es ab Köln-Bonn, Stuttgart, München, Frankfurt und Zürich nach Rostock Laage, von dort geht es weiter mit einem Bus–Shuttle. In Güttin auf Rügen gibt es einen kleinen Flughafen. Hier werden Charterflüge nach Berlin und Hamburg, Inselrundflüge sowie ein Landeplatz für Privatflugzeuge angeboten.

## Mit dem Schiff

- Im Sommer verkehrt sechsmal täglich ein Schiff (Tel. (038 31) 268 10, www.weisse-flotte.de) von **Stralsund nach Altefähr auf Rügen** für Fußgänger und Fahrradfahrer. Ebenfalls im Sommer verkehrt eine Autofähre der Weißen Flotte zwischen Stahlbrode südlich von Stralsund und Glewitz auf Rügen.

- Zur Insel **Hiddensee** fährt von Mitte März bis einschließlich Oktober ab Stralsund die Reederei Hiddensee (Tel. (038 31) 268 10, www.reederei-hiddensee.de) mit Schiffen ausschließlich für Fußgänger und Fahrradfahrer. Während der Wintermonate gibt es nur in der Zeit zwischen Weihnachten und Neujahr eine Schiffsverbindung ab Stralsund. Das ganze Jahr über fahren die Schiffe mehrmals täglich ab Schaprode (► 110) nach Hiddensee. Die Abfahrtstermine können Sie bei der Reederei Hiddensee erfahren.
- Fähren aus Schweden und dem Baltikum laufen mehrmals wöchentlich im **Hafen Mukran** südlich von Sassnitz ein (Tel. (03 83 92) 550, www.scandlines.de oder www.dfdslisco.com).

## Mit dem Bus

Das Reiseunternehmen BerlinLinienBus bietet vom April bis Oktober eine 4½-stündige Busfahrt vom Berliner Omnibusbahnhof über Bergen und Binz nach Göhren an. Die einfache Fahrt in dem Doppeldecker kostet 24 Euro (Infos unter 030/ 86 09 62 11, www.berlinlinienbus.de)

## Touristeninformation

Neben den verschiedenen einzelnen Touristeninformationen in fast jedem Ort der Insel Rügen (Adressen siehe Ortsbeschreibungen) gibt es auch eine zentrale Auskunftsstelle in Bergen. Dort können Sie sich das Gastgeberverzeichnis bestellen oder aber auch generelle Informationen über die Insel einholen.

- Tourismuszentrale Rügen GmbH, Bahnhofstr. 15, 18528 Bergen auf Rügen, Tel. (0 38 38) 80 77-0, Fax (0 38 38) 25 44 40, www.ruegen.de

# Unterwegs auf Rügen

**Busse verbinden fast alle Ortschaften auf Rügen. Im Sommer gibt es auch einen speziellen Bus mit Fahrradtransporter. Die Kleinbahn *Rasender Roland* und die so genannten Bäderbahnen, offene Waggons mit einer Art Traktor, der die Bimmelbahn zieht, verkürzen im Sommer die Wege zu touristischen Attraktionen.**

## Bus

Rügen verfügt über ein gut ausgebautes Busnetz. Auskünfte zu Fahrplänen und Tarifen erteilt der Rügener Personennahverkehr (RPNV) unter Tel. (038 38) 20 29 55 oder im Internet unter www.rpnv.de. Spezialangebote sind u. a. Tagestickets sowie eine Kombi-Karte mit Bus und Schiff nach Hiddensee.

## Kleinbahn

Die historische Dampflok-Kleinbahn *Rasender Roland* (► 98) verbindet Putbus (► 97) mit Göhren (► 76) im 1–2-Stunden-Takt. Die Fahrt in sehr gemütlichem Tempo dauert gut 1 Stunde. Der erste Zug ab Putbus fährt um 8.08 Uhr morgens. Am Wochenende geht es um 7.08 Uhr ab Putbus los. Der letzte Zug ab Göhren fährt um 19.52 Uhr. Fahrplanänderungen sind jederzeit möglich (Info-Tel. (03 83 08) 662 60, www.ruegensche-baederbahn.de).

## Bäderbahnen

- Kostenpflichtige Bahnen verkehren ab der Binzer Seebrücke alle 45 Minuten zum **Jagdschloss Granitz** (► 71) und nach **Prora** (► 66) im 90-Minuten-Takt.

- In **Binz** (➤ 68), **Sellin** (➤ 73), **Baabe** (➤ 78) und **Göhren** (76) tuckern Bäderbahnen stündlich durch den Ort. Für Kurkarteninhaber ist die Mitfahrt in diesen Orten kostenlos. Weitere Informationen und aktuelle Fahrplanauskünfte erhalten Sie unter der Tel. (03 83 93) 338 80.
- Als **Shuttle** pendeln die Bahnen u. a. zwischen dem Parkplatz Putgarten und Kap Arkona (➤ 47) und Vitt (➤ 48) sowie dem Parkplatz an der B 96 und der Naturbühne Ralswiek (➤ 106) im Sommer während der Störtebeker-Festspiele (➤ 10).

## Busrundfahrten

Rundtouren auf Rügen sowie Tagesausflüge nach Hiddensee und Stralsund bietet das Busunternehmen BoyTours (Proraer Chaussee 3g, 18609 Binz, Tel. (03 83 93) 325 15, www.rügenrundfahrt.de) ganzjährig täglich außer mittwochs und samstags an. Gäste können u. a. in den Seebädern Baabe, Sellin, Binz und in Bergen zusteigen. Auf allen Bustouren werden die Sehenswürdigkeiten fachkundig erklärt und es gibt mehrere Stopps zum Besichtigen der Highlights. Während der Hochsaison sollten Sie sich unbedingt vorher anmelden, da die Busse schnell ausgebucht sind.

## Fahrrad

Radeln wird ganz groß geschrieben auf der Insel. Über 50 Fahrradverleihstationen gibt es auf Rügen und Hiddensee! Fast jedes Dorf hat mindestens einen Anbieter, auch die meisten Hotels und Pensionen verleihen Fahrräder, und bei vielen Ferienwohnungen gehören die Drahtesel zur Ausstattung. Adressen von Verleihstationen sind im Internet aufgelistet unter www.ruegen. de. Telefonisch können Sie bei der Tourismuszentrale Rügen (➤ 31) einen Fahrradverleih an Ihrem Urlaubsort ermitteln.

## Taxi

**Funktaxi Rügen** (Bergen: (038 38) 25 26 27, Binz: (03 83 93) 24 24, Sassnitz: (03 83 92) 30 30, www.funktaxi-ruegen.de) ist Tag und Nacht erreichbar. Kurier- und Krankenfahrten sowie individuelle Rügenrundfahrten werden ebenfalls angeboten.
Mietwagen
- Die Autovermietung **Eggert** (Tilzower Weg 23, 18528 Bergen, Tel. (038 38) 803 00; www.auto-eggert.com) auf Rügen mit Filialen u. a. in Stralsund stellt Ihnen den Leihwagen dort bereit, wo Sie es möchten. Ein Kleinwagen kostet ungefähr 55 Euro pro Tag.
- Die Autovermietung **Sixt** (Proraer Chaussee 5, 18609 Binz, Tel. (03 83 93) 66 63 80, www.sixt.de) befindet sich in Binz in der Nähe des Bahnhofs.
- **Rügen Car** (Gewerbepark 8, 18546 Sassnitz, Tel. (038 92) 578 11; www. ruegen-car.de) in Sassnitz vermietet ebenfalls PKWs und Kleinbusse.

## Flugzeug

Rundflüge über die Insel von bis zu 1 Stunde Dauer bietet der Flugplatz Güttin (➤ 30) täglich ab 10 Uhr an.

---

### Eintrittspreise

Die Eintrittspreise für die im Text beschriebenen Sehenswürdigkeiten sind in drei Kategorien eingeteilt:
**Preiswert:** unter 3 Euro
**Mittel:** 3–6 Euro
**Teuer:** über 6 Euro

# Übernachten

## Hotels und Ferienwohnungen

Auf Rügen ist das Angebot an Hotels, Pensionen und Ferienwohnungen äußerst vielfältig. Einen Aufenthalt während der Sommerferienzeit müssen Sie allerdings trotzdem frühzeitig buchen, das gilt besonders, wenn Sie eine Ferienwohnung mieten möchten. Die Preisschwankungen zwischen Haupt- und Nebensaison sind teilweise enorm. So zahlen Sie bei etlichen Vermietern im Hochsommer drei- bis viermal so viel wie im Winter. Schnäppchen lassen sich über das Internet machen. Besonders Hotels stellen dort aktuelle Angebote ein und werben mit Last-Minute-Zimmerpreisen. Ein aktuelles Gastgeberverzeichnis können Sie bei der Tourismuszentrale auf Rügen (➤ 31) bestellen. Dieses finden Sie auch im Internet unter www.ruegen.de.

## Camping

Rund 20 Campingplätze mit teilweise hervorragendem Standard befinden sich auf Rügen. Hiddensee ist für Camper tabu, dort ist das Zelten nicht erlaubt.

- Eine **kostenlose Broschüre** der Tourismuszentrale Rügen (➤ 31) informiert ausführlich über die Campingplätze der Insel. Ein informativer Link im Internet ist www.campingurlaub-auf-ruegen.de.
- Ein sehr schöner **Stellplatz für Wohnmobile** befindet sich in Seehof (Caravanplatz Seehof, Seehof Nr. 5, 18569 Schaprode, Tel. (03 83 09) 14 37) nördlich von Schaprode. Schöner Blick auf die Insel Hiddensee.
- In Bakenberg auf der Halbinsel Wittow können Sie weitab vom Trubel der Ostseebäder **am Sandstrand campen** (Caravancamp Ostseeblick, Seestr. 39 a, 18556 Dranske, Tel. (03 83 91) 81 96; www.caravancamp-ostseeblick.de).
- Einen schönen **Campingplatz direkt am Strand** bietet auch die Insel Ummanz (Ostseecamp Suhrendorf GmbH, 18569 Suhrendorf, Tel. (03 83 05) 822 34; www.ostseecamp-suhrendorf.de).
- Für **Paddler** ideal ist der Campingplatz Am Bodden in Gager (18586 Gager, Tel. (03 83 08) 301 99; www.campingplatz-ruegen.de). Dort treffen sich die Kajakfahrer, vor Ort befindet sich auch eine Kajakschule und ein Fahrradverleih.
- 250 idyllisch gelegene **Stellplätze und Ferienhäuschen** befinden sich 100 m entfernt vom Ufer des Großen Jasmunder Boddens (Camping-Betrieb »Banzelvitzer Berge« GmbH, 18528 Groß Banzelvitz, Tel. (038 38) 312 48; www.banzelvitz.de).

## Günstig übernachten

Jugendherbergen und Gästehäuser für Familien und Gruppen gibt es gleich mehrere auf Rügen. Neben den üblichen 4-Bett-Zimmern bieten manche Einrichtungen so genannte Familienzimmer mit eigenem Bad. Sie können dort einen mehrtägigen Urlaub verbringen.

- In **Binz** befindet sich eine schöne Jugendherberge im sanierten Altbau direkt an der Strandpromenade (Strandpromenade 35, Tel. (03 83 93) 325 97). Es gibt Zimmer mit 5–8 Betten und Bädern auf dem Gang. Eher für Gruppen geeignet.
- Hübsch saniert ist die Jugendherberge in **Sellin** (Kiefernweg 4, Tel. (03 83 03) 950 99). Jedes Zimmer hat ein eigenes Bad mit WC.
- Im Internationalen Jugenddorf auf **Ummanz** (Markow, Tel. (03 83 05) 81 07, www.jugenddorf-ruegen.de) können Gruppen günstig Urlaub machen.
- Eine Jugendherberge gibt es auch in **Devin** südlich von Stralsund (Strandstr. 21, Tel. (038 31) 49 02 89). Dort können Sie u. a. Familienzimmer mit Dusche und WC buchen.

## Ferien auf dem Bauernhof

Schlafen im Heu, morgens mit den Hühnern aufstehen und Ziegen melken, das können Sie auch auf Rügener Bauernhöfen. Landurlaub ist das Zauberwort.

- Bei **Bauer Kliewe** (Mursewiek 1, 18569 Ummanz, Tel. (03 83 05) 81 30; www.bauernhof-kliewe.de) können Sie in einer von 8 Ferienwohnungen das Treiben auf dem Hof erleben. Besonders interessant ist die Geflügelzucht.
- Im Heu übernachten können Sie auf dem **Heuferienhof Altkamp** (Dorfstr. 1, 18581 Altkamp, Tel. (03 83 01) 88 99 12) im Süden der Insel.
- **Bauer Lange** (18569 Lieschow, Hof Nr. 37, Tel. (03 83 05) 551 17 bietet auf seinem Erlebnishof neben zahlreichen originellen Veranstaltungen (➤ 116) für Urlauber auch Ferienwohnungen.
- Auf dem **Ökobauernhof Thom** können Sie Urlaub im eigenen Häuschen oder in der Ferienwohnung mit separatem Eingang machen. Ein Naturkostladen bietet frische Lebensmittel aus ökologischem Landbau an, u. a. Milch, Käse, Brot und vieles mehr. (OT Stönkvitz 12, 18573 Samtens Insel Rügen, Tel./Fax (03 83 06) 200 43, www.oekohof-thom.de)

---

### Hotelpreise

Preise für ein Doppelzimmer mit WC/Bad und Frühstück:
€ unter 50 Euro
€€ 50–125 Euro
€€€ über 125 Euro

Die Hotelpreise sind während der Sommersaison deutlich höher als in der Nebensaison. Auch zwischen Weihnachten und Neujahr sowie zu Ostern und Pfingsten wird mehr verlangt.

---

# Essen und Trinken

**Fisch kommt gebraten, geräuchert und gedünstet auf den Tisch. Kaum etwas anderes außer der Kartoffel wird auf Rügen häufiger gegessen. Doch auch exotische Gerichte aus der asiatischen oder der alpenländische Küche haben hier und da Einzug gehalten. Das liegt u. a. daran, dass viele Köche und Servicekräfte im Winter in den Skigebieten arbeiten und im Sommer auf Rügen und so einen gewissen Weitblick bekommen haben.**

## Breites Angebot

Besonders in der gehobenen Gastronomie finden Sie eine interessante Mischung aus regionalen und internationalen Speisen. Spitzengastronomie hat sich vor allem in Binz, Sellin und Göhren etabliert. Aber auch manche Gutshäuser im Landesinnern überzeugen mit Gerichten jenseits von Hausmannskost. Die ist in der Regel aber auch zu empfehlen. Besonders Fischräuchereien bieten oft einen täglich wechselnden Mittagstisch zum günstigen Preis.

## Essenszeiten

Bereits ab 11.30 Uhr wird in vielen Restaurants Mittagessen serviert. Viele Urlauber sind auch in ihrer Freizeit Frühaufsteher und schätzen ein zeitiges Mahl, bevor sie an den Strand gehen. Da jedoch etliche Gäste auch erst nach dem Strandausflug essen gehen, servieren die meisten Restaurants in der Regel auch nachmittags warme Gerichte. Zwischen 18 und 21 Uhr wird zu Abend gegessen. In der Sommersaison sollten Sie in den Seebädern immer einen Tisch reservieren.

**Das exklusivste Essen:**
**Ambiance** in Sellin (➤ 85)
**Kurhaus** in Binz (➤ 83)
**Meeresblick** in Göhren (➤ 84)
**Nixe** in Binz (➤ 85)
**Tafelfreuden im Sommerhaus** in Stralsund (➤ 152)
**Vier Jahreszeiten** im Schloss Spyker (➤ 56)

**Beliebte Fischrestaurants:**
**Gastmahl des Meeres** in Sassnitz (➤ 58)
**Binnen un Buten** in Seedorf (➤ 85)
**Fischhalle am Hafen** in Stralsund (➤ 151)
**Kliesow's Reuse** in Alt Reddevitz (➤ 84)

**Angesagte Fischräuchereien:**
**Räucherschiff Berta** im Lauterbacher Hafen (➤ 115)
**Ostpreußische Hafenräucherei** in Sassnitz (➤ 58)
**Uns Röckerhus** in Lietzow (➤ 58)

## Tipps rund ums Essen

■ Leider ist der **Service** in den Restaurants und Cafés nicht immer sehr professionell. Wenn Sie etwa zu lange auf das Essen warten oder unfreundlich bedient werden, geben Sie einfach kein Trinkgeld.

■ Besonders **Fischgerichte** sind nicht immer so vorhanden, wie in der Speisekarte beschrieben. Manchmal haben die Fischer nicht geliefert, etwa weil der Fang zu klein war. Seien Sie darüber nicht verärgert, es ist nur ein Zeichen dafür, dass die Zutaten so frisch wie möglich auf den Tisch kommen.

### Preise
Die Preisangaben gelten pro Person für ein Essen ohne Getränke.
€ unter 10 Euro     €€ 10–20 Euro     €€€ über 20 Euro

# Einkaufen

**Einkaufen können Sie am besten in Stralsund. Dort gibt es in der Altstadt eine Fußgängerzone mit vielen Geschäften und Ladenketten. Aber auch Binz und Sassnitz haben eine kleine Auswahl der wichtigsten Läden.**

## Souvenirs

■ **Bernsteinschmuck** und **Sanddornprodukte** sind die gängigsten Mitbringsel von Rügen. In allen touristisch frequentierten Orten gibt es Boutiquen, wo Sie fündig werden. Ein große Auswahl an Bernstein hat das Fachgeschäft in Sellin, zu dem auch ein Bernsteinmuseum (➤ 75) gehört.

■ Etwas Besonderes, nämlich **Stutenmilchkosmetik** von Pferden aus der Haflingerzucht Ummanz (➤ 104), verkauft die Rugard Apotheke in Bergen (Am Markt 26, Tel. (038 38) 803 40, Mo, Di, Do 8–19 Uhr, Mi, Fr 8–18.30 Uhr, Sa 9–13 Uhr, www.rugard-apotheke-bergen.apodigital.de).

■ Töpfereien mit **rügentypischer Keramik** gibt es u. a. auf Ummanz (➤ 115), in der Nähe von Bergen (➤ 115), im Sassnitzer Stadthafen (➤ 59) und in Stralsund (➤ 153).

# Ausgehen

## Nachtleben

- Binz (➤ 88) und Stralsund (➤ 154) sind die **Zentren des Nachtlebens**. Hier gibt es die meisten Bars.
- Die **größte Disko** Rügens ist das *M3* in Hitlers Hotelburg Prora (➤ 88). Vier Dancefloors und Themenabende zu verschiedenen Musikrichtungen von Techno bis Rockpop sorgen für Abwechslung.

## Theater und Co.

- In Putbus (➤ 98) und Stralsund (➤ 154) gibt es jeweils ein Theater mit **niveauvollem Programm**.
- Im Sommer wird Theater auf der **Seebühne am Stralsunder Hafen** gespielt. In Ralswiek (➤ 106) finden auf der berühmten **Naturbühne am Großen Jasmunder Bodden** die Störtebeker-Festspiele (➤ 10) statt.
- Für Unterhaltung sorgt auch das **Varieté Boddenbarsch** (➤ 88) im Binzer Kurhaus. Dort treten international anerkannte Künstler auf.
- Das Kinder- und Figurentheater **Schnuppe** in Gingst spielt ganzjährig für Groß und Klein (Teschvitz 3a, 18569 Gingst, Tel. (03 83 05) 553 01, www.schnuppe-figurentheater.de).

## Kinos

- Ein **Cinestar-Kinocenter** mit mehreren Leinwänden gibt es in der Stralsunder Altstadt (Frankenstr. 7, Tel. (038 31) 28 85 58; www.cinestar.de).
- In Bergen gibt es ein **Kinocenter mit sechs Sälen** (Ringstr. 140, Tel. (038 38) 20 21 38; www.kino-bergen-ruegen.de).
- Während der Sommersaison gibt es ein so genanntes **Waldkino** auf dem Campingplatz Göhren (Am Kleinbahnhof, Tel. (03 83 08) 901 20).
- Im Theater **Komödie** in Göhren werden auch Filme gezeigt (Waldstr. 4, Tel. (038308) 662 22; www.komödie-rügen.de).

## Kasinos

- Die **Spielbank Stralsund** (Tribseer Damm 76, Tel. (038 31) 70 08 10, tägl. 11–3 Uhr, Großes Spiel tägl. 19–3 Uhr) bietet Automatenspiel sowie freitags bis dienstags American Roulette und Black Jack.
- Ein **weiteres Kasino** gibt es in Binz an der Seebrücke.

## Sport

- Die besten **Surfreviere** befinden sich am Thiessower Haken (➤ 78) und in Suhrendorf auf Ummanz (➤ 105).
- **Marinas** für Segler und Motorboote gibt es in etlichen Orten, u. a. in Breege (➤ 53), Stralsund (➤ 167) und Gager (➤ 79).
- **Golf spielen** können Sie in Karnitz (➤ 109). Dort befindet sich neben dem Schlosspark u. a. ein 18-Loch- und ein 9-Loch-Platz (Golfzentrum Rügen, Dorfstr. 11a, 18574 Karnitz, Tel. (03 83 04) 824 70; www.golfclub-ruegen.de).
- Rund **30 Reiterhöfe** gibt es auf Rügen. Bei der Tourismuszentrale Rügen (➤ 31) können Sie ein kostenloses Verzeichnis bestellen.
- Beim Klettern im **Waldseilpark Rügen** kann man das Meer rauschen hören. Es gibt verschiedene Schwierigkeitsstufen, vom Kinderparcour bis zur Kamikazeroute, sowie eine Aussichtsplattform direkt am Wasser, die längste Seilbahn auf Rügen und einen Baumlehrpfad (Klingenberg 25, 18573 Altefähr, Tel. (038306) 23 97 58; www.waldseilpark-ruegen.de). Ein weiterer Hochseilgarten befindet sich in Prora (Objektstr. TH52, Block 318609, Binz OT Prora, Tel. (03831) 3569473; www.seilgarten-prora.de)

# Wittow und Jasmund

# Erste Orientierung

Kreidefelsen, Sandstrände und Steilküste kennzeichnen die nördliche Küste Rügens. Hier dominiert die Natur, teilweise geschützt wie im Nationalpark Jasmund. Die einzige größere Ortschaft Sassnitz lebt vor allem vom Fisch und hat, nachdem der Fährhafen nach Mukran verlegt wurde, einige außergewöhnliche Museen im alten Fährhafen vorzuweisen. In den kleinen Dörfern geht es beschaulich zu.

Die beiden nördlichsten Halbinseln Rügens waren ursprünglich eigenständige Inseln. Im Laufe der Jahrtausende führten jedoch Sandablagerungen, so genannte Nehrungen dazu, dass Jasmund und Wittow mit dem Muttland, der großen Rügeninsel, zusammenwuchsen. Eine dritte Verbindung zwischen Jasmund und Zentralrügen entstand 1968 von Menschenhand. Dieser Damm ist heute einer der Hauptverkehrswege; über ihn führen die Bundesstraße 96 und eine Bahnlinie. Auf Wittow und Jasmund befinden sich Touristen-

attraktionen, die Jahr für Jahr für Stau auf der Landstraße sorgen: der Nationalpark Jasmund und Kap Arkona mit den markanten Leuchttürmen. Beide Sehenswürdigkeiten könnten gegensätzlicher nicht sein; der dichte Buchenwald des Nationalparks auf der einen Seite, die fast baumlose Ebene des Windlands, wie Wittow genannt wird, mit seiner kilometerweiten Sicht übers Land auf der anderen.

## ★ Nicht verpassen!

**1** Nationalpark Jasmund ➤ 42
**2** Dorfkirche Altenkirchen ➤ 45
**3** Kap Arkona ➤ 47

**3** Kap
Arkona
kona
ten
itt

## Nach Lust und Laune!

**4** Lietzow ➤ 50

**5** Sassnitz ➤ 50

**6** Lohme ➤ 50

**7** Kreidebruch Gummanz
➤ 51

**8** Bobbin ➤ 52

**9** Schloss Spyker ➤ 52

**10** Glowe ➤ 52

**11** Breege-Juliusruh ➤ 53

**12** Wittower Fähre ➤ 53

**13** Wiek ➤ 54

**14** Bakenberg ➤ 54

# In zwei Tagen

**Die folgende Route ist eine Möglichkeit, wie Sie einige der interessantesten Sehenswürdigkeiten von Wittow und Jasmund in zwei Tagen abklappern können. Nutzen Sie die Karte (➤ 38f) zur Orientierung, die einzelnen Highlights werden im Folgenden (➤ 42ff) näher beschrieben.**

## Erster Tag

### Vormittags
Fahren Sie am Morgen nach **5** Sassnitz (➤ 50) und besuchen Sie das Museum für Unterwasserarchäologie (➤ 51) im Alten Fährhafen. Gehen Sie anschließend an Bord eines Ausflugsdampfers (➤ 60), um die Kreideküste mit dem Königsstuhl vom Wasser aus zu bewundern. Mittag essen können Sie 2 Stunden später am Hafen in der *Ostpreußischen Hafenräucherei* (➤ 58).

### Nachmittags
15 Minuten brauchen Sie von Sassnitz mit dem Auto zum Parkplatz Hagen, dem Tor zum kostenpflichtigen Zentrum des **1** Nationalparks Jasmund (➤ 42). Ein Shuttlebus fährt bis zum Königsstuhl, Rügens bekanntestem Kreidefelsen (oben links). Der Ausblick auf das Meer wird Sie begeistern! Wenn Sie Lust haben, steigen Sie die Treppe am Steilufer rechts vom Königsstuhl hinab zum Strand. Von unten wirken die Kreidefelsen noch imposanter!

### Abends
Fahren Sie weiter nach **6** Lohme (unten; ➤ 50), das auf Kreidefelsen gebaut wurde und genießen Sie dort die Aussicht auf das Meer. Sehr gut essen und übernachten Sie im *Silence Panoramahotel* (➤ 56).

# Zweiter Tag

### Vormittags

Fahren Sie über **10** Glowe (➤ 52) zur Schaabe (links; ➤ 52) und entspannen Sie sich am schönsten Sandstrand Rügens. Kilometerweit ist kein Ort zu sehen, weshalb Sie sich vorher in Glowe mit Proviant eindecken sollten. Achtung: Im mittleren Teil der Schaabe tummeln sich viele FKK-Anhänger. Sollten Sie das nicht mögen, ist es ratsam, den Strand eher in der Nähe der Orte Glowe oder **11** Juliusruh (➤ 53) aufzusuchen. Dort ist es allerdings ein wenig voller.

### Nachmittags

Bis zum **3** Kap Arkona (➤ 47) sind es rund 10 km. Auf dem Weg dorthin liegt die **2** Dorfkirche Altenkirchen (➤ 45). Schauen Sie sich die Wandmalereien in der Kirche an und auch den Stein mit der Zeichnung des Ranen-Gottes Svantevit. Darauf spuckten die Gemeindemitglieder, bevor Sie die Kirche betraten. Gerne führt Sie auch der Pfarrer durch die Kirche. Klingeln Sie einfach am Gemeindehaus oder nehmen Sie im Sommer an einer der nach dem Gottesdienst stattfindenden Führungen teil. Fahren Sie danach weiter nach Putgarten. Parken Sie das Auto auf dem öffentlichen Parkplatz und spazieren Sie die 1,5 km zu den Arkona-Leuchttürmen (rechts). Sie können natürlich auch die kleine Bäderbahn nehmen. Genießen Sie die

Aussicht von einem der beiden Leuchttürme und laufen Sie entlang der Steilküste nach Vitt (➤ 48). Dort haben Sie vom Hafen aus einen wunderschönen Blick auf das Kap Arkona. Danach können Sie im Gasthaus *Zum Goldenen Anker* (links; ➤ 57) den Tag ausklingen lassen und bei Sonnenuntergang zu Ihrem Wagen zurückkehren.

# ❶ Nationalpark Jasmund

Imposante Kreidefelsen, dichte Buchenwälder und ein neues Multimediazentrum machen den Nationalpark Jasmund zu einem beliebten Ausflugsziel. Während sich am Königsstuhl zur Hochsaison die Menschenmassen drängen, können Sie in den Wäldern die stille Schönheit der Natur genießen.

Der kleinste Nationalpark Deutschlands hat auf rund 30 km² Fläche eine atemberaubende Landschaft zu bieten. Allein zwei Drittel des Parks gehören zur Stubnitz, einem Waldgebiet, das im Süden hinter der Stadtgrenze von Sassnitz (▶ 50) beginnt und im Norden bis zur Gemeinde Lohme (▶ 50) reicht. Wenn Sie vom zentralen Parkplatz Hagen aus dem 3 km langen Weg zum Königsstuhl, mit 119 m Höhe der größte Kreidefelsen Rügens, folgen, ist unterwegs die ganze Vielfalt der Natur zu sehen: endlose Buchenwälder, blühende Orchideen, Moore und Seen. Mit der Stille der Natur ist es allerdings so eine Sache,

**Kreidefelsen in bizarren Formen umrahmen den Blick aufs Meer**

Buchenwald im Nationalpark

denn zur Hochsaison sind Sie in diesem Wald absolut nicht allein. Da die Kreidefelsen neben Kap Arkona (➤ 47) als Wahrzeichen Rügens gelten, ist der Besuch für die jährlich gut 6 Mio. Übernachtungsgäste auf Rügen gewissermaßen ein Muss. Dementsprechend voll sind die Shuttlebusse vom Parkplatz Hagen zum Königsstuhl, und auch die Spazierwege zum Nationalparkzentrum erinnern im Sommer zeitweise eher an die Fußgängerzone in der Stralsunder Innenstadt. Früh am Morgen oder nach 17 Uhr finden Sie aber auch auf den Kreidefelsen noch ein bisschen Beschaulichkeit.

## Königsstuhl

Der Sage nach mussten früher die Bewerber für den Thron diesen Kreidefelsen hinaufklettern. Wer als erster oben ankam, wurde Herrscher, daher der Name Königsstuhl. Nicht nur der beeindruckende Blick in die Tiefe zieht die Besucher in Bann, sondern auch ein **Multimediazentrum**. Mit allerlei technischer Raffinesse wird Ihnen hier die Natur des Nationalparks näher gebracht. Rund 2 Stunden brauchen Sie, um die Ausstellung in Ruhe anzuschauen. Ein Highlight sind die 15-minütigen Shows im Multivisionskino. Hier kann man den Nationalpark zu allen Jahreszeiten u. a. aus der Adlerperspektive kennen lernen. Unbedingt sollten Sie am Königsstuhl den steilen **Treppenpfad** zum Strand hinabsteigen, um den Blick von unten auf die imposanten Kreidefelsen zu erleben!

Vor dem Nationalparkzentrum können sich Kinder auf der **Seilschaukel** oder im **Kletterparcours** vergnügen und ihre motorischen Fähigkeiten beim Hangeln und Balancieren trainieren.

## Viktoria-Sicht

Einen schönen Blick auf den Königsstuhl haben Sie von der rund 300 m südlich gelegenen Viktoria-Sicht. Wie ein Balkon hängt seit dem Ende des 19. Jhs. eine Aussichtsplattform über dem Kreidefelsen. Benannt wurde der Aussichtspunkt nach der deutschen Kaiserin Viktoria.

## Wissower Klinken

Neben dem Königsstuhl waren die Wissower Klinken ein Wahrzeichen der Kreideküste im südlichen Gebiet des Nationalparks. Im Februar 2005 brachen die Kreidekliffs, die bis zu 20 m hoch in den Himmel ragten, jedoch plötzlich ab und 50 000 m³ Kreide stürzten ins Meer. Jetzt sind nur noch die Stümpfe dieser einst so markanten Kreidefelsen zu sehen. Am besten zu erreichen sind die Kliffs vom Parkplatz der Ausflugsgaststätte *Waldhalle* aus. Von dort sind es nur ein paar Minuten bis zum Hochufer der Wissower Klinken. Unbedingt sollten Sie noch 1 km Richtung Norden bis zur Ernst-Moritz-Arndt-Sicht weiterlaufen. Von dort haben Sie einen herrlichen Blick auf das Meer und die Felsenküste.

### Herthaburg

Von der ehemaligen slawischen Fluchtburg ist ein ringförmiger 90 m langer und 10 m hoher Erdwall geblieben. Hier verschanzten sich die Bewohner des Jasmund, wenn Feinde in Sicht kamen. Auf dem Weg vom Parkplatz Hagen zum Königsstuhl liegt die Burg linkerhand des Weges. Dort befindet sich auch der idyllische **Herthasee**. Benannt wurden Burg und See nach der Erdgöttin Hertha.

Sagenumwoben: der Herthasee

### KLEINE PAUSE

Das Selbstbedienungsrestaurant *Caspar's* im Nationalparkzentrum wurde nach dem berühmten Maler Caspar David Friedrich (➤ 16) benannt. Er wurde u. a. durch sein 1818 entstandenes Landschaftsbild *Kreidefelsen auf Rügen* berühmt, das sehr wahrscheinlich die Wissower Klinken zeigt, und wäre bei seinen Recherchen vor Ort bestimmt froh gewesen, wenn er einen so guten Kaffee wie hier bekommen hätte. Auch Fischbrötchen und Bio-Würstchen sind lecker!

---

✚ 181 E/F 2–3

**Nationalparkzentrum Königsstuhl**
☎ (03 83 92) 66 17 66
🕐 Ostern–Okt. tägl. 9–19 Uhr, Nov.–Mitte März tägl. 10–17 Uhr
🕐 mittel ❓ www.koenigsstuhl.com

## NATIONALPARK JASMUND: INSIDER-INFO

**Top-Tipps:** Den schönsten Blick auf die Kreidefelsen haben Sie vom Wasser aus. Gehen Sie am besten in Sassnitz an Bord eines der vielen **Ausflugsdampfer** (➤ 60) und schippern Sie gemütlich die Kliffs entlang. Ideal fürs Foto-Shooting!

■ **Führungen** durch den Nationalpark finden von Mitte März bis Ende Oktober täglich um 11 Uhr ab Parkplatz Hagen statt. (Infos: Nationalparkamt, Tel. (03 83 03) 88 50, www.nationapark-jasmund.de)

■ Der **Shuttlebus** vom Parkplatz zum Nationalparkzentrum ist im Eintrittspreis inbegriffen.

# 3 Dorfkirche Altenkirchen

Viele Symbole in der ältesten Dorfkirche Rügens zeugen noch vom alten Ranen-Kult um den Gott Svantevit. Ebenfalls faszinierend sind die wundersamen Tierfresken in der Kirche aus dem 13. Jahrhundert.

**Auch in der Kirche gibt es viel zu entdecken**

Auf einem alten slawischen Begräbnisplatz ließen dänische Mönche im 12. Jh. Rügens erste christliche Dorfkirche errichten. Vom Dorf Altenkirchen war zu dieser Zeit noch nichts zu sehen, und so ist Altenkirchen einer der wenigen Orte, wo zuerst die Kirche stand und dann die Wohnhäuser nach und nach hinzukamen. Innen ist auch heute noch viel vom religiösen Wechsel zu spüren. So stammen etliche Steine der Kirche sehr wahrscheinlich von der zerstörten Tempelburg am Kap Arkona (► 48). Rechts vom Altar befand sich der Haupteingang. In einem kleinen Vorraum, den Sie besichtigen können, legten früher die Gemeindemitglieder Mäntel und Waffen ab. Wie im Kindergarten hatte hier jeder einen Platz mit einem Zeichen, der so genannten Hausmarke (► 15), sodass nichts verwechselt werden konnte. Bevor die Männer nun in den Kirchensaal gingen, spuckten sie noch kurz auf einen Stein in der Wand mit dem Abbild Svantevits oder eines seiner Priester.

### TIERFRESKEN

Die in ihrer Einfachheit an Steinzeitmalereien erinnernden Wand- und Deckenmalereien in der Dorfkirche Altenkirchen stammen aus dem 13. Jh. und wurden 1972 freigelegt. Die **Taube** oberhalb der ersten Fensterluke rechts soll an Noah erinnern, der nach zweiwöchigem Aufenthalt auf See eine Taube fliegen ließ, um sich über die Lage an Land zu informieren. Mit dem **Hahn** im zweiten Kreuzrippenbogen vor der Apsis wird der vorchristlichen Zeit gedacht, in der die Ranen ihrem Gott Svantevit einen Hahn pro Familie und Monat opfern sollten, um ihn gnädig zu stimmen. Der **Pelikan mit der Lilie** oberhalb des Kruzifixes steht für das Gleichnis mit dem Pelikan, der sich die Brust aufpickt, um seine vom Hungertod bedrohten Küken zu ernähren. Er soll den Opfertod Jesu Christi symbolisieren. Die **Lilie** steht dabei für Reinheit. Das **Schwein** im zweiten geschlossenen Fenster links soll den Teufel darstellen. Den »inneren Schweinehund vertreiben«, war schon vor 800 Jahren eine Aufforderung an die Gemeinde, um Platz für Gott zu schaffen. Gleichzeitig war das Schwein aber auch ein slawisches Kulttier.

Noch heute sieht man auf diesem Stein ganz deutlich die Umrisse des Ranen-Gottes bzw. eines Ranen-Priesters mit dem Füllhorn im Arm. Das Spucken auf den Stein sollte Abscheu gegenüber dem alten Glauben symbolisieren.

Im dreischiffigen Kirchensaal selbst ist vor allem die gotländische Kalksteintaufe mit den vier Köpfen aus dem Jahre 1250 bemerkenswert. Sie symbolisiert sowohl den Ranen-Gott Svantevit als auch die vier christlichen Paradiesströme. Den Taufengel (1730) und den Altar mit Barockaufsatz (1724) schuf der bekannte Bildhauer Elias Keßler aus Stralsund.

### KLEINE PAUSE

Im Dorfgasthaus *Post* (Max-Reimann-Str. 21, tägl. 11.30– 23 Uhr, im Winter bis 19 Uhr), 3 Minuten von der Kirche entfernt, wird gutbürgerliche Küche aufgetischt.

✠ 180 A4   ✉ MTS-Str. 1   ☎ (03 83 91) 366
🕐 8–18 Uhr

### DORFKIRCHE ALTENKIRCHEN: INSIDER-INFO

**Top-Tipps:** Auf dem **Friedhof** gibt es zahlreiche alte Grabwangen zu sehen. Berühmt ist Pfarrer Ludwig T. G. Kosegarten, der mit Goethe befreundet war und Altenkirchen Ende des 18. Jhs. zu kulturellem Leben verhalf. Sein Grab befindet sich links neben dem Kircheneingang.
■ In den Sommermonaten gibt es häufig **Orgelkonzerte** (Infos im Pfarrhaus).

# 3 Kap Arkona

**Die Leuchttürme an Rügens Steilküste sind ein Wahrzeichen der Insel und beliebtes Ausflugsziel. Bei gutem Wetter sieht man von oben weit über die Insel. Bis die Dänen das Christentum brachten, stand hier die sagenumwobene Arkonaburg der Ranen, ein Tempel für Gott Svantevit.**

Wenn es regnet, ist es hier am schönsten: Nirgendwo sind die Regenbogen bunter, wenn die Sonne wieder durch den Wettervorhang lugt! Und das Gras am Rande der Steilküste leuchtet

**Genießen Sie den Ausblick vom Leuchtturm in die Ferne**

in sattem Grün! Einen grandiosen Ausblick bietet die Aussichtsplattform des **neuen Leuchtturms**. Steigen Sie hinauf und genießen Sie den weiten Blick aus 35 m Höhe. Im kleineren und älteren **Schinkelturm** sind die Ausstellungen interessant. Dieser 1827 erbaute Leuchtturm, der von dem berühmten Bauherrn Karl Friedrich Schinkel entworfen wurde, hat allerdings ein sehr schmales Treppenhaus, weshalb es nicht jeder XXL-Bürger bis ganz nach oben schafft. Unten gibt es ein Trauzimmer des Standesamtes Wittow, das viele Brautpaare gerne in Anspruch nehmen. Eine Etage darüber informieren Schautafeln und Dokumente über die Geschichte der Seenotrettung und über das Schaffen Schinkels. Wer nach der Besichtigung die frische Luft am Kap genießen möchte, nimmt am besten die **Königstreppe** hinab zum Strand. 42 m führen die Stufen in die Tiefe! Dies aber erst wieder seit 1995, denn die alte Treppe ist 1953 durch eine Sturmflut zerstört worden. Ursprünglich war die Treppe 1833 gebaut worden, um

Mitglieder einer Expedition der Kaiserlichen Russischen Armee bequem zu empfangen. Daher der Name Königstreppe. Vom untersten Absatz der Treppe geht es weiter bis zu einem kleinen Strand, an dem mitunter auch Bernstein zu finden ist, besonders nach stürmischem Wetter.

### Slawenwall und Funkpeilturm

Wer Kreidefelsen am Kap vermutet, wird enttäuscht sein. Die sandige Steilküste ist schon seit Mitte des 19. Jhs. mit einem so genannten Deckschutz gepflastert, aus Angst vor Abbruch, der nicht unberechtigt ist, wie man 100 m weiter südlich sieht. Dort steht nämlich der **Slawische Burgwall**. Er ist der Rest der großen Arkonaburg, dem Heiligtum der slawischen Ranen, die den Gott Svantevit (➤ 14) verehrten. Weil ständig Teile der Wallanlage ins Meer stürzen, ist die Anlage für Besucher gesperrt. Für Archäologen hat schon längst der Wettlauf mit der Zeit begonnen, und es finden Notgrabungen statt. Einst, so viel ist sicher, befand sich hier ein quadratischer Tempel mit einer 8 m hohen Svantevit-Statue. Die Dänen hatten sehr viel Mühe, diesen heidnischen Platz zu erobern und das Christentum auf der Insel zu etablieren. 1168 hatten die Skandinavier schließlich doch Erfolg und sorgten dafür, dass der Kult um Svantevit ein Ende nahm. Die Tempelburg wurde zerstört, die Statue zu Fall gebracht. Aus dem Holz und den Steinen der Befestigungsanlage bauten die Dänen unter anderem die erste Kirche auf Rügen (➤ 45). Ein Modell der Tempelburg, so wie sie einmal aussah, ist übrigens im Innern des **Funkpeilturms** zu sehen. Dieser 1929 erbaute Turm diente einst der Marine für Ortungszwecke.

### Vitt

Versteckt in einer kleinen Bucht zwischen den Kliffs der Steilküste duckt sich eine Hand voll reetgedeckter Fischerhäuser. Das gesamte Dorf steht unter Denkmalschutz. Während im Sommer viele Busgruppen zwischen den Häusern umherlaufen und fotografieren, empfängt den Besucher in der Nebensaison ein

Kapelle am Ortsrand von Vitt von außen und innen

uriges Fischerdorf mit einem herrlichen Blick vom Hafen aus auf Kap Arkona. An der Landstraße nach Putgarten am Ortsausgang befindet sich eine hübsche achteckige **Kapelle** aus dem Jahre 1806. An manchen Nachmittagen finden hier Konzerte statt (Infos über Pfarramt Altenkirchen ➤ 46).

## KLEINE PAUSE

Auf dem Weg vom Kap Arkona zum Parkplatz können Sie im *Utspann* zu Putgarten (Dorfstraße 24, tägl. 12–20 Uhr) eine Pause einlegen. Trotz des touristischen Gedränges ist das ein gemütlicher Ort zum Verschnaufen mit guter Hausmannskost.

✠ 180 C5

### Neuer Leuchtturm und Peilturm
April (ab Ostern)/Mai, Okt. tägl. 11–16 Uhr, Juni, Sept. tägl. 11–17 Uhr, Juli/Aug. tägl. 10–18 Uhr  mittel

### Schinkelturmmuseum
April/Mai, Okt. tägl. 10–17 Uhr, Juni, Sept. tägl. 10–18 Uhr, Juli/Aug. tägl. 10–19 Uhr, Nov.–März tägl. 11–16 Uhr  preiswert

Das denkmalgeschützte Vitt ist Ziel vieler Besucher

**Arkona-Informationsamt**
✉ Am Parkplatz 1, 18556 Putgarten
☎ (03 83 91) 41 90  Mai–Okt. tägl. 9–18 Uhr, Nov.–April Mo–Sa 11–15 Uhr
❓ www.kap-arkona.de

## KAP ARKONA: INSIDER-INFO

**Top-Tipps:** Am Parkplatz in Putgarten gibt es auch einen **Fahrradverleih** (Tel. (03 83 91) 133 40). Im Sommer ist eine Vorbestellung ratsam.

■ Im hübsch restaurierten Bauerngehöft *Rügenhof Arkona* (Dorfstr. 22, Nov.–März 11–16 Uhr, April 10–16 Uhr, Mai/Okt. 10–17 Uhr, Juni/Sept. 10–19 Uhr) in Putgarten laden Kunsthandwerker zum Einkaufen und Zuschauen ein. Hier wird frisch gesponnene Wolle verkauft, ebenso handgeschöpftes Papier und getöpfertes Geschirr.

■ Die **alten Marinebunker** am Kap kann man im Rahmen einer 45-minütigen Führung erkunden (Tel. (03 83 91) 43 46 60, Führungen stdl. zwischen 12 und 16 Uhr. Treffpunkt: Nebelstation Arkona).

■ Eine **Bäderbahn** fährt vom Parkplatz Putgarten zum Kap oder nach Vitt (Mai–Okt. 10–18 Uhr alle 7–10 Min. 2 Euro/Person, 3,50 Euro hin und zurück.

# Nach Lust und Laune!

## ❹ Lietzow

Wahrzeichen des Örtchens am Damm zwischen Kleinem und Großem Jasmunder Bodden ist das Schlösschen auf einer Anhöhe über dem Dorf. Es stellt eine kleine Kopie von Schloss Lichtenstein auf der Schwäbischen Alb dar. Das Schloss ist in Privatbesitz und kann nicht besichtigt werden. Nördlich von Lietzow befindet sich der historische Waldpark Semper (➤ 161).
✚ 181 D1

## ❺ Sassnitz

Die klassisch-schöne Bäderarchitektur in der Altstadt ist einmalig. Dafür gibt es keinen Sandstrand. Der ehemalige Fährhafen mit seinen zahlreichen **Museen** (➤ Kasten), Fischgaststätten und Ausflugsdampfern hat jedoch so viel Flair, dass der Aufenthalt am Meer auch ohne Baden ein echtes Erlebnis ist. Ein großer Teil der Bevölkerung arbeitet in der fischverarbeitenden Industrie. Firmen wie z. B. Rügenfisch verkaufen ihre Büchsenware günstig zum Herstellerpreis (➤ 59). Zu DDR-Zeiten fuhren von Sassnitz Fähren nach Schweden und nach Finnland. Heute wickelt der neue Fährhafen in Mukran, etwas südlich von Sassnitz gelegen, den Transitverkehr ab.

Kleine Sassnitz-Besucher begeistert der Tierpark (➤ 60) und der Schmetterlingspark mit Hunderten von exotischen Schmetterlingen in einer tropisch bewachsenen Halle.
✚ 181 E/F2

### Schmetterlingspark
✉ Straße der Jugend 6   ☎ (03 83 92) 664 42
🕓 April–Sept. tägl. 9.30–17.30,
Okt. 10–16.30 Uhr ✋ teuer
❓ www.alaris-schmetterlingspark.de

### Touristikamt Sassnitz
✉ Strandpromenade 12, 18564 Sassnitz
☎ (03 83 92) 669 45 🕓 Mo–Fr 9–18, Sa/So
10–16 Uhr ❓ www.insassnitz.de

## ❻ Lohme

Die herrliche Lage am Rande des Nationalparks Jasmund und das beeindruckende Steilufer zur Ostsee hinunter machen Lohme zu einem ganz besonderen Ort. Im *Silence*

**Bäderarchitektur in Sassnitz**

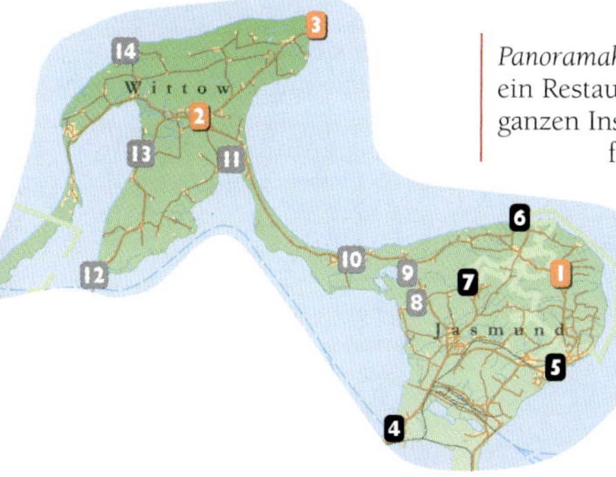

*Panoramahotel* befindet sich zudem ein Restaurant, das zu den besten der ganzen Insel zählt (➤ 56). 243 Stufen führen vom Dorf hinab zum kleinen Fischerhafen. Auf halber Höhe lädt das Café Niedlich mit seiner Panoramaterrasse ein. An klaren Tagen können Sie bis Kap Arkona schauen. Der Schwanenstein, ein riesiger Findling aus rotem Granit, befindet sich östlich des Hafens. Achtung: Bei Nässe kann es auf der Treppe und auf den Stegen am Hafen glatt sein.

✚ 181 E3

### Tourismusverein Gemeinde Lohme

✉ Arkonastr. 31, 18551 Lohme ☎ (03 83 02) 888 55  ⏱ April–Okt. Mo–Sa 10–12, Mo–Fr 15–17, Nov.–März Mo–Sa 10–12 Uhr  ❓ www.lohme.de

### 7 Kreidebruch Gummanz

Ein alter Kreidebruch in der Nähe der Ortschaft Neddesitz zeugt vom Kreidehandel bis 1962. Über den Abbau des Rohstoffs und seine weitere Verwendung (➤ 13) informiert eine interessante Freiluftausstellung mit allerlei Gerätschaften, u. a. alte Loren. Seit 2005 gibt es ein neues Museum, in welchem man viel über die Geologie der Kreide und die Technologie des Abbaus erfährt. Spazieren Sie den Lehrpfad (1,5 km) rund um den 130 m hohen Kleinen Königsstuhl mit seinem Grubensee entlang und Sie wissen alles über Rügens weißes Gold. Von oben haben Sie einen herrlichen Ausblick über die Insel! Das stattliche Herrenhaus Neddesitz gehörte zu Beginn des 20. Jhs. dem Kreidebruchbesitzer. Heute wird es vom *Jasmar Resort Rügen* (➤ 56) als elegantes Übernachtungsdomizil angeboten.

✚ 181 E3  ☎ (03 83 02) 562 29  ⏱ April–Okt. tägl. 10–17 Uhr, Nov.–März Di–So 9–16 Uhr, im Winter bitte tel. erfragen  ✋ Museum und Freiluftausstellung: mittel; Lehrpfad: frei  ❓ www.kreidemuseum.de

## MUSEEN IM ALTEN FÄHR- UND IM STADTHAFEN

■ **Museum für Unterwasserarchäologie:** In der ehemaligen Abfertigungshalle des Fährhafens informieren wechselnde Ausstellungen über die Geschichte der Seeschifffahrt. U. a. sind geborgene Wracks zu sehen, z. B. eine um 1339 gebaute Gellenkogge, die rund 20 Jahre später vor Hiddensee sank. (Alter Fährhafen, Tel. (03 83 92) 323 00, tägl. 10–17 Uhr, Eintritt: mittel)

■ **U-Boot H.M.S. Otus:** Wollten Sie schon immer mal ein U-Boot von innen sehen? Hier haben Sie Gelegenheit dazu. Das 1963 in Dienst gestellte U-Boot stammt ursprünglich aus Großbritannien und war mit 68 Mann Besatzung vor den Falkland Inseln und im Persischen Golf im Einsatz. (Alter Fährhafen, Tel. (03 83 92) 315 16, Mai–Okt. tägl. 10–19 Uhr, Nov.–April 10–16 Uhr, Eintritt: teuer, www.hms-otus.com)

■ **Fischerei- und Hafenmuseum:** Interessant ist nicht nur die Sammlung an Buddelschiffen. Auch Themen wie die Entwicklung der Fischerei und Bäderschifffahrt, der Postdampferverkehr mit Schweden und das Seenotrettungswesen werden anschaulich dargestellt. Das Museumsschiff Havel, ein 26 m langer Stahlkutter, liegt direkt vor dem Museum vor Anker und kann besichtigt werden. (Im Stadthafen, Tel. (03 83 92) 578 46, April–Okt. tägl. 10–18 Uhr, Nov.–März tägl. 10–17.30 Uhr, Eintritt: mittel)

**FÜR KINDER**

- **Seilschaukel** und **Kletterparcours** vor dem Nationalparkzentrum (➤ 43)
- **Schmetterlingspark** in Sassnitz (➤ 50)
- **Dinosaurierland** in Bobbin (➤ 52)
- **Jasmundtherme** (➤ 60)


## 8 Bobbin

Der Name dieses hübschen Dorfes bedeutet im Slawischen Hügel.

Elegantes Hotel: Schloss Spyker

Und das ist mehr als zutreffend, denn keine andere Ortschaft auf Rügen liegt so erhaben über der Landschaft. Eine der wenigen Feldsteinkirchen Rügens thront in der Mitte des Dorfes Schauen Sie sich den barocken Altar von 1668 an, den General Wrangel bestellte und einbauen ließ. Auf dem Friedhof befindet sich ein Gruftbau sowie über 250 Jahre alte Grabwangen. Südlich des Ortes bietet der 60 m hohe Tempelberg grandiose Aussicht.

✠ 181 D3

### Kirche Bobbin

☎ (03 83 02) 531 18   🕓 Mai–Sept. tägl. 8–22 Uhr, Okt.–April tägl. 8–17.30 Uhr
✋ frei

## 9 Schloss Spyker

Leuchtend rot getüncht, ist das Anwesen mit den vier Ecktürmen schon von weitem zu sehen. Heute beherbergt das liebevoll restaurierte Schloss aus dem 14. Jh. ein Hotel mit Kellergasthaus und Gartencafé (➤ 56). Zeitweise wohnte hier der schwedische Feldmarschall Graf Karl Gustav Wrangel, der im 17. Jh. die vier markanten Türme bauen ließ. Im Schlosssaal soll ihm 1676 nach einer Niederlage im Krieg gegen Preußen angeblich der Kopf abgeschlagen worden sein. Neue Attraktion ist nördlich von Bobbin der Erlebnispark Dinosaurierland mit 120 lebensgroßen Sauriermodellen.

✠ 181 D3   ✉ Schlossallee 1
☎ (03 83 02) 770
✋ nur für Hotel- und Restaurantgäste

### Dinosaurierland

✉ Am Spyker See 2 a
☎ (03 83 02) 71 98 74,
www.dinosaurierland-ruegen.
de   🕓 April tägl. 10–16,
Mai–Okt. tägl. 10–18 Uhr,
Nov.–März Sa–Do 10–15 Uhr
✋ teuer

## 10 Glowe

Eine moderne Promenade ziert den schönen Badestrand am Hafen des kleinen Badeortes. Dahinter tummeln sich Fischerkaten und Pensionen.


**FEINER STRAND:**

Zwischen Juliusruh und Glowe zeigt sich Rügen von seiner feinsandigen Seite. Die Schaabe ist 8 km lang und 50 m breit. Selbst im Hochsommer ist hier noch ein stilles Plätzchen zu finden. Große Parkplätze hinter dem Dünenwäldchen und ein Fahrradweg neben der Landstraße machen eine bequeme Anfahrt möglich. Wenn Sie etwas essen möchten, sollten Sie sich ein Picknick vorbereiten, da hier weder Cafés noch Restaurants existieren. (✠ 180 B/C3–4)

### Hafen von Breege

besticht, erwartet den Gast in Breege ein verträumtes Dorf am Jasmunder Bodden mit Anglern am Hafen und reetgedeckten Häusern. Mehrmals täglich fahren von April bis Oktober Schiffe nach Hiddensee ab (Reederei Kipp, Tel. (03 83 91) 123 06, www.reederei-kipp.de). Freizeitkapitäne schätzen die moderne Marina. Einziges Bindeglied zwischen Juliusruh und Breege ist der historische Landschaftspark aus dem 18. Jh., den der damalige Gutsbesitzer Julius von der Lancken anlegen ließ.
✠ 180 B4

### Touristikamt

✉ Wittower Str. 5, 18556 Breege-Juliusruh ☎ (03 83 91) 311 🕓 Juni–Sept. Mo–Fr 8–18, Sa/So bis 14 Uhr, Okt.–Mai Mo–Fr 8–16 Uhr ❓ www.ostseebad-breege.de

### 🔟🔟 Wittower Fähre

Am südlichen Ende der Halbinsel Wittow wartet die Fähre auf Reisende, die über die 350 m breite Fahrrinne nach Zentralrügen wollen. Während der Hochsaison kann man sich die zirka 20-minütige Wartezeit im Restaurant *Wittower Fähre* (► 57) verkürzen. Ein technisches Museumsstück ist neben dem Anleger vertäut: Hier liegt noch die Fähre, die bis Ende der 1960er-Jahre die damals verkehrende Kleinbahn nach Altenkirchen Huckepack nahm.
✠ 178 C3 ☎ (0172) 752 68 38 🕓 Nov.–März tägl. 5.50–19 Uhr, April bis 20 Uhr, Mai–Aug. bis 21 Uhr, Sept., Okt. bis 20 Uhr. 🖐 preiswert

Hier befindet sich auch Rügens jüngste Kirche, erbaut wurde sie im Jahr 1982. Für DDR-Verhältnisse war die Einweihung der Kirche damals eine kleine Sensation, galt Religion den Staatsoberen doch nicht gerade als förderlich. Der zeltartige Bau am westlichen Ortsausgang ist die *Ostseeperle*, eine ehemals sehr beliebte Gaststätte, die der bekannte DDR-Architekt Ulrich Müther entworfen hat und die 2008 wieder eröffnet wurde.
✠ 180 C3

### Kapelle Glowe

☎ (03 83 02) 531 18 🕓 Einlass nach telefonischer Vereinbarung 🖐 frei

### Touristikamt Glowe

✉ Hauptstr. 37, 18551 Glowe ☎ (03 83 02) 52 21 🕓 Juni–Sept., Mo–Fr 8–18, Sa 9–12 u. 15–18 Uhr; Sept.–Mai, Mo, Mi, Do 8–16, Di 8–17, Fr 8–12.30 Uhr ❓ www.glowe.de

### 🔟🔟 Breege-Juliusruh

Obwohl offiziell eine Gemeinde, sind Breege und Juliusruh doch zwei grundverschiedene Orte. Während Juliusruh mit feinsandigem Ostseestrand, vielen Eiscafés und Dünenhotels

### 13 Wiek

Eine der beeindruckendsten Backsteinkirchen Rügens, erbaut um 1400, thront in der Mitte des Dorfes. Ein Halt lohnt sich nicht nur wegen des schönen Altars von 1748 und des Reiterstandbilds aus dem 15. Jh. Auch die Bäckerei Koepke gegenüber lohnt den Besuch, denn hier gibt es den besten Kuchen weit und breit! In Wiek löschten viele Handelsschiffe ihre Ware, daher auch der Name: Wiek bedeutet im Niederdeutschen Handelsplatz. Heute verkehren im Sommer Fähren nach Hiddensee (➤ 60).
✠ 179 D4

**Die gotische Dorfkirche in Wiek**

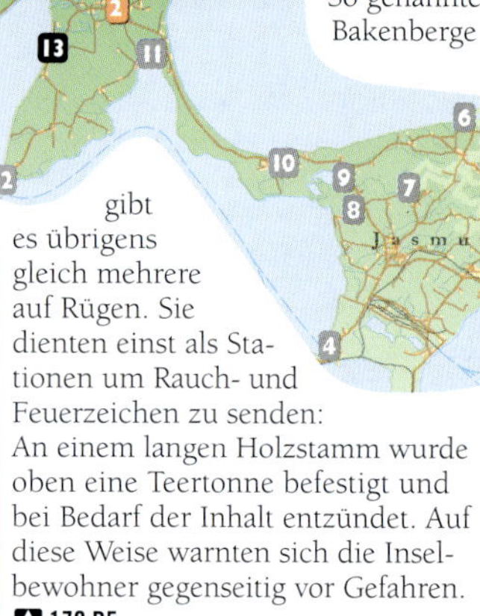

**St. Georgkirche Wiek**
☎ (03 83 91) 702 26  ⏲ Mai–Okt. tägl. 10–12 u. 13–17 Uhr; Nov.–April 10–11 u. 14–16 Uhr  ✋ frei

### 14 Bakenberg

Einen schönen Sandstrand und einen prima Ausblick über das weite Meer teilen sich Camper und Bewohner der Ferienanlage (➤ 55) hinter dem 28 m hohen Hügel. In der Siedlung gibt es ein Schwimmbad. Der Strand ist auch unter Nacktbadenden beliebt, wenngleich selbst im Sommer hier meist ein frisches Lüftchen weht … So genannte Bakenberge gibt es übrigens gleich mehrere auf Rügen. Sie dienten einst als Stationen um Rauch- und Feuerzeichen zu senden: An einem langen Holzstamm wurde oben eine Teertonne befestigt und bei Bedarf der Inhalt entzündet. Auf diese Weise warnten sich die Inselbewohner gegenseitig vor Gefahren.
✠ 179 D5

**Blick vom Bakenberg**

# Wohin zum …
## Übernachten?

**Preise**
Preise für ein Doppelzimmer mit Frühstück pro Nacht:
€ unter 50 Euro          €€ 50–125 Euro          €€€ über 125 Euro



### Aquamaris Strandresidenz Rügen €€
Zwischen Strand und Dorfstraße liegt die Ferienanlage mit 260 Hotelzimmern, Suiten und Ferienwohnungen in verschiedenen Häusern. Ein schönes Hallenbad, drei Restaurants, ein Tenniskiesplatz mit Flutlicht, Billard und sogar vier Kegelbahnen geben kaum Anlass, das Areal während der Ferien zu verlassen. Die Zimmer und Wohnungen sind praktisch und hell eingerichtet. Tipp: Sagen Sie bei der Buchung, dass Sie keine Wohnung zur Landstraße hinaus wünschen. Die ist nämlich sehr befahren.
✠ 180 B4   ✉ Wittower Str. 4, 18556 Juliusruh   ☎ (03 83 91) 444 05, Fax (03 83 91) 441 41   ? www.aquamaris.de

### Ferienresidenz Rugana am Bakenberg €€–€€€
Moderne Ferienhausanlage auf der grünen Wiese. Der schöne Strand ist nur 400 m entfernt. Eine Minigolfanlage, ein Schwimmbad, ein Fußballplatz und eine 6-Loch-Golfanlage mit Driving Range machen den Ort auch außerhalb der Sommerzeit attraktiv. Die 240 Ferienwohnungen sind zu verschiedenen Dörfern gruppiert.
✠ 179 D5   ✉ Nonnevitz 25a–b, 18556 Dranske/Bakenberg   ☎ (03 83 91) 914-0, Fax (03 83 91) 914 14   ? www.rugana.de

### Herrenhaus Bohlendorf €€
Liebevoll restauriertes Gut aus dem 18. Jh., umgeben von einem prachtvollen 80 ha großen Naturpark. Ernst Casimir von Bohlen ließ sich hier einst nieder, 1992 wurde das Haus zum Hotel umgebaut. Neben 20 Hotelzimmern können Gäste auch 12 Ferienwohnungen buchen.
✠ 179 D4   ✉ 18556 Bohlendorf bei Wiek   ☎ (03 83 91) 770, Fax (03 83 91) 702 80   ? www.bohlendorf.de

### Kapitänshäuser Breege €–€€
Direkt am Hafen von Breege gelegen, bieten fast alle Ferienwohnungen einen Blick auf den Breeger Bodden sowie Terrasse oder Balkon. Besonders für Segler eignet sich die Nähe zum neuen Yachthafen. Wer nicht kochen will, isst im hauseigenen Restaurant. Schwimmbad, Sauna, Solarium und medizinische Wellnessabteilung lassen auch an grauen Tagen keine Langeweile aufkommen.
✠ 180 B4   ✉ Hochzeitsberg 16, 18556 Breege   ☎ (03 83 91) 420, Fax (03 83 91) 120 05   ? www.kapitaens-haeuser.de



### Bel Air Strandhotel Glowe €–€€
30 Zimmer und fünf Apartments bieten Strandruhe direkt am 12 km langen Sandstrand der Tromper Wiek. Das neue Hotel liegt mitten in einem Kiefernwald und ist bevorzugtes Ziel vieler Gäste, die die große Badelandschaft mit Schwimmbad, Sauna und Massagepraxis nutzen möchten.
✠ 180 C3   ✉ Waldsiedlung 130a, 18551 Glowe   ☎ (03 83 02) 747-0, Fax (03 83 02) 747-120   ? www.bel-air-hotels.de

### Haus am Meer €€
Schöne Lage an der Treppe zum Hafen. Zu den 2- bis 4-Personen-Apartments gibt's den schönen Meerblick gratis dazu, Sauna und

Solarium sind nach Spaziergängen an der frischen Luft eine Wohltat. Im angeschlossenen Restaurant mit regionaler Küche können nicht nur die Hausgäste essen.
➤ 181 E3 ✉ Am Taubenberg 1, 18551 Lohme ☎ (03 83 02) 885 23, Fax (03 83 02) 885 26 ☛ www.hausammeer-lohme.de

### Jasmar Resort Rügen €€–€€€
Neue Hotel- und Apartmenthausanlage mit eigenem Thermalbad, Tennisplätzen, Shuttleverkehr zum 7 km entfernten Strand in Glowe und Kinderbetreuung. Die weitläufige Landschaft ringsum lädt zu Radtouren und Wanderungen ein. Juwel der Anlage ist das liebevoll restaurierte Gutsherrenhaus.
➤ 181 E3 ✉ Zum Hafen 7, 18551 Sagard ☎ (03 83 02) 95, Fax (03 83 02) 96-620 ☛ www.jasmar.de

### Kapitänsmesse €–€€
Kleines Hotel in der Nähe des Sassnitzer Hafens mit modernen aber auch klassischen Möbeln der vorletzten Jahrhundertwende. Die Räume sind großzügig und gemütlich. Schöne Frühstücksterrasse mit herrlichem Blick auf das Meer und die längste Außenmole Europas.
➤ 181 F2 ✉ Walterstr. 8, 18546 Sassnitz ☎ (03 83 92) 578 58, Fax (03 83 92) 578 59 ☛ www.kapitaensmesse.de

### Schlosshotel Spyker €€
Elegantes Renaissanceschlösschen mit Hochzeitszimmer, gemütlichen Doppelzimmern und Maisonettes. Die Zimmer im Turmerker bieten einen Rundumblick über die Landschaft. Lunchpakete oder Picknickkörbe werden auf Wunsch bereitgestellt. Gäste können wählen zwischen hauseigenem Restaurant im Gewölbekeller, dem eleganten Salon im 1. Stock, in dem das Frühstück serviert wird, und Gartencafé.
➤ 181 D3 ✉ Schlossallee 1, 18551 Spyker auf Rügen ☎ (03 83 02) 770, Fax (03 83 02) 533 86 ☛ www.schloss-spyker.de

### Silence Panoramahotel €–€€
Bestes Hotel am Platze mit wunderbarem Meerblick, hervorragender Küche und sehr gutem Service. Besitzer Matthias Ogilvie wacht persönlich über das Wohl der Gäste. Mehrere Gästehäuser im Dorf, die zum Hotel gehören, offerieren Ferienapartments und weitere Zimmer. Im Gästehaus *Grey's* ist jedes Zimmer in anderem Stil gehalten.
➤ 181 E3 ✉ An der Steilküste 8, 18551 Lohme ☎ (03 83 02) 91 10, Fax (03 83 02) 91 11 33 ☛ www.lohme.com

### Strandhotel Sassnitz €€
Elf maritim eingerichtete Apartments mit Meerblick, Kaminofen und teilweise mit integrierter Sauna machen den Aufenthalt zum komfortablem Erlebnis direkt an der Seepromenade von Sassnitz. Im Strandcafé des Hauses schmeckt der Kuchen besonders gut.
➤ 181 F2 ✉ Rosenstr. 12, 18546 Sassnitz ☎ (03 83 92) 677 10, Fax (03 83 92) 67 71 ☛ www.strandhotel-sassnitz.eu

### Svantekahs €–€€
Benannt ist diese traditionell im Stil der Bäderarchitektur gehaltene Strandpension nach einem heiligen Stein (*svante kamien* im Slawischen), der im Glower Ortsteil Ruschvitz am Strand liegt. Direkt am Wasser, nämlich am Hafen, liegt auch dieses Gästehaus mit 23 Zimmern, von denen 15 über eine Mini-Küche verfügen. Alle Zimmer ohne Küche sind mit Kühlschrank, Kaffeemaschine, Toaster, Wasserkocher und Geschirr zur Selbstverpflegung ausgestattet. Es gibt 2-, 3- und 4-Bett-Zimmer.
➤ 180 C3 ✉ Hauptstr. 87, 18551 Glowe ☎ (03 83 02) 711 00, Fax (03 83 02) 711 24 ☛ www.haus-svantekahs.de

### Villa Seestern €€
Das schöne Haus im beliebten Stil der traditionellen Rügener Bäderarchitektur liegt mitten in der historischen Altstadt. Eine hauseigene Brücke führt den Hang hinab bis zur Kante des Steilufers oberhalb der Strandpromenade. Alle 14 Zimmer verfügen über Dusche oder Bad/WC.
➤ 181 F2 ✉ Mühlenstr. 5, 18546 Sassnitz ☎ (03 83 92) 332 57, Fax (03 83 92) 367 65 ☛ www.villa-seestern-sassnitz.de

# Wohin zum …
## Essen und Trinken

**Preise**

Die Preisangaben gelten pro Person für ein Essen ohne Getränke:
€ unter 10 Euro        €€ 10–20 Euro        €€€ über 20 Euro



### Svantevit €–€€

Gemütliches Restaurant mit Terrasse in gleichnamigem Hotel. Viele Gerichte werden mit Zutaten vom eigenen Bauernhof im 10 km entfernten Bohlendorf zubereitet, z. B. Gänsebraten oder Ente.
✉ Wittower Str. 9–10, 18556 Juliusruh
☎ (03 83 91) 43 00
◷ Ostern–Okt. tägl. ab 17, im Sommer ab 12 Uhr
🔗 www.svantevit-hotel.de

### Zum alten Fischer €

Solide Küche, die auch den Anglern am Hafen schmeckt. Nach einem Bootsausflug zur Insel Hiddensee können Sie hier getrost einkehren und sich für den Heimweg stärken. Spezialität des Hafenrestaurants ist u. a. die Fischsuppe Breeger Art.
✠ 179 E4   ✉ Am Hafen, 18556 Breege
☎ (03 83 91) 121 89   ◷ tägl. ab 12 Uhr

### Zum Goldenen Anker €

In der gemütlichen Bauernkate geht es im Sommer hoch her und meistens sind die Tische bis auf den letzten Platz besetzt. Kein Wunder, ist doch der Fisch frisch und das Gasthaus das einzige in Vitt. Früher besaß der Schankraum immer genau so viele Stühle, wie das Dorf Einwohner hatte. Vor dem Ausflug nach Kap Arkona am besten einen Tisch reservieren lassen und dann nach dem Spaziergang bis nach Vitt dort einkehren. Es gibt Deftiges wie Aalsuppe und natürlich Hering in allen erdenklichen Variationen. Vitt heißt übersetzt schließlich Heringshandelsplatz.
✠ 180 C5   ✉ Vitt Nr. 2, 18556 Vitt
☎ (03 83 91) 121 34   ◷ April–Okt./ Weihnachts- u. Winterferien tägl. ab 11 Uhr

### Zum Kap Arkona €–€€

Das kleine modern gehaltene Restaurant mit schöner Terrasse lädt Besucher des nahe gelegenen Namenspatrons zu einer Rast ein. Frische gutbürgerliche Küche wird schnell und freundlich serviert. Wer möchte, kann auch übernachten. Im Haus befindet sich eine Hotelpension. Familiäre Atmosphäre.
✠ 180 C5   ✉ Dorfstr. 22a, 18556 Putgarten   ☎ (03 83 91) 43 30
◷ tägl. 12–21 Uhr

### Zur Wittower Fähre €

Von der Terrasse des gutbürgerlichen Restaurants haben Sie einen herrlichen Ausblick über den Breetzer Bodden. Das Glas Bier am Abend zieht jedoch auch Mücken an, weshalb an manchen Abenden ein wildes Umherschlagen beginnt. Am besten die Zitrone vom Hefeweizen nehmen und sich einreiben. Viele Radwanderer nutzen das Restaurant als Rastplatz. Eis und Fischbrötchen gibt es zum Mitnehmen. Es werden auch Zimmer vermietet.
✠ 179 C3   ✉ 18556 Wittower Fähre
☎ (03 83 91) 703 34   ◷ tägl. ab 12 Uhr, wechselnden Ruhetag tel. erfragent.



### Broilerbar €

Traditionsgaststätte im Rügenhotel, die seit 2010 wieder leckere Varianten rund ums Brathähnchen

(Broiler) bietet. Wie wäre es etwa mit Karlsbader Hühnerbrust mit Pfirsich und Kochschinken oder Broiler Schwedisch mit Apfel-Meerrettich-Soße? Auf der Terrasse können Sie den halben Hahn mit Blick über das Hafengelände genießen. Die Rügenbrücke vor der Tür führt direkt dorthin.

✝ 181 E3 ✉ Seestr. 1, 18546 Sassnitz ☎ (03 83 92) 63 10 04 ⊗ tägl. ab 12 Uhr ? www.broilerbar-sassnitz.de

## Café Niedlich €

Eine tolle Aussicht bis zum Kap Arkona belohnt Sie, wenn Sie zuvor die zwei Dutzend Treppenstufen hinauf oder hinab – je nach Wegrichtung – bis zur Caféterrasse gestiegen sind. Von hier können Sie bei Kaffee und Kuchen den Fischern bei der Arbeit zuschauen.

✝ 181 E3 ✉ über dem Fischereihafen, 15551 Lohme ☎ (03 83 02) 93 46 ⊗ Ostern–Okt. tägl. ab 10 Uhr

## Gastmahl des Meeres €

Fischspezialitätenrestaurant direkt am Fischereihafen mit seiner Promenade. Von der Terrasse aus haben Sie einen schönen Blick auf das Treiben am Wasser. Innen schaffen Lampen und Schiffsmodelle eine maritime Atmosphäre. Die Fischgerichte kommen frisch zubereitet auf den Tisch, da kann es auch mal etwas länger dauern.

✝ 181 F2 ✉ Strandpromenade 2, 18546 Sassnitz ☎ (03 83 92) 51 70 ⊗ tägl. 11–23 Uhr

## Kleine Försterei €

Wild ist die Spezialität des Hauses, das auch eine kleine Pension beherbergt. Rehbraten, Wildschwein und Hirsch kommen frisch auf den Tisch, meist aus dem Nationalpark Jasmund. Seit Herbst 2008 gibt es neben dem Gasthof ein 90.000 qm großes Dammwildgehege. Im Sommer ist das Lokal durch die Nähe zum Parkplatz am Eingang zum Nationalpark oft gut besucht. Am besten abends essen, wenn die meisten

Besucher schon wieder ihrer Wege gezogen sind. Die Gäste können kostenlos parken, auch wenn sie hinterher noch den Nationalpark besuchen wollen. Da sparen Sie rund 5 Euro!

✝ 181 E3 ✉ Stubbenkammerstr. 68, 18551 Hagen ☎ (03 83 02) 900 17 ⊗ Juni–Sept. tägl. 12–21.30 Uhr, Okt.–Mai 12–20 Uhr, Mo Ruhetag

## Ostpreußische Hafen-räucherei €

Fischgaststätte, in der vor den Augen der Gäste die Fische in den Rauch gehängt werden. Es riecht nach Holz und Rauch und natürlich nach Aal, Hering und Dorsch. Die großen Portionen kommen wahlweise mit Kraut- oder Kartoffelsalat auf den Teller. Wegen der Größe des Lokals kann es auch mal lauter werden. Aber dann nimmt man sich seinen Fisch einfach mit und setzt sich an die Kaimauer.

✝ 181 F2 ✉ Stadthafen Sassnitz, Hafenstraße 12 d, 18546 Sassnitz ☎ (03 83 92) 365 04 ⊗ tägl. ab 8 Uhr

## Puszta €€

Das ungarische Restaurant verköstigt seit 2007 Urlauber und Einheimische mit Spezialitäten vom Balaton. Kesselgulasch, Palatschinken und die üppige Pusztaplatte für zwei Personen bieten eine deftige Alternative zum täglichen Fischgericht auf der Insel.

✝ 185 D2 ✉ A.-Bebel-Str. 14, 18551 Sagard ☎ Tel. (03 83 02) 37 16 ⊗ tägl. ab 11.30 Uhr

## Uns Röckerhus €

Regionale Fischgerichte, Räucherfischsuppe und Salate werden in uriger Atmosphäre verspeist. An langen Tischen tafeln die Gäste unter Holzbalken wie anno dazumal, während mitunter auch mal ein Fischer auf dem Akkordeon Lieder zum Besten gibt. Alle Spezialitäten können Sie auch mitnehmen. Die Lietzower Räucherei gilt als die älteste auf Rügen.

✝ 181 D1 ✉ Spitzer Ort 7, 18528 Lietzow ☎ (03 83 02) 569 66 ⊗ tägl. Ostern bis Okt. ab 11 Uhr

# Wohin zum …
# Einkaufen?

## LEBENSMITTEL

An der schönen Allee zwischen Lohme und Glowe liegt das **Hofgut Bisdamitz** (Tel. (03 83 02) 92 07, tägl. 10–19 Uhr), ein Bioland-Hof mit eigener Käserei und einem großen Laden. Neben dem Vollsortiment eines ganz normalen Bioladens können Sie Fleisch- und Wurstwaren von den dortigen Tieren kaufen, u. a. auch Lamm. Auf dem Hof finden nach Anmeldung auch Führungen statt. Der Käse wird sowohl aus Schaf- als auch aus Kuhmilch nach traditionellen Rezepten hergestellt.

Fischkonserven kaufen Sie am Sassnitzer Hafen günstig direkt beim Hersteller **Rügenfisch** (Str. der Jugend 10, Tel. (03 83 92) 600, Mai–Okt tägl. 9–18, Nov–April Mo–Sa 10–17 Uhr). Hier werden täglich rund 250 000 Dosen produziert. Für die so genannten Knickdosen zahlen Sie nur einen Bruchteil des Ladenpreises. Im angegliederten Bistro mundet u. a. Fisch-Soljanka und Lachssalat. **Frischen Fisch** können Sie fast an jedem Hafen bekommen. Fragen Sie einfach die Fischer, wann der Fang verkauft wird. Im Sassnitzer Stadthafen bietet der **Kutter 4** (April–Okt. tägl. 11–21 Uhr) geräucherten Aal, Dorsch, Scholle und vieles mehr zum Mitnehmen und gleich Essen.

Im Sassnitzer Seglerhafen und im Stadthafen liegen mehrere so genannte Räucherschiffe, die geräucherten Fisch verkaufen.

## SOUVENIRS

Bienenwachskerzen, Altarkerzen und Kunsthandwerk aus Wachs können Sie in der **Kerzenwerkstatt »Handelsschiff« auf dem Rügenhof in Putgarten** (Dorfstr. 22, Tel. (03 83 91) 439 54, Öffnungszeiten schwankend, Kernzeit tägl. 12–16 Uhr) kaufen, aber auch selber – nach Anmeldung – herstellen. Außerdem werden Handgestricktes aus reiner Schafwolle, Silber- und Bernsteinschmuck sowie Honigspezialitäten angeboten. Fruchtweine und Likörspezialitäten, u. a. aus Sanddorn, gibt es in großer Auswahl. Im hinteren Teil befindet sich die Werkstatt, in der Gäste zuschauen dürfen, wie Kerzen entstehen. Sie werden gezogen, gegossen oder in der Hand geformt, einige dann auch noch getaucht oder bemalt.

**Rügendirekt** nennt sich ein Vertrieb für Produkte von der Insel, der auf dem Gutshof auch einen **Dorfladen** (Dorfstr. 22, Tel. (03 83 91) 43 99 90, www.ruegen-direkt.de, Öffnungszeiten tel. erfragen) betreibt. Hier können sie von Holundergelee bis Rügen-Musik-CDs alles kaufen, was die Insel zu bieten hat. Ein Webshop bietet den Einkauf auch online an. Originell: die Präsentkisten mit einer zusammengestellten Spezialitätenmischung.

Alles, was die Lieben daheim erfreut, wird auch im **Marineshop Breege** (am Hafen, Tel. (03 83 91) 43 99 88, tägl. ab 8 Uhr) verkauft. Souvenirs in Form von Muscheln, Fischerhemden und Schiffsmodellen, aber auch Waren des täglichen Bedarfs, etwa frische Brötchen und die Morgenzeitung, erwarten Sie schon in aller Frühe.

## TÖPFERWAREN

Im **Stadthafen von Sassnitz** (Tel. (03 83 92) 503 09, Mo–Sa 10–18 Uhr, So 12–18 Uhr) können Sie nicht nur Fisch, sondern auch Gebrauchskeramik, Kleinplastiken und kunstvolle Einzelstücke in der Töpferei kaufen. Vieles ist mit maritimen Motiven bemalt, ein Frühstücksgeschirr mit Dreimastern etwa oder eine Tasse mit munter im Meer schipperndem Fischkutter. Besuchen Sie einfach die offene Werkstatt und schauen Sie zu, wie das Wasser auf die Tassen kommt oder nehmen Sie an einem der Workshops teil.

# Wohin zum...
## Ausgehen?

### MUSEUM

Im **Marinehistorischen und Heimatmuseum Dranske** gibt es eine interessante Ausstellung über die Militärgeschichte des Sperrgebiets Bug südlich von Dranske zu sehen. Außerdem werden Geschichte und Geografie Wittows unter die Lupe genommen. (Max-Reichpitsch-Ring 2, Dranske, Tel. (03 83 91) 87 30, Juli, August Mo–Sa 14–17 Uhr, im restl. Jahr unterschiedl., bitte tel. erfragen, Eintritt: preiswert, www.gemeinde-dranske.de)

### SCHWIMMEN

Badespaß für die ganze Familie bietet die **Jasmundtherme** (Tel. (03 83 02) 97 77 00, tägl. 8–22 Uhr, www.glowe.de/Jasmundtherme) auf dem Gelände des *Jasmar Resort Rügen* in Neddesitz. Ein 31 Grad warmes Innenbecken mit Sprudelliegen, Schwallduschen und Gegenstromanlage verwöhnt Körper und Geist. Kinder toben sich auf der Wasserrutsche und im 34 Grad warmen Kinderbecken aus. Im Saunagarten kommen Sie in zwei Finnischen Trockensaunen sowie einem Dampfbad ins Schwitzen.

### SCHIFFSAUSFLÜGE

Von Sassnitz aus stechen mehrmals täglich Ausflugsschiffe in See, um die Kreidefelsen entlang zu schippern. Besonders urig ist der **Fischkutter Möwe** (Liegeplatz im Stadthafen, Tel. (03 83 92) 333 69).

Auch Hochseeangeln bietet Kapitän Ulrich Hatrath an. Regelmäßig fährt die **Reederei Lojewski** mit ihren beiden Schiffen *Nordwind* und *Insel Rügen* die Kreideküste ab. Abfahrt acht mal täglich zwischen 10 und 16.30 Uhr (Vorbestellungen: Tel. (03 83 92) 351 36).

Zur Insel Hiddensee fährt die **Reederei Kipp** (Tel. (03 83 91) 123 06) ab Breege. Aber auch Boddenfahrten und Abendfahrten können Sie buchen. Im Sommer fährt ein Schiff um 18.30 Uhr nach Ralswiek zu den Störtebeker Festspielen über den Bodden. Fahrkarten und Eintrittskarten werden am Hafen verkauft. Ebenfalls nach Hiddensee geht es u. a. von Wiek aus mit der **Reederei Hiddensee** (Tel. (038 31) 26 81 16). Tagesausflüge mit Landgang können während der Sommersaison (Mai–Mitte Okt.) gebucht werden.

Nach Schweden oder Russland fahren täglich Fähren vom Fährhafen Mukran aus, der südlich von Sassnitz liegt.

### ZOO

Der **Sassnitzer Tierpark** (Steinbachweg 6, Tel. (03 83 92) 223 81, April–Sept. tägl 10–18 Uhr, Okt.– März tägl. 10–16 Uhr) ist wohl der einzige weit und breit, in dem Sie Tiere kaufen können! Meerschweinchen, Sittiche und sogar Schafe oder Ziegen dürfen gegen Entgelt mitgenommen werden. Affen, Nasenbären und Wölfe hingegen müssen sicherheitshalber in ihren Gehegen bleiben. Aber dazu ist der Zoo ja auch da: Schauen und staunen Sie über die vielen Tiere, die auf der Insel Rügen wild leben: Eulen, Damwild und Fuchs.

### NACHTLEBEN

Viel ist nachts wirklich nicht los auf den Halbinseln Jasmund und Wittow. Aber die **Altstadtbrasserie** in Sassnitz (Marktstraße 4, Tel. (03 83 92) 234 53 bietet Biere vom Fass sowie Cocktails in gemütlicher Atmosphäre.

# Mönchgut und Granitz

# Erste Orientierung

**Wälder, Steilufer, feiner Sandstrand und karge Hügel bestimmen die Landschaft im Osten von Rügen. Hier gibt es die schönsten Seebäder mit mondäner Bäderarchitektur. Doch auch Naturliebhaber schätzen die Region wegen ihrer Vielseitigkeit.**

Die Granitz ist vor allem wegen des einst mondänen Badeortes Binz bekannt und natürlich wegen des herrschaftlichen Jagdschlosses Granitz, das weit über die Buchenwälder des gleichnamigen Naturschutzgebiets ragt. Hier können Sie wunderschöne Wandertouren unternehmen!

Im Mönchgut dominieren hübsche Dörfer und Badeorte, die einst Fischern gehörten und nun vor allem Urlauber beherbergen. Gäste kommen nicht nur am weitläufigen Ostseestrand auf ihre Kosten. Auch die Boddenküste hat Charme und erschließt sich am besten bei Radtouren und Wanderungen – etwa durch die Zickerschen Alpen. Surfer lieben das südliche Ende des Mönchguts, den Thiessower Haken. Hier findet man die besten Windverhältnisse auf ganz Rügen! Dass die Rügener sehr geschichtsbewusst sind, zeigen die vielen Heimatmuseen und historischen Anlagen, z. B. in Göhren. Aber auch das Schulmuseum in Middelhagen ist auf ganz Rügen bekannt.

**Rechts: Ein Seebad mit Klasse: Binz**

**Seite 61: Eines der besten Hotels: das Binzer Kurhaus**

**Unten: Herrliche Alleen beginnen gleich hinter der Steilküste**

## ★ Nicht verpassen!



## Nach Lust und Laune!

# In zwei Tagen

**Die folgende Route ist eine Möglichkeit, wie Sie einige der interessantesten Sehenswürdigkeiten von Mönchgut und Granitz in zwei Tagen abklappern können. Nutzen Sie die Karte (➤ 63) zur Orientierung, die einzelnen Highlights werden im Folgenden (➤ 66ff) näher beschrieben.**

## Erster Tag

### Vormittags

Besuchen Sie die von Hitler geplante, aber nicht fertig gestellte gigantische Urlauberanlage ❶ Prora (➤ 66) und suchen Sie sich eine der dort gezeigten Ausstellungen aus. Sie haben u. a. die Wahl zwischen dem Dokumentationszentrum Prora, dem NVA-Museum und dem heimatkundlichen Rügenmuseum. Verbinden Sie den Kulturgenuss mit einem Aufenthalt am herrlichen Badestrand der ❶ Schmalen Heide (➤ 66).

Zum Mittagessen fahren Sie weiter nach ❷ Binz (➤ 68) und gönnen sich ein Menü im prächtigen Kurhotel an der Seebrücke (➤ 83). Oder machen Sie ein Picknick am Strand, an dem Kioske auch leckere Fischbrötchen verkaufen.

### Nachmittags

Fahren Sie zum ❸ Jagdschloss Granitz (links; ➤ 71). Das Auto können Sie auf dem Großparkplatz lassen und den Hügel hinauflaufen. Wenn Ihnen das zu steil ist, nimmt Sie auch der Jagdschloss-Express mit hinauf (➤ 72). Genießen Sie die schöne Aussicht vom 144 m hohen Schlossturm. Und besuchen Sie auch das Infozentrum im ehemaligen Gasthaus nebenan. Dort erfahren Sie Interessantes über das Naturschutzgebiet Granitz.

### Abends

Den Abend verbringen Sie am besten in ❹ Sellin (unten; ➤ 73), wo Sie die Abendstimmung auf der Seebrücke genießen können. Zum Übernachten bietet sich das *Roewers Privathotel* (➤ 83) an.

# Zweiter Tag

## Vormittags

Nachdem Sie morgens noch dem Selliner Bernsteinmuseum einen Besuch abgestattet haben, fahren Sie weiter nach **5 Göhren** (➤ 76). Nach einem kleinen Gang durch den Ort sollten Sie sich den Kurpark anschauen. Dort gibt es ein kleines Labyrinth, schöne Wasserfontänen und seltene Pflanzen. Machen Sie, wenn Sie Lust haben, einen einstündigen Spaziergang auf dem Nordperd-Rundweg und genießen Sie die Aussicht vom Steilufer. Bei Strandwetter lohnt sich auch ein Nickerchen am feinsandigen Südstrand. Mittags essen Sie ausgezeichnet im Hotel-Restaurant *Alt-Berlin* (➤ 84). Nehmen Sie einen Espresso im Turmcafé des Hauses ein und schauen Sie weit über Göhren.

## Nachmittags

Fahren Sie Richtung **7 Thiessower Haken** (➤ 78) und besuchen Sie die Lotsenstation in Thiessow. Einst waren die Männer des Ortes hauptsächlich damit beschäftigt, Schiffe Richtung Stralsund sicher an den Untiefen vorbeizudirigieren. Noch heute sieht man vom Lotsenberg häufig Schiffe auf Reede liegen, die auf ihr Lotsengeleit nach Stralsund warten. Machen Sie einen Spaziergang am Südperd entlang und schauen Sie zu, wie die Surfer übers Wasser zischen. Vielleicht möchten Sie selber surfen? Surfschulen leihen Bretter und Segel aus. Laufen Sie weiter am Boddenufer nach Klein Zicker (oben; ➤ 78) und genießen Sie die tolle Aussicht auf die Zickerschen Alpen vom ehemaligen Radarhügel. Den Sonnenuntergang genießen Sie am besten auf der Terrasse des *Zollhauses* (➤ 85) in Klein Zicker. Von dort haben Sie einen wunderschönen Blick über den Bodden.

# ❶ Prora und Schmale Heide

10 km Sandstrand machen die Nehrung, die Jasmund und Granitz miteinander verbindet, zum umwerfenden Badeparadies. Hinter Dünen und Kiefern verbirgt sich Hitlers unvollendetes Urlauberdomizil Prora. Einzigartig in Europa ist auch das Naturschutzgebiet Feuersteinfelder mit seinen Steinwällen.

Ein 20 m breiter feinsandiger Badestrand zieht sich zwischen Binz und Mukran an der Küste entlang. Zwischen Wasser und Dünen mit Kiefernwäldchen finden Sonnenbadende selbst an hochsommerlichen Tagen noch ein einsames Plätzchen. Hier können Sie den ganzen Tag relaxen und schnell vergessen, was sich nur 10 m hinter den Dünen verbirgt: die unvollendete Hitler-Ferienburg Prora (➤ 22). Der 4,5 km lange Koloss von Rügen beherbergt heute eine ganze Reihe interessanter Museen und Ausstellungen. Im **Dokumentationszentrum Prora** wird unter dem Titel »MACHT Urlaub« die Geschichte des Ortes thematisiert. 100 m weiter südlich lädt eine ganze Armada von Museen zum Besuch ein: Allein fünf Museen gehören zur Kulturkunststatt Prora im Block 3, darunter z. B. das **NVA-Museum**. Auf drei Etagen erfahren Sie Interessantes über die Nationale Volksarmee, die einen Teil der Bauten nutzte. 40 Räume wurden originalgetreu mit Einrichtungsgegenständen aus der DDR-Zeit rekonstruiert. Interessant ist auch das **Rügenmuseum** in der 4. und 5. Etage zu Geschichte, Architektur und Naturschutz der Insel. Das große **Eisenbahn- und Technikmuseum** in der Nähe des Bahnhofs Prora zeigt historische Fahrzeuge, etwa eine

Dünenwälder spenden auch an heißen Tagen Schatten

Links: In Reih' und Glied: Hitlers Kasernen für Urlauber

Unten: Im NVA-Museum

**Feuersteine gibt es in vielen Formen**

250 t schwere russische Schnellzug-Lok. Und selbst spät abends ist in Prora noch einiges los. Dann zieht es näm-lich die Nachtschwärmer zu Rügens größter Disko, dem M3 (➤ 88).

## Feuersteinfelder

Wie die 25 m breiten und 3 m hohen Wälle aus Feuersteinen im Norden der Schmalen Heide entstanden sind, weiß bis heute keiner so genau. Aber wahr-scheinlich waren Sturmfluten vor rund 4000 Jahren dafür verantwort-lich, dass sich diese Steinwellen auf ei-ner Länge von 2 km und einer Breite von 400 m in der Landschaft verewigt haben. Damit dieses einzigartige Naturschutzgebiet nicht zuwuchert, wurden in den 1970er-Jahren Mufflons ausgesetzt. Aber auch Rot- und Schwarzwild gibt es hier sowie eine ganze Menge seltener Pflanzen, Vögel und Reptilien, u. a. auch Kreuzottern.

**KLEINE PAUSE**

Das freundliche Service-Team serviert im *Wiener Kaffeehaus* in Prora (Obergeschoss Block 3) Kaffee und Kuchen öster-reichischer Art. Nehmen Sie Platz und genießen Sie die Aus-sicht auf den Strand bei einem Topfenstrudel mit Einspänner. Objektstr. Block 3/TH 2, Juni–Sept. tägl. 9–19 Uhr, im Winter tägl. 10–16 Uhr

## HOCHSEILGARTEN

Klettern über den Wipfeln der Bäume rund um Hitlers Hotelburg – das ist nicht nur für Kinder ein Hochgenuss. Neun Höhenparcours mit über 80 Klet-tervarianten in bis zu 10 m Höhe, 13 Seilbahnen sowie ein Kletterspiel-platz für die Kleinen bietet für jede Altersgruppe etwas. Der Verleih der Kletter-Ausrüstung und eine Ein-weisung sind im Preis inklusive. Ob-jektstr. TH52, Block 318609, Tel. (0 38 31) 356 94 73, www.seilgarten-prora.de. Eintritt: teuer.

✚ 185 D5

**Dokumentationszentrum Prora**
✉ Objektstr. 1, Block 3/Querriegel ☎ (03 83 93) 139 91 🕓 März–Mai/Sept./Okt. tägl. 10–18, Juni–Aug. tägl. 9.30–19, Nov.-Feb. tägl. 11–16 Uhr ✋ teuer ❓ www.proradok.de

**NVA-, KdF- und Rügen-Museum**
✉ Objektstr. 1, Block 3/TH 2
☎ (03 83 93) 326 96 🕓 im Sommer tägl. 9–19 Uhr, im Winter tägl. 10–16 Uhr
✋ teuer ❓ www.kulturkunststattprora.de

**Eisenbahn- und Technikmuseum**
✉ am Bahnhof Prora ☎ (03 83 93) 23 66
🕓 April–Okt. tägl. 10–17 Uhr ✋ teuer

## PRORA UND SCHMALE HEIDE: INSIDER-INFO

**Top-Tipp:** Vorträge über Prora, inklusive Dokumentarfilm, bietet der Museums-betreiber des Projekts Kulturkunststatt Prora für Museumsbesucher tägl. um 11.45 und 14.30 Uhr an.

**Muss nicht sein!** Im Naturschutzgebiet Feuersteinfelder abseits der offiziellen Wege laufen. Das ist nämlich nicht erlaubt!

# **2 Binz**

**Prachtvolle Bäderarchitektur an der Promenade, eine See-
brücke und ein mondänes Kurhotel machen Binz wieder zum
angesagten Ort für Prominente und Betuchte. Doch auch
Urlauber mit schmalerem Geldbeutel werden in den vielen
Hotels und Pensionen fündig.**

Leise plätschern die Wellen an den feinen Sandstrand, der
Mond hängt schwer über den Hügeln der Granitz, und aus
dem Kurhaus (➤ 83) dringt leise Musik. So beginnt ein Abend
an der 370 m langen Binzer Seebrücke, die hell erleuchtet auf
die See weist. Das war nicht immer so, doch seit der Wende ist
genug Zeit vergangen, um aus Binz wieder ein wenig das zu
machen, was es einmal war, einen schicken Badeort mit eleganten Hotels und eben auch einer Seebrücke. Die ursprüng-
liche Brücke maß sogar 560 m und wurde nur zwei Jahre
nach ihrer Einweihung 1902 durch eine Sturmflut zerstört.
1905 wurde sie wieder aufgebaut. Die Pechsträhne riss jedoch nicht ab, und nur sieben Jahre später stürzte ein Teil der
Brücke ein; 17 Menschen kamen dabei ums Leben. Das war
übrigens der Grund, weshalb 1913 die Gesellschaft zur Rettung
Schiffbrüchiger in Leipzig gegründet wurde. Im Krieg ging
die Brücke dann nochmals zu Bruch und wurde erst 1994
wieder aufgebaut. Seitdem findet jedes Jahr Mitte Juni das
Binzer Seebrückenfest statt.

**Strandkörbe
bieten Wind-
schutz an stür-
mischen Tagen**

Mondäne
Pracht: die
Binzer Bäder-
architektur

### Zeitvertreib bei Tag …

An der 4 km langen Strandpromenade tummeln sich zu
jeder Tageszeit viele Spaziergänger; Fahrradfahren ist
deswegen dort verboten.
Ebenso ist das Auslegen von
Badetüchern zwischen den
Strandkörben verboten. Außerhalb der Strandkorbzone
ist jedoch immer noch mehr
als reichlich Platz für Strand-
muscheln und XXL-Laken.
Auch Hunde kommen am
eigenen Badestrand auf ihre
Kosten. Kinder können sich
an den Tierzeichen an jedem
Strandabgang orientieren,
sodass sie auch garantiert
wieder zum elterlichen Bade-
tuch finden.

Wenn Sie keine Lust haben,
den ganzen Tag am Wasser
zu verbringen, können Sie
die Zeit in einer ganzen
Anzahl von Boutiquen und
kleinen Museen verbringen.
Oder bestaunen Sie einfach
mal die schöne Bäderarchitektur der vorletzten Jahrhundertwende an der Strandpromenade und rund um die
Hauptstraße, etwa die 1896 erbaute **Villa Ruscha**, die 1999
vollständig saniert wurde. Das **Kurhaus** wiederum wurde
1908 erstmals eröffnet. Seit 2002 erstrahlt es wieder in alter
Pracht und wird als Hotel genutzt.

Eine Menge Spaß haben Groß und Klein im Ferienpark des
**IFA-Rügen Hotels** am nördlichen Ende der Strandpromenade.
An Schlechtwettertagen können sich die Kleinen dort auf einem
Indoor-Spielplatz mit Karussell und Boxautos austoben (► 83).

### … und Nacht …

Binz ist nicht nur Erholungsort, sondern auch Zentrum des
Amüsements auf Rügen. Das **Varieté Boddenbarsch** (► 88)
im Kurhaus-Saal etwa bietet im Winter unterhaltsame Shows
auf gehobenem Niveau. Und diverse **Cocktailbars** (► 88)
haben es von hier aus schon zu international anerkanntem
Ruf gebracht. Und wem das Urlaubsgeld ausgehen sollte, der
kann sein Glück auch in der **Spielbank** an der Hauptstraße
versuchen.

### … und etwas weiter weg

Lassen Sie Ihr Auto ruhig Ferien machen, denn zu Fuß oder
mit dem Fahrrad lässt sich in Binz und Umgebung wirklich
viel erreichen. Prora (► 66), so ist etwa Hitlers Betonburg für
Urlauber nicht allzu weit entfernt. Mehrmals täglich tuckert

die **Bäderbahn** dorthin, ebenfalls Zielpunkt ist Schloss Granitz (➤ 71). Und auch der **Rasende Roland**, die langsame historische Dampfbahn, pfeift am Kleinbahnhof Binz munter ihr Lied, bevor sie Richtung Göhren (➤ 76) oder Putbus (➤ 97) weiterschnauft. Doch es geht auch schneller: Wussten Sie, dass Binz sogar einen **ICE- und Intercity**-Bahnhof hat? In 1 Stunde sind Sie bequem in Stralsund (➤ 133). Und von der Seebrücke legen regelmäßig die **Dampfer** ab, um zu Ausflugstouren Richtung Kreideküste oder Sellin zu starten (➤ 87). Doch auch in Binz gibt es viel zu entdecken, etwa zahlreiche **Galerien** (➤ 87) oder den **Park der Sinne** am Schmachter See. Dort können Spaziergänger die wunderbaren Töne einer Steinharfe erkunden oder ausprobieren, wie sich Luftblasen unter Wasser verhalten. Und auch ein Duftgarten und ein kleiner Irrgarten laden zum Verweilen ein.

Der *Rasende Roland* dampft zwischen Putbus und Göhren

Links: Leinen los, und auf zu den Kreidefelsen!

### KLEINE PAUSE

Geburtstagskinder dürfen in der *Konditorei Peters* (Heinrich-Heine-Str. 2, April–Okt. Mo–Sa ab 6 Uhr, So ab 7 Uhr, Nov.–März Mo–Sa ab 7 Uhr, So ab 7.30 Uhr) umsonst frühstücken. Den ganzen Tag über locken leckere Torten und Kuchen.

✚ 185 D4–5

**Kurverwaltung Binz**
✉ Heinrich-Heine-Str. 7, 18609 Binz  ☎ (03 83 93) 14 81 48
🕐 Feb.–Okt. Mo–Fr 9–18 Uhr, Sa/So 10–18 Uhr, Nov.–März Mo–Fr 9–16 Uhr, Sa/So 10–16 Uhr
❓ www.ostseebad-binz.de

### BINZ: INSIDER-INFO

**Top-Tipp:** In der **Glasbläserei Binz** (Schillerstr.11, Tel. (03 83 93) 314 95, April–Okt. Mo–Sa 10–13/14–19, So 10–17 Uhr, Nov.–März Mo–Fr 10–17, Sa 10–13 Uhr) können Sie bei der Produktion zuschauen.

**Geheimtipp:** Schauen Sie sich unbedingt das kuriose **Strandwärterhäuschen** des bekannten DDR-Architekten Ulrich Müther an. Es steht im südlichen Bereich der Strandpromenade und erinnert an eine fliegende Untertasse.

# 3 Jagdschloss Granitz

Das Jagdschloss aus dem 19. Jh. könnte nicht schöner liegen. Inmitten des Granitzer Naturschutzgebiets ragt es stolz in den Himmel. Wer den 103 m hohen Tempelberg hinaufsteigt oder mit der Bahn vor die Einfahrt fährt, sieht eine frisch renovierte Anlage mit prächtigem Turm. In 144 m Höhe haben die Bezwinger der 154 Stufen, die zur Aussichtsplattform führen, einen atemberaubenden Ausblick über ganz Rügen. Im Schloss selber gibt es eine interessante Ausstellung zur Romantik und eine Sammlung Geweihe.

**Ein fürstlicher Anblick: das frisch renovierte Jagdschloss**

Moritz Ulrich I. von Putbus war es, der an diesem Ort inmitten der wildreichen Granitz erstmals 1726 ein Jagdhaus bauen ließ. Alljährlich während der Jagdsaison quartierte er sich hier mit seinen Gefolgsleuten ein. Dort, wo heute das Schloss steht, ließ er einen achteckigen Aussichtsturm im Fachwerkstil bauen. Dieses Belvedere mit seiner zierlichen Figur auf dem Dach wurde auch als Tempel bezeichnet, weshalb der einstige Fürstenberg wohl heute Tempelberg heißt. Da sich die Nachkommen von Moritz Ulrich I. nicht für die Jagd interessierten, verkam das Anwesen – 1810 musste der Turm wegen Baufälligkeit abgerissen werden.

### Das neue Schloss

1815 jedoch verwandelte der neue Herrscher Fürst Wilhelm Malte I. zu Putbus das Jagdhaus wieder in einen prachtvollen Ort mit Malereien und Verzierungen im neugotischen Stil. Anstelle des alten Tempels ließ Fürst Malte 1836–46 das heutige **Jagdschloss** bauen. Der berühmte Baumeister Karl Friedrich Schinkel entwarf den Aussichtsturm. Prunkstück im Innern ist die gusseiserne Treppe des Turms, die sich wie eine Spirale bis zur Aussichtsplattform in die Höhe windet. Schauen Sie am besten vom 1. Stock in die Höhe. Da wird die ganze Pracht dieses Turms sichtbar!

Da die Inneneinrichtung des Schlosses nach dem Zweiten Weltkrieg größtenteils zerstört oder verschwunden war, gibt es nur noch einige wenige Säle, in denen – teilweise mittels kopiertem Interieur – das einstige Leben im Jagdschloss wieder sichtbar wird.

**Schwindel erregend führt Schinkels Treppe in die Höhe**

### KLEINE PAUSE

Im Keller des Schlosses verbirgt sich das urige Wirtshaus *Alte Brennerei* (Mai–Okt. tägl. 10–17 Uhr, Nov.–April Di–So 10–18 Uhr). An blanken Holztischen, umgeben von groben Steinmauern, wird deftige Rügener Küche serviert. Spezialität ist das Granitzer Kräuterfeuer, ein Likör aus eigener Herstellung.

185 D4

**Jagdschloss Granitz**
(03 83 93) 22 63   Mai–Sept. tägl. 19–18 Uhr, Okt.–April Di–So 10–16 Uhr
mittel

**INFOZENTRUM GRANITZHAUS**

Das alte Jagdhaus neben dem Schloss wurde 1851 abgerissen, um den prunkvollen Gasthof zu errichten, der heute noch zu sehen ist. Seit 2004 ist dort die **Infostelle für das Biosphärenreservat Südost-Rügen** (Tel. (03 83 03) 88 50, Eintritt: frei) untergebracht. Von Mai bis Oktober (und auf Anfrage) stellt eine Ausstellung u. a. die Großschutzgebiete Mecklenburg-Vorpommerns vor. Auch Führungen und Wanderungen zu Umwelt- und historischen Themen werden vermittelt.

## JAGDSCHLOSS GRANITZ: INSIDER-INFO

**Top-Tipp:** Wer nicht den steilen Weg vom Parkplatz zu Fuß hinaufgehen möchte, nimmt am besten den **Jagdschloss-Express** (Tel. (03 83 93) 338 80, 1. Mai–3. Okt. tägl. 8.45–16.45 Uhr, zu Ostern und weihnachten Sonderfahrplan). Die kleine Bahn fährt ab Binz im Halbstundentakt (im Winter z. T. stündlichen) zum Schloss.

**Geheimtipp:** Der Weg vom Großparkplatz Süllitz ist in den Sommermonaten oft so stark frequentiert, dass sich alternativ ein **Spazierweg ab Blieschow** anbietet. Von der Haltestelle des *Rasenden Rolands* an der Haltestelle Garftitz aus führt ein Waldweg zum Schloss hinauf. Achtung: Keine Parkplätze.

# **4 Sellin**

Binz' kleine Schwester liegt etwas versteckt hinter den Hügeln der Granitz und bezaubert durch seinen dörflichen Charakter, den sich der Ort trotz Tourismus und stolzer Bäderarchitektur von Hotels und Kurhäusern bewahrt hat. Am Steilufer bietet sich ein herrlicher Ausblick auf den Strand und die neue Seebrücke, zu der auch ein Fahrstuhl hinabführt.

Wer zum ersten Mal nach Sellin kommt, bekommt einen freudigen Schreck. Nichts ahnend laufen Sie die Wilhelmstraße, die Hauptstraße Sellins, Richtung Strand, und ganz plötzlich stehen Sie an einem Abgrund. Was die meisten bei der Anreise gar nicht bemerken: Sellin ist ein Dorf am Rande des Hochufers. 89 Stufen (oder alternativ ein Fahrstuhl) führen rund 25 m hinab zum Strand und der neuen **Seebrücke**, die 1998 feierlich eingeweiht wurde. Fast 20 Jahre hatten die Selliner ohne

**Auf der neuen Seebrücke lässt es sich prima flanieren**

ihre Brücke auskommen müssen, denn die Reste der alten aus dem Jahr 1906 waren gegen den Willen der Bevölkerung 1978 abgerissen worden. Es war schlicht kein Geld vorhanden, um die von Stürmen und Eis geschädigte Seebrücke instand zu halten, von der Investition in einen Neubau ganz zu schweigen. Jetzt ist die längste Seebrücke Rügens wieder der ganze Stolz der Selliner, und schon mancher ist hier in den Ehehafen eingelaufen – auf der Brücke gibt es nämlich auch ein Standesamt. Vom Ende der Wilhelmstraße am Hochufer sehen Sie die nach alten Vorlagen gebaute Konstruktion in ihrer ganzen Pracht. Sie ist 394 m lang und hat einen Schiffsanleger und einen zierlichen Pavillon, in dem das Restaurant *Seebrücke* eine erwählte Gastronomie betreibt. Die beiden Räume sind nach den traditionellen Restaurants benannt. Im mediterran eingerichteten

Restaurant *Palmengarten* sorgt ein Meerwasseraquarium u. a.
mit Korallen aus dem Indischen Ozean für Kurzweil. Im *Kaiser-
pavillon* nebenan geht es traditioneller zu. Landestypische
Küche wie Selliner Fischtopf oder Rügener Angeldorsch bekommt man in beiden Räumen. Gehen Sie einmal bis zum
Ende der Brücke und lassen Sie sich den Wind um die Nase
wehen! Vielleicht bekommen Sie ja Lust auf einen Schiffs-
ausflug nach Binz (► 68) oder zur Kreideküste (► 87)?



## Traditionsreiches Seebad

Bevor in anderen Küstenorten Rügens der Badetourismus be-
gann, hatte Sellin schon seine ersten Sommerfrischler, vornehm-
lich Gäste aus Berlin, die hier zur Empörung der Einheimischen
nackte Knie zeigten und im kalten Ostseewasser plantschten.
Die Verrückten, wie die Selliner 1880 die Fremden zunächst
titulierten, wurden aber schon bald gern gesehene Gäste, denn
der Fremdenverkehr brachte für die Dorfbewohner ganz erheb-
liche Einnahmen. Um die Jahrhundertwende folgten dann die
ersten prachtvollen Hotel- und Kuranlagen, 1896 etwa das
Hotel *Fürst Wilhelm*, an dessen Stelle heute das neue Kurhaus
Sellin steht, oder die 1898 erbaute Villa Rugia, heute gelegen
auf dem Terrain des *Roewers Privathotel* (► 83). Ein Spaziergang durch die Wilhelmstraße ist besonders an sonnigen Tagen
ein fast blendendes Ereignis. Strahlend weiß leuchten die vielen
frisch renovierten Strandhotels an beiden Seiten und die Bäderarchitektur aus vergangener Zeit wird hier in ihrer ganzen
Pracht vorgeführt.

## Badeparadies

Sellin zu Fuß zu entdecken, ist gar nicht so einfach. Wer etwa zum Südstrand laufen möchte, kommt schnell aus der Puste, denn vor dem Relaxen am Wasser steht ein beachtlicher Auf- und Abstieg über die Hügel des Selliner Forsts. Wie gut, dass es die **Bäderbahn** gibt, die sich tuckernd den Berg hinaufquält, um dann bei 10 % Steigung Richtung Strand zu zuckeln. Während der Strand an der Seebrücke manchmal sehr windig ist und ordentliche Brandung bereithält, geht es am Süd- oder Fischerstrand, wie die Einheimischen sagen, zu wie in einer Badewanne. Besonders Familien mit kleinen Kindern wissen das zu schätzen.

Auch an regnerischen Tagen hat Sellin viel zu bieten: Gemütliche kleine Cafés und Restaurants haben rund ums Jahr geöffnet und das Erlebnisbad Inselparadies (➤ 87) zieht Gäste aus allen Teilen Rügens an.

### KLEINE PAUSE

Gemütlich Kaffee trinken oder eine leckere Kartoffelsuppe nach Art des Hauses essen können Sie bestens im stilvollen Café in der denkmalgeschützten und wunderschön renovierten Bistro **Vis A Vis** in der Villa Fernsicht (Wilhelmstr. 41, Mai–Okt. tägl. 11–23; Nov. bis April tägl. 11–22 Uhr). Und nicht nur Kinder lieben das kleine **Bistro Arkona** (Wilhelmstr. 8, Mai–Okt. tägl. 10 bis 19 Uhr, Nov.–April tägl. 12–17 Uhr) mit seiner großen Auswahl an Eierpfannkuchen und Waffeln mit verschiedenen feinen Soßen auf der gegenüberliegenden Straßenseite.

---

✚ 185 E4

**Kurverwaltung Sellin**
✉ Warmbadstr. 4, 18586 Sellin  ☎ (03 83 03) 16 11  ⊕ Mai–Sept. Mo–Fr 8.30–18, Sa, So 10–18 Uhr, Juli, Aug bis 14 Uhr, Okt. Mo–Fr 8.30–17, Sa 10–14 Uhr, Nov.–April Mo–Fr 8.30–16.30, Sa 10–14 Uhr  ❓ www.ostseebad-sellin.de

## SELLIN: INSIDER-INFO

**Top-Tipp:** Besuchen Sie unbedingt das **Bernsteinmuseum** (Tel. (03 83 03) 872 79, Mo–Fr 10–12/14–17, Sa 10–12 Uhr, Eintritt: preiswert, www.bernstein museum-sellin.de) in der Granitzer Str. 43. Dort wird nicht nur die Entstehung von Bernstein anschaulich erklärt, auch der mit 1,7 kg größte Bernstein Rügens ist zu bewundern.

**Geheimtipp:** Schlittschuh laufen können Sie im Winter auf Rügens einziger künstlicher **Eisbahn am Spaßbad** *Inselparadies* (➤ 87, Dez.–Feb. tägl. Mo–Fr 13–19, Sa, So 10–21 Uhr, Eintritt: mittel).

# 5 Göhren

Hoch über der Ostsee thront das von Bäderarchitektur geprägte Ferienjuwel auf einer weit ins Meer hinausragenden Landzunge. Unten am Strand tummeln sich die Urlauber auf der Promenade oder der schönen Seebrücke. Bekannt ist Göhren auch für seine Museen zur Geschichte des Mönchguts.

Im Zentrum des Ortes mit seinen hübschen Villen geht es im Sommer hoch her. Viele Tagesurlauber kommen mit dem *Rasenden Roland*, der hier seine Endstation hat, um die Mönchguter Musseen zu besuchen oder um den riesigen Findling zu bestaunen, der aus dem Wasser ragt. 24 Personen haben auf der Oberfläche Platz! Doch Göhren hat noch mehr zu bieten: etwa einen neu angelegten Kurpark mit Kneippgarten, Labyrinth und einem Kurpavillon mit Wasserspielen. Und natürlich sollten Sie unbedingt einmal die 1993 wieder erbaute, 280 m lange Seebrücke mit Schiffsanleger begutachten. Kenner meinen, sie sei die schönste der drei Seebrücken auf Rügen. Überzeugen Sie sich selbst! Zwischen dem Nord- und dem Südstrand liegt das Nordperd, eine dicht bewachsene Landzunge. Rund 1 Stunde brauchen Sie für den Rundweg, der Sie zu traumhaften Aussichtpunkten am Steilufer führt. Aber Vorsicht, nicht zu nahe an die Abbruchkante treten, denn immer wieder brechen Stücke der immerhin 50 m hohen Sandkliffe ab. Und dann der Südstrand: geradezu endlos erstreckt sich der breite Sandgürtel bis zum Thiessower Haken (► 78) im Süden. Hübsch gelegen ist die Kirche etwas außerhalb. Direkt hinter dem Gotteshaus befindet sich ein Hügelgrab namens Speckbusch. Von dort haben Sie einen schönen Blick über das Mönchgut.

**Weite Strände am Fuße des Nordperds**

<table>
<tr><td>

Die Mönch-
guter Museen
zeigen hei-
misches
Brauchtum

</td><td>

## Mönchguter Museen

Vier Museen informieren über das Leben der Mönchguter Bewohner in früherer Zeit. Das **Heimatmuseum** ist in einem rohrgedeckten um 1850 erbauten Bauern-, Fischer- und Lotsenhaus in der Strandstraße untergebracht. Themen dort sind ur- und frühgeschichtliche Funde, die Geologie und Geografie des Mönchguts sowie die Entwicklung Göhrens vom kleinen Fischer- und Bauerndorf zum drittgrößten Ostseebad Rügens. Der **Mönchguter Museumshof** ist das älteste und größte Freilichtmuseum Rügens und besteht aus einem bäuerlichen Gehöft aus dem 18. Jh. mit Arbeitsgeräten, Kutschen und Schlitten. Beeindruckend ist auch **Dat Rookhus**, was soviel wie das Rauchhaus heißt. Um 1720 erbaut, ist es eines der ältesten Häuser auf Rügen. Arbeits- und Lebensbedingungen werden anschaulich dargestellt. Im 100 Jahre alten **Museumsschiff Luise** am südlichen Ortsausgang befindet sich eine Ausstellung über das Leben der Fischer und den Handel auf See.

</td></tr>
</table>

### KLEINE PAUSE

Einen phantastischen Blick haben Sie vom Aussichtsturm im *Hotel Hanseatic* (► 82, tägl. 8–22 Uhr), das auf dem höchsten Punkt des Nordperds am Ortsrand von Göhren steht. Trinken Sie dort einen Kaffee im *Turmcafé* (tägl. 13–17.30 Uhr) und genießen Sie die Aussicht!

---

✚ 185 F3
❓ www.moenchguter-museen-ruegen.de

**Heimatmuseum**
✉ Strandstr. 1　☎ (03 83 08) 256 27
🕒 Mitte April–Juni u. Sept.–Mitte Okt. tägl.
10–17 Uhr, Juli/Aug. tägl. 10–18 Uh;
Mitte Okt.–Mitte April tägl. 10–16 Uhr
✋ mittel

**Mönchguter Museumshof**
✉ Strandstr. 4　☎ (03 83 08) 21 75
🕒 Mitte April–Juni u. Sept.–Mitte Okt.
tägl. 10–17 Uhr; Juli, Aug. tägl. 10–18 Uhr;
Mitte Okt.–Mitte Dez. u. Mitte Jan.–Mitte
April tägl. 10–16 Uhr
✋ mittel

**Dat Rookhus**
✉ Thiessower Str. 7　🕒 Mitte April–Mitte
Okt. tägl. 14–17 Uhr　✋ mittel

**Museumsschiff Luise**
🕒 Am Südstrand 1a　☎ (03 83 08) 21 75
🕒 Mitte April–Juni u. Sept.–Mitte Okt. tägl.
10–13, Juli, August tägl. 10–17 Uhr　✋ mittel

**Kurverwaltung Göhren**
✉ Poststr. 9, 18586 Göhren
☎ (03 83 08) 667 90　🕒 Mai–Sept. Mo–Fr
9–18, Sa bis 12 Uhr, Okt.–April, Mo, Mi, Do
9–12/13–16.30, Di bis 18, Fr 9–15 Uhr
❓ www.goehren-ruegen.de

## GÖHREN: INSIDER-INFO

**Geheimtipp:** Sie wollten schon immer mal lernen, wie Seeleute ihre Boote ordentlich vertäuen? Dann besuchen Sie einen Kurs der **Seemannsknoten-Schule** der Mönchguter Museen (Termine erfahren Sie beim Museumsschiff Luise).

# Nach Lust und Laune!

## ⑥ Baabe

Ein ruhiges Seebad mit einem bis zu 25 m breiten Sandstrand, kleinen Hotels und einem neuen Haus des Gastes sowie einem neuen Kurpark mit Kunstobjekten, Freilichtbühne, dem schönsten Spielplatz Rügens und Minigolfanlage.In Baabe kam der Badetourismus erst in den 1920er-Jahren in Schwung. Rohrgedeckte Fischerhäuser finden sich im Dorfkern, etwa das Zuckerhuthaus aus dem 17. Jh. Teilweise ist der Ort zwischen dem Boddengewässer Moritzburger Beek und der Ostsee nur 500 m breit. Ein alter Fischkutter ist das Herz des Mönchguter Kutter- und Küstenfischermuseums unter freiem Himmel. Interessant ist die evangelische Kirche von 1930, die wie ein kieloben liegendes Fischerboot ausschaut. Eine Strandpromenade verbindet Baabe mit Göhren (➤ 76). Tipp: Der Nordic Walking Park mit sechs Routen zwischen Baabe und Göhren. Stöcke und Kartenmaterial können im Haus des Gastes ausgeliehen werden.

✚ 185 F4

### Mönchguter Kutter- und Küstenfischermuseum

✉ Bollwerkstr./Ecke Dorfstr.
✋ frei

### Evangelische Kirche

✉ Strandstr. ☎ (03 83 03) 877 11
🕓 April–Okt. tägl. 10–19 Uhr, im Winter nur zu Veranstaltungen ✋ frei

### Kurverwaltung im Haus des Gastes

✉ Am Kurpark 9, 18586 Baabe ☎ (03 83 03) 14 20 🕓 April–Sept. Mo–Fr tägl. 9–19, Sa 10–14 u. 17–19, So 8–10 u. 17–19 Uhr; Okt.–März Mo–Fr 10–17 Uhr, Sa, So 10–15 Uhr ❓ www.baabe.de

## ⑦ Thiessower Haken

Das südliche Ende des Mönchguts ist Surfereldorado (➤ 36) und Badeparadies mit bis zu 50 m breitem Strand. Thiessow besteht vor allem aus Fischerhäusern und Ferienanlagen. Bis 1945 war das Dorf eine der wichtigsten Stationen für Lotsen, die dafür sorgten, dass die Segler sicher in den Hafen von Stralsund einliefen. In der renovierten Lotsenwache informiert eine Ausstellung. Außerdem gibt es ein kleines Lotsenmuseum im Haus der Kurverwaltung. Der Lotsenturm bietet eine tolle Fernsicht! Ein schöner Spaziergang führt vom Südperd nach Klein Zicker. Entlang des Weges liegen etliche Surfschulen, und Sie können zuschauen, wie sich die Anfänger in der Brandung abmühen. Am äußersten Ende des Thiessower Hakens hinter Klein Zicker sollten Sie unbedingt auf

Nur im Hochsommer wird's am Strand etwas voller

Ruhiges Geplätscher am Bodden



gut. Schauen Sie sich auch die fast 300 Jahre alten Grabsteine aus Findlingen im Chor der Kirche an. Sie sind mit den auf Rügen typischen Hausmarken versehen (➤ 15).
✚ 185 E2

**Kirche und Pfarrwitwenhaus**
✉ Boddenstr. 14 a ☎ (03 83 08) 82 48 🕐 Juni–Aug. Mo–Sa 10–18, So 13–18 Uhr ✋ Kirche: frei; Pfarrwitwenhaus: preiswert

den ehemaligen Radarhügel steigen. Dort oben haben Sie einen herrlichen Blick auf die Zickerschen Alpen und das malerische Groß Zicker auf der anderen Seite der Bucht.
✚ 185 E/F2

**Lotsenwache mit Lotsenturm**
✉ Thiessower Lotsenberg
🕐 Mai–Okt. tägl. 8–18 Uhr ✋ preiswert

**Lotsenmuseum**
siehe Kurverwaltung ✋ frei

**Kurverwaltung**
✉ Hauptstr. 36, 18586 Thiessow
☎ (03 83 08) 82 80 🕐 Mai–Okt. Mo–Do 9–16, Di bis 18, Fr 9–12 Uhr; Mitte Juni–Mitte Sept zusätzlich Sa 10–12 Uhr; Nov.–April Mo–Fr 8–12, Di bis 18 Uhr ❓ www.thiessow.de

## 8 Groß Zicker

Eines der schönsten Fischerdörfer Rügens mit eindrucksvollen rohrgedeckten Katen und Dreiseitgehöften, die ganz typisch sind für diese Gegend. Am bekanntesten ist das im Jahre 1723 erbaute Pfarrwitwenhaus, das mit seinem zuckerhut-ähnlichen Dach sehr gut erhalten ist. Es diente früher den Frauen verstorbener Pastoren als Unterkunft und bestand nur aus einem einzigen Raum ohne Schornstein. Die spätgotische Dorfkirche in Groß Zicker stammt aus dem 14. Jh. und gilt als ältestes Gebäude der Region Mönch-

**Typisch für Rügen: rohrgedeckte Häuser, hier in Groß Zicker**

## 9 Gager

Bekannt ist das kleine Dorf an der Nordküste des Zickerschen Höfts vor allem als Fischereihafen, aber auch unter Seekajakfahrern (➤ 21) ist Gager durchaus ein Begriff. Dort treffen sich fortgeschrittene Paddler auf dem Campingplatz zur gemeinsamen Paddeltour. Ausflugsschiffe nach Peenemünde auf Usedom legen während der Sommermonate mehr-

**ABSEITS DER TOURISTENWEGE**
Von Groß Zicker aus bietet sich ein Spaziergang in die **Zickerschen Alpen** an, eine mit Heide und Trockenrasen bewachsene Hügelkette mit wundervollem Ausblick vom 66 m hohen Bakenberg. Der ausgeschilderte Rundweg ist 8 km lang, mit Pausen brauchen Sie dafür ca. 1,5 Stunden.

mals wöchentlich ab, sehr lohnende Rundfahrten um die Insel Vilm bietet die Boddenreederei Rügen (Tel. (03 83 08) 83 89) an. Auf dem Gelände der ehemaligen Bootswerft hat ein privater Investor eine neue Lachsräucherei mit Restaurant gebaut. Hier können Sie bei der Verarbeitung

**FÜR KINDER**
- **Hochseilgarten** (➤ 67)
- **Ferienpark vom IFA Rügen** in Binz (➤ 69)
- **Baden** in Sellin (➤ 75)
- **Schlittschuh laufen** auf einer künstlichen Eisbahn (➤ 75)
- **Spielplatz** in Baabe (➤ 78)

des Fangs zuschauen und anschließend genussvoll speisen.
✚ 185 E3

### Kurverwaltung Gager

✉ Zum Hövt 15a, 18586 Gager ☎ (03 83 08) 82 10 ⊕ Mai–Mitte Sept. Mo–Fr 9–18, Sa/So 9–12 Uhr; Mitte Sept.–April Mo, Mi, Fr 8–12, Di bis 17, Do bis 15 Uhr

### 🔟 Middelhagen

Hübsches Dorf mit romantischen Fischerkaten und einem bekannten Schulmuseum in der ehemaligen Dorfschule von 1825. Jeden Mittwoch um 10 Uhr dürfen während der Sommermonate Freiwillige die enge Schulbank drücken und wie zu alten Zeiten mit Schiefertafel und Kreide lernen. Hinterher erhalten Sie sogar ein Zeugnis! Interessant sind auch die ehemaligen Wohnräume des Dorflehrers, die ebenfalls besichtigt werden können. Neben dem Schulhaus ragt die um 1455 errichete St. Katharinakirche in den Himmel. Rügens ältester Schnitzaltar, der um 1480 geschaffene Katharinenaltar, befindet sich darin. Er kam vermutlich erst nach dem Dreißigjährigen Krieg von Stralsund nach Middelhagen. Auffällig hebt sich der

hölzerne Glockenturm vom Backsteingemäuer ab. Er kam erst später hinzu, denn die Zisterziensermönche, denen die Kirche zu Beginn unterstand, wollten keinen Turm.
✚ 185 F3

### Schulmuseum

☎ (03 83 08) 24 78 ⊕ Mai–Sept. tägl. 10–16 Uhr; April Do–So 11–15 Uhr; Okt. Do–So 10–15 Uhr, im Winter geschlossen
✋ Museum: mittel; hist. Schulstunde: preiswert

### St. Katharinakirche

☎ (03 83 08) 82 48 ⊕ Ostern–Okt. Mo–Sa 10–17 Uhr, im Winter zu Veranstaltungen
✋ frei

### Kurverwaltung Middelhagen

✉ Dorfstr. 4, 18586 Middelhagen ☎ (03 83 08) 21 53 ⊕ Nov.–März Mo–Do 9–14, Fr 9–12 Uhr; April, Mai, Sept., Okt. Mo–Do 9–15, Fr 9–12 Uhr; Juni Mo–Do 9–16, Fr 9–14 Uhr, Juli, Aug. Mo–Do 9–17, Fr 9–14, Sa 9–12 Uhr

### 🔟 Moritzdorf

Beliebt wegen seiner Ausflugsgaststätte *Moritzburg* (➤ 85) die tatsächlich wie eine Burg über dem Dörfchen thront. Von Ostern bis Oktober tummeln sich hier viele Radwanderer auf dem Weg von der Granitz ins Mönchgut oder umgekehrt. Von oben haben Sie eine traumhafte Aussicht auf das Boddengewässer Having sowie nach Baabe und zum Selliner See. Eine Fähre setzt Radfahrer und Spaziergänger über zum Baaber Bollwerk, wo u. a. Schiffe zu Rundfahrten um die Insel Vilm starten (➤ 87).
✚ 185 E3

So idyllisch kann Schule sein

Mit der Ruder-
fähre kommt
man auch
zum Ziel

## 12 Seedorf

Am schönsten ist es in dem idyllischen Weiler, wenn die Sonne untergeht. Glühend rot verschwindet sie hinter den Wipfeln der Bäume am anderen Ufer des kleinen Kanals, der den Neuensiener See mit dem Bodden-gewässer Having verbindet. Eine Holzbrücke führt auf die andere Seite. Von dort führt ein Spazierweg zu den 3 km entfernten Großstein-gräbern bei Lancken-Granitz. Am südlichen Ortsende haben Sie einen wundervollen Ausblick über das

### ABSEITS DER TOURISTENWEGE

Setzen Sie mit der Fähre von Moritzdorf über zum Baaber Bollwerk und wandern Sie zum rund 3 km entfernten **Herzogs-grab**. Die 4000 Jahre alte Grabkammer hatte Platz für rund 40 Tote! Bei den Ausgrabungen in den 1920er-Jahren wurden Tongefäße, Schmuck und Werk-zeug gefunden. Diese Grabbeigaben kön-nen Sie im Kulturhistorischen Museum in Stralsund bestaunen (➤ 148).

Wasser zum Reddevitzer Höft. Viele Radwanderer und Segler tummeln sich sommers im Ort und essen einen Happen, etwa im gemütlichen Res-taurant *Binnen un Buten* (➤ 85). Hier gibt es auch eine Auswahl Gerichte unter der Rubrik »Wer kei-nen Fisch mag«. Doch das sind die wenigsten, die hier einkehren.
✠ 185 E3

Gräber aus mäch-tigen Steinen

## 13 Lancken-Granitz

Einige der beeindruckendsten Groß-steingräber Rügens befinden sich am südwestlichen Ende des kleinen Dorfes. Rund 1 km vom Dorfkern entfernt türmen sich vier als »Ziegen-steine« oder »Siegessteine« betitelte Gräber aus der Zeit um 2300 v. Chr. Sie sind von allen Hünengräbern auf Rügen am besten erhalten. Und sie dürfen auch von innen betrachtet werden. Kriechen Sie einfach hinein! Im Dunkeln können Sie über das Schicksal unserer Ahnen sinnieren und an heißen Sommertagen die kühle Luft genießen. Trotz des oft-mals heftigen Durchgangsverkehrs der Urlauber auf dem Weg in die Seebäder hat sich der Ort Lancken-Granitz seinen dörflichen Charme bewahrt. Bauernhäuser mit Fachwerk und Reetdach sind noch zahlreich vorhanden. Die auf einem Hügel stehende Backsteinkirche wurde im 15. Jh. erbaut. Die achtseitige Kanzel mit sternförmigem Schalldeckel stammt aus dem Jahr 1598.
✠ 185 D4

### Kirche

☎ (03 83 03) 22 69 ⊕ April–Sept. tägl. 10–20 Uhr, Okt.–März nur zu Veranstal-tungen ✋ frei

# Wohin zum …
# Übernachten?

**Preise**
Preise für ein Doppelzimmer mit Frühstück pro Nacht:
€ unter 50 Euro          €€ 50–125 Euro          €€€ über 125 Euro

## MÖNCHGUT

### Cliff-Hotel €€€

Dort, wo einst hohe Parteikader der SED Ferien machten, lassen sich heute Feriengäste auf 5-Sterne-Niveau verwöhnen. Das klotzige Hotelhochhaus mit 247 Zimmern ist zwar von außen nicht gerade ein Inbegriff gelungener Architektur, doch von den oberen Zimmern haben Sie einen phantastischen Ausblick über fast ganz Rügen. Die Wellnessabteilung mit großzügigem Schwimmbad kann sich ebenfalls sehen lassen. Versuchen Sie es doch einmal mit einer Kreidekur. Das ist eine Wohltat nicht nur für die Haut.
✚ 185 F3  ✉ Cliff am Meer, 18586 Sellin  ☎ (03 83 03) 84 84, Fax (03 83 03) 84 90  ❓ www.cliff-hotel.de

### Hotel Hanseatic €€

Kennzeichen des Hotels ist der Aussichtsturm mit einem *Turmcafé* (► 77). Hotelgäste können verschiedene günstige Arrangements buchen, etwa das dreitägige Freundinnen-Paket oder einen siebentägigen Aufenthalt mit Surf- oder Segelkurs. Die Wellnesslandschaft mit orientalisch anmutendem Schwimmbad lässt keine Wünsche offen, das Gleiche gilt für das Hotelrestaurant. Skurril: Der Seeblick vom Zimmer aus wird pro Tag mit 5 Euro extra berechnet.
✚ 185 F3  ✉ Nordperdstr. 2, 18586 Göhren  ☎ (03 83 08) 515, Fax (03 83 08) 516 00  ❓ www.hotel-hanseatic.de

### Küstenkoje €€

Quasi am Ende der Welt befindet sich dieses hübsche Ferienhaus unterhalb des ehemaligen Radarhügels von Klein Zicker. 2003 erbaut, bietet der idyllisch gelegene Bungalow auf 55 m² außergewöhnlichen Komfort wie Fußbodenheizung, Handtuchwärmer und sogar eine eigene Sauna. Zum Strand sind es 50 m, ein idealer Ort für Surfer und Wanderer.
✚ 185 E2  ✉ Dörpstrat 23, 18586 Klein Zicker  ☎ (03 83 08) 348 69  ❓ www.kuestenkoje.de

### Uhlenhof €€

Das reetgedeckte Landhaus in Groß Zicker lässt keine Wünsche offen: Terrakottafliesen, Küche mit Cerankochfeld und große komfortable Bäder sowie z. T. ein separates Gäste-WC gehören in den Apartments zum Standard. Teilweise gibt es auch Waschmaschine und Trockner. Hunde sind – nach Absprache – willkommen. Die Ferienwohnungen bieten Platz für 2–5 Personen und haben alle entweder einen Balkon oder eine Terrasse.
✚ 185 E2  ✉ Information und Buchung: Irmi Dohrmann, Boddenstr. 48, 15586 Groß Zicker  ☎ (03 83 08) 257 07, Fax (03 83 08) 257 06  ❓ www.ruegenfewo.de

## GRANITZ

### artepuri hotel meerSinn €€€

Im modernen asiatischen Stil eingerichtetes Hotel mit klaren Formen und dezenten Farben. Hier kommen Körper und Geist aufs Angenehmste zur Ruhe. Internetzugang auf einigen Zimmern lassen aber auch Workaholics genügend Spielraum. Die ungewöhnlich lichte Architektur und der schöne Wintergarten lassen jede Schlechtwetterperiode durchstehen. Zum Binzer Strand brauchen Sie 5 Minuten zu Fuß.

✛ 185 D4 ✉ Schillerstr. 8, 18609 Binz ☎ (03 83 93) 663-0 🔃 www.meersinn.de

### Grand Hotel Binz €€€

124 exklusive Suiten und Zimmer mit erlesenem Interieur bieten Komfort der absoluten Spitzenklasse. Balkon oder Terrasse sind ebenso selbstverständlich wie der herrliche Ostseeblick. Die ausgedehnten Wälder der Granitz liegen quasi nebenan, der Strand wartet direkt vor der Tür. Ein gut 1000 m² großes Beauty-Spa verwöhnt u. a. mit Schwimmbad, Hamam und Fitnesscenter.

✛ 185 D4 ✉ Strandpromenade 7, 18609 Binz ☎ (03 83 93) 150, Fax (03 83 93) 155 55 🔃 www.grandhotelbinz.de

### Hotel Moritzdorf €–€€

Schön gelegenes Hotel direkt gegenüber dem Baaber Bollwerk. Hier können Sie in solide ausgestatteten Zimmern mit Seeblick vergleichsweise günstig urlauben. Ausflüge zum Herzogsgrab, nach Baabe oder Seedorf sind bequem zu Fuß oder mit dem Fahrrad möglich. Das hauseigene Restaurant bietet regionale Küche in gutbürgerlichem Ambiente. Eine Wellness-Bereich befindet sich ebenfalls in dem reetgedeckten Hotel, das 1995 erbaut wurde.

✛ 185 E3 ✉ Moritzdorf 15, 18586 Sellin ☎ (03 83 03) 186, Fax (03 83 03) 187 40 🔃 www.hotel-moritzdorf.de

### IFA-Rügen Hotel €€

Familienfreundliches Hotel mit Indoor-Spielplatz für Kinder und einem Erlebnisbad mit Wasserrutsche und Grotte. Tagsüber gibt es einen Kinderclub, in dem die Kleinen betreut werden, während die Eltern sich erholen. Die Zimmer sind geschmackvoll im nordischen Stil eingerichtet. Etliche Zimmer verfügen über eine Küchenzeile mit Herd und Kühlschrank. Von den Apartments unter dem Dach haben Sie teilweise einen schönen Ausblick auf die Ostsee. Drei Restaurants sowie eine Cocktailbar (▶ 88) sorgen am Abend für Abwechslung.

✛ 185 D5 ✉ Strandpromenade 74, 18609 Binz ☎ (03 83 93) 911 02, Fax (03 83 93) 920 30 🔃 www.ifa-ruegen-hotel.com

### Kurhaus Binz €€€

Luxushotel, das wie einst in den 1920er-Jahren das Herz von Binz ausmacht. Während Passanten das gelungen restaurierte Haus direkt an der Seebrücke von außen bestaunen, genießen Hotelgäste den Komfort eines 5-Sterne-Hotels mit hervorragendem Restaurant. Eine schöne Wellnesslandschaft, Kaminzimmer und 126 Zimmer sind klassisch gehalten und lassen ein bisschen Schlossromantik aufkommen. Über die diversen Feiertage gibt es spezielle Arrangements.

✛ 185 D4 ✉ Strandpromenade 27, 18609 Binz ☎ (03 83 93) 665-523, Fax (03 83 93) 665-525 🔃 www.tc-hotels.de

### Roewers Privathotel €€€

Restaurierte Bäderarchitektur und zeitloses Design vereint diese Anlage in insgesamt fünf verschiedenen Häusern, die unterirdisch miteinander verbunden sind. 55 exklusive Suiten und Zimmer im lichten klassischen Stil machen Entspannung zum Vergnügen für Jung und Alt. Highlight ist die wunderschöne Wellnesslandschaft mit Lagunenbad, Saunen und Whirlpools. Sonnendeck und Liegewiese befinden sich ebenfalls auf dem Areal.

✛ 185 E4 ✉ Wilhelmstr. 34, 18586 Sellin ☎ (03 83 03) 122-0, Fax (03 83 03) 12 21 22 🔃 www.hotel-ambiance.de

### Villa Haiderose €€

Einen herrlichen Ostseeblick haben Sie von den liebevoll eingerichteten Wohnungen der Jugendstilvilla. Je nach Lust und Laune können Gäste mit Blick aufs Meer frühstücken oder in der originell eingerichteten Kapitänskajüte in Büchern schmökern und essen. Der hauseigene Wellnessbereich bietet u. a. asiatische Lebensenergiemassagen, Kosmetik und Sauna. Familiär geführtes Haus.

✛ 185 D4 ✉ Strandpromenade 14, 18609 Binz ☎ (03 83 93) 51 39, Fax (03 83 93) 339 66 🔃 www.villahaiderose.de

# Wohin zum ...
# Essen und Trinken

**Preise**
Die Preisangaben gelten pro Person für ein Essen ohne Getränke:
€ unter 10 Euro    €€ 10–20 Euro    €€€ über 20 Euro

## Alt-Berlin €€

Eines der besten Restaurants der Insel. Grundsätzlich wird auf Tiefkühl-, Fertig- und Convenience-Produkte verzichtet. Chefkoch Benedikt Faust lässt sich auch gerne in die Töpfe schauen. Auf Anfrage veranstaltet er Kochkurse für die Gäste des *Hotels Hanseatic*. Die Küche ist regional orientiert mit ausgewählten Fischgerichten. Das Preis-Leistungs-Verhältnis ist mehr als angemessen!
185 F3  Nordperdstr. 2, 18586 Göhren  (03 83 08) 515  tägl. 18–22 Uhr, im Winter bis 21 Uhr  www.hotel-hanseatic.de

## Kaisers Gaststuben €€

Mönchguter Fischspezialitäten und Wildgerichte unterm Rohrdach. Von der Terrasse haben Sie einen herrlichen Ausblick auf den Bodden. Hier können Sie nach einer Rundwanderung über die Zickerschen Alpen einkehren. Und nach dem zweistündigen Ausflug schmeckt der Wildschweinbraten noch mal so gut, da können Sie sicher sein.
185 E2  Boddenstr. 43, 18586 Groß Zicker  (03 83 08) 300 91  Ostern–Aug. Do–Di 11.30–21 Uhr; Sept., Okt., April bis 17 Uhr

## Kliesow's Reuse €€

Sehr gutes Fischrestaurant im ältesten Dorf der Halbinsel Mönchgut. Der mehr als 430 Jahre alte Hof wurde zum Gasthof umgebaut. In der Scheune speisen Sie in uriger Atmosphäre auf Holzbänken und -tischen.
185 E3  Alt Reddevitz 23a, 18586 Middelhagen/Alt Reddevitz  (03 83 08) 21 71  Mi–Mo ab 10 Uhr  www.kliesows-reuse.de

## Landgasthaus Zur Linde €–€€

Familiär geführtes Restaurant mit solider Küche. Hier wurde u. a. die Fernsehserie Ein Bayer auf Rügen gedreht. Das gemütliche rustikale Ambiente verleitet Radwanderer länger zu pausieren, als geplant. Probieren Sie einmal das leckere selbst gebraute Bio-Bier!
185 E3  Dorfstr. 20, 18586 Middelhagen  (03 83 08) 55 40  tägl. ab 12 Uhr; Mitte Nov.–Mitte Dez. und Jan. geschl.  www.zur-linde-ruegen.de

## Meeresblick €€€

Eine vielfach ausgezeichnete Küche bietet das Hotel-Restaurant Meeresblick am Ortsrand von Göhren. Chefkoch Andre Vujtech versteht es hervorragend, seine Gäste rundum zu verwöhnen. Die regional orientierte Küche mit pan-asiatischem Einschlag wird mit essbaren Blumen serviert. Vom Restaurant aus haben Sie einen schönen Blick auf die See. Mittwochs und sonntags ausschließlich Buffet.
185 F3  Friedrichstr. 2, 18586 Göhren  (03 83 08) 565 14  Feb.–Okt. tägl. ab 18 Uhr

## Odin €–€€

Fleisch aus artgerechter Tierhaltung, fangfrischer Fisch und mediterrane Salate zeichnen die gute Restaurantküche des Hotels Fürst Jaromar aus. Die schlichte, behagliche Atmosphäre gefällt konservativen wie moderner orientierten Gästen gleichermaßen. Bei Sonnenschein wird das Essen auch im Sommergarten serviert. Dort haben Sie einen herrlichen

Blick auf das Boddengewässer und die Zickerschen Berge.

✝ 185 F2 ✉ Hauptstr. 1, 18586 Thiessow ☎ (03 83 08) 345 ◷ tägl. 17.30–23 Uhr

## Strandcafé Thiessow €

Eine herrliche Terrasse mit Windschutz und Meerblick lädt zur gemütlichen Kaffeepause am Strand ein. Waffeln mit heißen Kirschen sind die Spezialität des Hauses. Aber auch fangfrischer Ostseefisch wird Ihnen freundlich serviert. An stürmischen Tagen ist es auch im Haus sehr nett. Dann speisen Sie an Holztischen, die mit frischen Blumen dekoriert sind.

✝ 185 F2 ✉ Strandpromenade 1, 18586 Thiessow ☎ (03 83 08) 83 45 ◷ Ostern– Okt. tägl. ab 10 Uhr

## Zollhaus €

Das *Zollhaus* ist ein wirklich idealer Ort, um von der Terrasse aus den Surfern zuzuschauen. Es liegt am Boddenufer des Thiessower Hakens, und an klaren Tagen können Sie sogar bis nach Greifswald sehen!

Hier sollten Sie unbedingt den wundervollen Sonnenuntergang erleben und dabei ein Bierchen zischen. Der Fisch kommt ganz frisch auf den Tisch, und die Küche ist gutbürgerlich.

✝ 185 E2 ✉ Dörpstrat 9, 18586 Sellin ☎ (03 83 08) 83 12 ◷ 15. März bis 15. Okt. tägl. 11–22 Uhr, im Winter tägl. 11–20 Uhr ⍰ www.zollhaus-ruegen.de



## Ambiance €€–€€€

»Das Beste von Rügen« bietet Küchenchef Dirk Bretschneider im Feinschmeckerrestaurant der gleichnamigen Hotelanlage. Dabei schafft er es nicht nur, äußerst abwechslungsreich jeden Tag eine neue Speisekarte zu kreieren, sondern auch noch den Schwenk ins Mediterrane sowie ins Pan-Asiatische zu vollziehen. Das Restaurant *Clou* direkt daneben offeriert zur Mittagszeit kleine Gerichte, die auch auf der Terrasse zur Wilhelmstraße serviert werden.

✝ 185 E4 ✉ Wilhelmstr. 34, 18586 Sellin ☎ (03 83 03) 122-0 ◷ tägl. ab 12 Uhr

## Binnen un Buten €

Fischrestaurant, das auch die Einheimischen gern und oft besuchen. Abends trifft sich hier das halbe Dorf auf ein gepflegtes Bier. Mittags dagegen sind die Radwanderer und andere Feriengäste eher unter sich. Die Fischkarte lässt wirklich keine Wünsche offen, und dann ist da schließlich noch die Offerte für Landratten unter der Rubrik »Wer keinen Fisch mag«.

✝ 185 E3 ✉ Seedorf 8, 18586 Sellin ☎ (03 83 03) 874 36 ◷ Mai–Okt. tägl. 12–22 Uhr, Dez.–April tägl. 12–20 Uhr, Nov. geschl.

## Moritzburg €

Die freundliche Ausflugsgaststätte oberhalb der Gemeinde Moritzdorf bietet nicht nur einen herrlichen Fernblick über das weite Land, sondern neben Kaffee, Kuchen und Torten auch eine grundsolide Küche. So sind auf der Speisekarte auch Spiegeleier, Speck und Bratkartoffeln, Pfefferhering oder Pellkartoffeln mit Quark zu finden. Genau das richtige für hungrige Radler oder Wanderer, die hier eine wohl verdiente Pause einlegen.

✝ 185 D4 ✉ Moritzdorf 14, 18586 Sellin ☎ (03 83 03) 958 84 ◷ April–Okt. tägl. ab 10 Uhr

## Nixe €€€

Rügens einziges Gourmet-Restaurant, das mit einem Michelinstern ausgezeichnet wurde. In einer hübsch restaurierten Bädervilla der vorletzten Jahrhundertwende kreiert Spitzenkoch Ralf Haug feine Gerichte, etwa Kabeljaublätter, Kalbszunge oder Hirschrücken auf seine ganz eigene kreative Art. Wer nach dem Essen nicht mehr nach Hause möchte, kann hier auch übernachten oder im Spa des Hauses entspannen. Schöne Terrasse mit Ostseeblick!

✝ 185 D4 ✉ Strandpromenade 10, 18609 Binz ☎ (03 83 93) 149 00 ◷ tägl. 11.30–14.30 u. ab 18 Uhr ⍰ www.nixe.de

# Wohin zum...
# Einkaufen?

Frischen Bio-Apfelsaft aus dem 100-jährigen Obstgarten bietet das **Naturparadies Teutenberg** (Alt Reddevitz 35, Tel. (03 83 08) 24 19, tägl. 9–20 Uhr) in Alt Reddevitz. Auch Obstwein, Löwenzahngelee und natürlich frische Früchte gibt es im Hofladen. Ganz in der Nähe, in der **Pokenstuw** (Alt Reddevitz 19a, Tel. (03 83 08) 66 80, April–Sept. Mo–Fr 7.30–17, Sa bis 11, So 8–17 Uhr), können Sie rügentypische Wurst- und Käsespezialitäten, Sanddornprodukte sowie Keramik und Schafwolle kaufen. Für eine Rast eignet sich die Terrasse mit Boddenblick. Frischen und geräucherten Fisch gibt es bei **De Seedörper** (Tel. (03 83 03) 879 74, Mai–Okt. Mo–Sa 9–18 Uhr, Nov.–März Mo–Sa 9–12 Uhr) in Seedorf am Seglerhafen.



Binz ist für Einkaufslustige auf Rügen ein besonders guter Ort. Dort bietet die kleine Einkaufsstraße, die zur Seebrücke führt, so ziemlich alles, was Urlaubers Herz begehrt. Damen können bei **Anette Kollmann Mode** (Schillerstr. 4, Tel. (03 83 93) 66 36 44, Mo–Fr 10–18.30, Sa 10–17.30, So 12–17.30 Uhr) aktuelle Freizeitmode und Taschen von Liebeskind oder anderen namhaften Marken anprobieren. Er wird fündig bei **Dohrmann Mode** (Hauptstr. 20, Tel. (03 83 93) 13 17 40, tägl. 10–20 Uhr, im Winter nach Bedarf). Für beide sind die kreativen Dessous und Bademoden von Marie Jo, Hugo Boss und Aubade bei **Wäsche de Luxe** (Zeppelinstr. 8, Tel. (03 83 93) 22 49, tägl. 10–18 Uhr, im Winter nach Bedarf).

Im **Design House Binz** können Sie u. a. Bernsteinschmuck, ausgewählte Geschenkartikel und Vasen sowie Designerlampen kaufen. Der Laden gleicht ein wenig einem Museum für ungewöhnliche Gebrauchsgegenstände. (Hauptstr. 6, Tel. (03 83 93) 438 01, www.design-house-binz.de, April–Okt. tägl. 10–18, im Winter tägl. 11–17 Uhr)

Das größte **Angelfachgeschäft** Rügens befindet sich im Binzer Ortsteil Prora. Auf 300 m² Verkaufsfläche finden Amateure und Profiangler alles für den großen und kleinen Fang. Sie können auch Angeltouren auf Hochsee buchen oder Informationen und Equipment für das Angeln im Boddengewässer oder in der Ostseebrandung erhalten. Sehr informativer Internetauftritt. (Proraer Chaussee 50, Tel. (03 83 93) 24 06, www.angeln-ruegen.de, Mo–Fr 8.30–19, Sa 9–16, So (nur im Sommer) 10–16 Uhr.

In der Nähe befindet sich auch der **Keramikladen Narrenkeramik** (Margaretenstr. 22, Tel. (03 83 93) 3 37 24, Mo–Fr 14.30–17.30 Uhr, April–Okt. Sa 11–13 u. 14–17 Uhr). Nackte Engel in allen Größen sind zur Adventszeit Spezialität des Ateliers von Kathrin Grünke. Das ganze Jahr über gibt es sinnliche Vasen, Serviettenringe mit erotischen Anspielungen und originelles Geschirr. In Sellin gibt es im neuen **Einkaufszentrum Seepark** am südlichen Ortsausgang eine Reihe von Souvenirshops, Boutiquen, Drogerien und Geschäften mit Artikeln für den täglichen Bedarf.

Bernstein vom Fachmann kaufen Sie in Sellin beim **Goldschmiedemeister Jürgen Kintzel** (Granitzer Str. 43, Tel. (03 83 03) 872 79, Mo–Fr 10–12/14–17, Sa 10–12 Uhr). Hinter dem Geschäft befindet sich das Bernsteinmuseum (▶ 75).

Die **Räucherei Kuse** (Am Fischerstrand, Tel. (03 83 93) 29 70, tägl. ab 9 Uhr) am südlichen Ende der Strandpromenade verkauft leckere Fischbrötchen, Fisch aus eigenem Fang sowie Rotbarsch und anderes aus dem Rauch.

In Lancken-Granitz bekommen Sie bei **Gudrun Friedrich** handgedrehtes, hauchdünnes Porzellan (Dorfstr. 10f, Tel. (03 83 03) 128 64, nach tel. Vereinbarung).

# Wohin zum ...
# Ausgehen?



## AUSSTELLUNGEN

In der **Galerie Jahreszeiten** in Binz (Margaretenstr. 20, Tel. (03 83 93) 131 48, April–Okt. Di–So 10–18 Uhr, Nov–März Di–So 10–16 Uhr) werden Kunstwerke der Malerin Karen Utermann verkauft, die Künstlerin ist auch Besitzerin der Galerie. Ihre kraftvoll leuchtenden Blumenaquarelle gibt es auch auf Postkarten und Kalendern.

Seit 2007 wird im **Mühlenpark Altensien** (Am Pferdehof, kein Tel., Mai–Sept. tägl. 10–17 Uhr) in einer Ausstellung im Gerätehaus der Bockwindmühle Altensien die Mühlengeschichte Rügens wieder lebendig. Die Mühle wurde 2006 nach alten Vorlagen neu errichtet. Ein Bäcker aus Sellin backt nach alten pommerschen Rezepten donnerstags und freitags ab 14 Uhr in einem Holzbackofen knusprig-kräftiges Brot für die Besucher des Mühlenparks.

20 Rügener Künstler stellen ihre Werke in der **Bildergalerie** in Prora (Objektstr. Block 3/TH 2, Tel. (03 83 93) 3 26 96, April–Sept. tägl. 9–19 Uhr, Okt.–März tägl. 10–15 Uhr) aus. Ca. 500 Bilder, Skulpturen und Keramiken können Sie hier käuflich erwerben oder einfach nur anschauen.

## SCHWIMMEN

Das **Erlebnisbad** *Inselparadies* (Badstr. 1, Tel. (03 83 03) 123-0, Mai–Okt. tägl. 9–22 Uhr; Nov.–April, tägl. 10–22 Uhr, Eintritt: teuer) in Sellin bietet Spaß für die ganze Familie. Highlight: die 106 m lange Rutsche *Black Hole* mit Licht- und Toneffekten. Außerdem gibt es ein 30 Grad warmes Abenteuerbecken, einen Wildwasserkanal und Sprudelliegen. Sechs Saunen, u. a. eine Kaminsauna und ein Sanarium, bieten Entspannung. Jeden Donnerstag wird nach Voranmeldung ein Peeling mit Rügener Heilkreide angeboten. Die Behandlung dauert eine Stunde und kostet 11,50 Euro.

In Binz ist das *Vitamar* (Strandpromenade 74, Tel. (03 83 93) 920 70, tägl. 9–20, Sauna bis 22 Uhr, Eintritt: teuer) im Ferienpark des IFA Rügen ein Publikumsmagnet. Rutsche, Strömungskanal und schöner Saunabereich im Untergeschoss laden zum Relaxen ein.

## WASSERSPORT

Einen kostenlosen Schnupperkurs bietet die **Kite-Surfschule** in Klein Zicker von April bis Oktober (Termine tel. erfragen). Eintägige Kurse (ca. 100 Euro) weisen in die Kunst des Drachen–Surfens ein. Neu ist die Sportart **Stand-Up Paddle** aus Hawaii: Dabei steht man auf einem Surfbrett und paddelt. Ein 2-Stunden-Kurs kostet ca. 45 Euro. (Dörpstrat 35, Klein Zicker, Tel. (038308) 859 16, www.proboarding.de).

Am Campingplatz Baabe (Tel. (01 72) 325 77 62, www.windrider. de) können Sie **Segeln** lernen und einen Einsteigerkurs belegen. In der Kiteschule Casa-Atlantis (Tel. (03 83 03) 955 65, www.casa-atlantis. de) in Baabe wird Ihnen u. a. das **Surfen mit Drachen** beigebracht.

## SCHIFFSAUSFLÜGE

Ausflugsfahrten ab Binz, Sellin und Göhren bietet die **Reederei Ostsee-Tour** (Tel. (03 83 92) 315-0, www.reederei-ostsee-tour.de) an. Mit der *MS Mönchgut* (Tel. 03 83 78) 477 90) fahren Sie täglich zu den Kreidefelsen. Abfahrtsorte sind Binz, Sellin und Göhren. Das **Fahrgastschiff** *Lamara* (Tel. (03 83 03) 90 99 51, www.ms-lamara.de) fährt täglich ab

Baaber Bollwerk rund um die Insel Vilm. Ein **historischer Segeltörn** (Tel. (03 83 93) 136 20, www.ruegen-schewe.de) startet im Sommer mehrmals täglich (Mai–Okt. tägl. 10, 12, 14, 16 Uhr) ebenfalls am Baaber Bollwerk: Die *Schwat Johann*, ein 100 Jahre altes Zeesenboot mit dunkelrotem Segel, bringt Binnenländern das Segeln, wie es Fischer jahrhundertelang pflegten, näher. Rund 1,5 Stunden ist man mit Kapitän Bertold auf der Having rund um die Insel Vilm unterwegs.

Nach Peenemünde auf Usedom fährt die *MS Hanseat* der **Boddenreederei Rügen** (Tel. (03 83 08) 83 89, März–Dez., www.bodden reederei-ruegen.de) mehrmals wöchentlich ab Gager. Wenn Sie einen Bootsführerschein oder Segelschein besitzen, können Sie auch eine **Yacht chartern** (Tel. (03 81) 203 72 40 Bavaria, www.mv-maritim.de), z. B. die Segelyacht *Bavaria*, und damit auf große Tour rund um die Insel gehen.

NACHTLEBEN

Das **Globetrotter** (Katharinenstr. 5, Di–So ab 19 Uhr, im Winter nur Sa, So) in Göhren ist ein angesagter Ort für *Barflys*. Die internationale Cocktailkarte ist lang und bietet Drinks mit afrikanischer, mexikanischer, kanadischer und karibischer Note. Eine große Rum- und Whisk(e)y-Auswahl sowie 300 weitere Spirituosen machen die Entscheidung schwer, aber ebenso zum großen Genuss.

Auch in der Cocktailbar der **Villa Salve** (Strandpromenade 41, tägl. ab 18 Uhr) an der Binzer Strandpromenade ist zu später Stunde noch einiges los. Barkeeper Bernd Beyer versteht es aufs Beste, seine Gäste zu unterhalten und mit Charme und Witz an den nächsten Drink zu bringen. 100 m weiter lockt die **Cocktailbar** (Strandpromenade 74, tägl. ab 19 Uhr, saisonbedingte Änderung möglich) des IFA Rügen Hotels mit leckeren Drinks. Hier können Sie auch edle kubanische Zigarren kaufen.

Die **Loev** Cocktailbar im Stil der 1920-iger-Jahre (Hauptstr. 22, Binz, Tel. (038393) 390, www.loev.de, tägl. ab 14 Uhr) mit Live-Konzerten ist im Seebad Binz eine gute Adresse, wenn es um Drinks, Blues und Jazz geht. Tagsüber kann man hier auch auf der Terrasse sitzen und Kaffee trinken.

Für sein niveauvolles Programm bekannt ist das **Varieté Boddenbarsch** im Saal des Hotel *Kurhaus*, (Strandpromenade 27/Eingang Schillerstr., Tel. (03 83 93) 66 55 23). Im Binzer Kurhaus-Saal bringt das Ensemble regelmäßig zwischen Weihnachten und Neujahr die Gäste zum Lachen und lässt sie über allerhand Kunststücke staunen.

Ebenfalls bis zum Morgengrauen ist Party in Prora im **M3** (Objektstr. 51, Tel. (03 83 93) 326 45, Fr, Sa ab 22 Uhr, www.m3-disco.de), Rügens größter Diskothek mit vier Tanzflächen. Von Techno bis Oldies bieten die Veranstalter für jede Altersgruppe etwas. Am besten informieren Sie sich vorher darüber, was am Abend auf den Plattentellern aufliegt. Ein großer Biergarten gehört zum Areal.

FÜHRUNGEN

**Vollmondwanderungen** sowie naturkundliche und historische **Erkundungstouren** bietet René Geyer (Tel. (0173) 989 80 31) an. Ur- und frühgeschichtliche Führungen durch das Biosphärenreservat Südost-Rügen finden während der Sommersaison von April bis September mittwochs ab 10 Uhr statt, sonntags ab 13 Uhr. Zu sehen gibt es das Hügelgräberfeld aus der Bronzezeit bei Blieschow und das Großsteingrab Ziegensteine bei Lancken-Granitz. Treffpunkt ist die Raststätte *Zum Jagdschloss* an der Kleinbahnhaltestelle Garftitz. Montags, donnerstags, freitags um jeweils 10 Uhr und samstags um 13 Uhr startet in der Sommersaison die Kräuterwanderung. Treffpunkt ist das Ende der Boddenstraße am Schlagbaum in Groß Zicker. Weitere Infos unter www.naturgeyer.de.

# Zentralrügen

# Erste Orientierung

Der Reiz des Muttlandes, wie die Rügener den Inselkern nennen, ist eher auf den zweiten Blick zu erkennen. Statt Sandstränden und Seebadtrubel bietet sich Naturliebhabern ein weites Feld zum Radfahren oder Ausspannen in ländlicher Idylle und – jede Menge Kultur.

Dort, wo sich Fuchs und Igel Gute Nacht sagen auf Rügen, haben sich viele Künstler und Kunsthandwerker niedergelassen. Sie beleben das Zentrum der Insel mit Kulturveranstaltungen, Märkten und Ausstellungen. Gingst etwa im Westen hat sich zum Zentrum des Kunsthandwerks gemausert mit einem vielbeachteten Markt, kleinen Werkstätten und einem bekannten Historischen Handwerksmuseum. In Putbus wiederum ist es die fürstliche Architektur des 19. Jhs., die Besucher begeistert. Und auch hier spielt Kultur eine große Rolle, denn man findet in Putbus das einzige Theater auf Rügen, etliche Museen und eine ambitionierte Lesebühne. Des Weiteren gibt es in Zentralrügen viele Kirchen aus dem Mittelalter, die mit ihrer mittelalterlichen Backsteingotik faszinieren und innen so manchen kostbaren Altar, wie etwa in Waase auf Ummanz, beherbergen. So zieht es viele Gäste aus den Seebädern magisch ins Zentrum der Insel, um die Kreativität und Historie der Rüganer zu erleben. Das lohnt sich nicht nur bei Regenwetter.

Links: Auf der Krimlindenallee bei Putbus

Seite 89: Säulenportikus des Theaters in Putbus

## Nicht verpassen!

1 Bergen ➤ 94
2 Putbus ➤ 97
3 Garz ➤ 100
4 Gingst ➤ 102
5 Ummanz ➤ 104
6 Ralswiek ➤ 106

## Nach Lust und Laune!

7 Zirkow ➤ 108
8 Lauterbach ➤ 108
9 Vilm ➤ 108
10 Schloss Karnitz ➤ 109
11 Zudar ➤ 109
12 Altefähr ➤ 109
13 Rambin ➤ 110
14 Schaprode ➤ 110
15 Lebbin ➤ 111
16 Liddower Haken ➤ 111
17 Woorker Berge ➤ 111

# In zwei Tagen

**Die folgende Route ist eine Möglichkeit, wie Sie einige der interessantesten Sehenswürdigkeiten von Zentralrügen in zwei Tagen abklappern können. Nutzen Sie die Karte (➤ 90f) zur Orientierung, die einzelnen Highlights werden im Folgenden (➤ 94ff) näher beschrieben.**

## Erster Tag

### Vormittags
In **1 Bergen** (rechts; ➤ 94) schauen Sie sich zunächst einmal die Umgebung von oben an. Vom Ernst-Moritz-Arndt-Turm aus haben Sie einen tollen Ausblick. Besuchen Sie später die St. Marienkirche und den angrenzenden Klosterhof mit seinen kunsthandwerklichen Ateliers. Auch dem Stadtmuseum sollten Sie unbedingt einen Besuch abstatten. Hinterher wissen Sie alles über die Ranen und deren Tempelburgen und Kampf gegen die Christianisierung. Im *Kaufmannshof* (➤ 113) können Sie Mittag essen.

### Nachmittags
Fahren Sie nach **2 Putbus** (links; ➤ 97) und machen Sie eine Rundtour durch den Ort. Lassen Sie die prachtvolle Architektur auf sich wirken! Spazieren Sie ein wenig durch den wundervollen Schlosspark und trinken Sie dann einen Kaffee auf der Terrasse des Puppen- und Spielzeugmuseums im ehemaligen Affenhaus. Danach geht es weiter nach **3 Garz** (➤ 100), wo Sie auf den Slawenwall steigen. Die Anlage wird Sie beeindrucken.

### Abends
Übernachten können Sie in Samtens im *Störtebeker Sport Hotel* (➤ 116), dem größten Sportzentrum Rügens mit Hotel. Dort können Sie in der Sauna entspannen, schwimmen oder Tennis spielen und sich so die nötige Bettschwere holen.

# Zweiter Tag

## Vormittags

In **4 Gingst** (rechts;
➤ 102) angekommen,
besuchen Sie zuerst den
Rügenpark und schauen
sich Miniaturen berühm-
ter Bauwerke an. Auch
Rügen ist im Spielzeug-
format dargestellt. Dann
können Sie der Muse-
umsscheune mit dem Historischen Handwerkermuseum einen Besuch
abstatten. Sehen Sie sich unbedingt das gruselige Dentistenkabinett an!
Danach gehen Sie garantiert gerne zu Ihrem modern ausgestatteten Zahn-
arzt. Machen Sie einen Abstecher nach **5 Ummanz** (➤ 104), wo Sie sich
die Kirche in Waase anschauen sollten. Im Restaurant *Holzerland* können
Sie frischen Fisch essen. Mieten Sie dort ein Ruderboot und schippern
Sie ein wenig den Focker Strom entlang. Oder wie wäre es mit einer kurzen
Siesta am Sandstrand von Suhrendorf? Folgen Sie einfach der kleinen
Landstraße entlang des Focker Stroms. Sie führt Sie direkt dorthin.

## Nachmittags

Fahren Sie nach **6 Ralswiek** (➤ 106) und machen Sie einen Spaziergang
zum Schloss hinauf. Genießen Sie auf der schönen Restaurantterrasse die
Aussicht auf die Naturbühne und den Großen Jasmunder Bodden (unten).
Vielleicht haben Sie ja bereits Karten für die Abendvorstellung der Störtebeker-Festspiele gebucht? Bis dahin können Sie im Landschaftspark
rund um das Schloss spazieren gehen. Oder schauen Sie sich die kleine
schwedische Holzkirche am Ortsrand an. Sie ist ein idealer Ort, um ein
wenig Ruhe zu finden vor dem grandiosen Seeschlacht-Spektakel am
Abend. Um 18 Uhr fängt das Vorprogramm der Festspiele an.

# Bergen

Rügens Hauptstadt sieht aus wie eine Bilderbuchstadt: klein, sauber und reich an freundlicher Architektur. Bergen hat 16 000 Einwohnern, und es geht hier recht beschaulich zu. Zentrum ist der Marktplatz, daneben ziehen Marienkirche und Klosterhof Besucher an.

**Das Benedix-Haus in der Nähe der St. Marienkirche**

Die meisten Besucher hat Bergen an Regentagen. Denn dann kommen die Urlauber von der Küste, um ein bisschen Stadtluft zu schnuppern und natürlich um einkaufen zu gehen. Wer etwas Besonderes sucht, der wird z. B. im Klosterhof ganz in der Nähe des Marktplatzes fündig. Dort können Sie Kerzenziehern, Korbflechtern und anderen Kunsthandwerkern über die Schulter schauen und das Hergestellte erwerben. 1193 wurde die Klosteranlage zusammen mit der St. Marienkirche geweiht. Damals lebten 20 Nonnen aus dem dänischen Roskilde hier. Nach der Reformationszeit wurde das Kloster in ein so genanntes Jungfräuleinstift für höhere Töchter umgewandelt. Ebenfalls im Klosterhof befindet sich das Stadtmuseum. Eine sehr interessante

### NACHTJACKENVIERTEL

So wird der Teil der Bergener Altstadt zwischen Weiden-, Wasser- und Gadmundstraße genannt. Hierhin gingen die Frauen frühmorgens zum Wasser holen, als es noch kein fließendes Wasser in den Wohnungen gab, meistens nur bekleidet mit einer Jacke über dem Nachthemd – daher der Name.

**Die Kanzel der St. Marienkirche**

Ausstellung informiert über die historische Entwicklung Rügens bis zum 19. Jh. Wer sich für den Svantevit-Kult der Ranen interessiert, bekommt hier wichtige Hinweise zu Gräbern und Tempelburgen auf Rügen.

Ein Grabstein im Backsteingemäuer neben dem Portal der **St. Marienkirche** stammt vermutlich aus einer slawischen Tempelburg und wurde als Zeichen des entgültigen Sieges über die Heiden in die Kirche gemauert. Andere Quellen wiederum besagen, dass hinter dem Grabstein Fürst Jaromar I., der Bauherr dieser Kirche, begraben liegen soll. Rügens älteste Kirche hat jedoch auch im Inneren Interessantes zu bieten, z. B. alte Malereien aus dem 13. Jh., die vor rund 100 Jahren hinter mehreren Farbschichten wieder entdeckt wurden. Das hübsche Fachwerkhaus neben der Kirche diente einst als Pfarrwitwenhaus, in dem mittellose Ehefrauen von verstorbenen Pastoren wohnen durften. Es wird heute von Kirchenmitarbeitern genutzt.

## Um den Marktplatz

**Auf dem Wochenmarkt gibt es allerhand zu kaufen**

Auf dem Marktplatz hinter der schönen Hauptpost aus Backstein von 1891 fällt ein großer Granitstein ins Auge. Gefunden wurde er 1996 bei Ausgrabungsarbeiten für den Neubau des Ratskellers. Es ist ein so genannter **Stapelstein**, auf dem im Mittelalter freitags zwischen Sonnenauf- und -untergang Recht gesprochen wurde. Der 35 t schwere Stein soll an dieses Stück Rechtsgeschichte erinnern. Gegenüber vom Stapelstein befindet sich eines der ältesten Fachwerkhäuser Rügens aus dem 16. Jh., das **Benedix-Haus**. Der seltsame Name stammt von der Bäckerfamilie, die das Haus zuletzt bewohnte. Heute befindet sich im Erdgeschoss die Touristeninformation und ein Standesamt. Auf der anderen Seite des Markplatzes steht das **Rathaus** der Stadt Bergen. Bis zur Wende wurde das Gebäude aus dem Jahr 1860 als Poliklinik genutzt.

### Ernst-Moritz-Arndt-Turm

Ab 1869 wurde der **Aussichtsturm** als Denkmal für den Dichter, Historiker und Politiker Ernst Moritz Arndt errichtet. Sieben Jahre dauerten die Bauarbeiten an dem 27 m hohen Turm, der auf dem Rugard, einem kleinen Berg, steht. Kein Wunder, wurde doch der Turm komplett aus Spenden der Bevölkerung finanziert. Sogar Kaiser Wilhelm I. soll 1000 Taler gestiftet haben. Von oben haben Sie einen phantastischen Ausblick über Rügen. Auf dem Rugard stand übrigens früher eine Tempelburg der Ranen. Der Hügel ist mit rund 90 m die höchste Erhebung weit und breit.

Fast 150 Jahre alt: der Aussichtsturm auf dem Rugard

### KLEINE PAUSE

Gemütlich und gut speisen Sie im Traditionsrestaurant des Hotels *Am Rugard* (Rugardweg 10, März–Dez. tägl. ab 11 Uhr, im Winter unregelmäßig, Tel.: (0 38 38) 201 90). Die Küche Rügens in ihrer ganzen Bandbreite wird auch im schönen Biergarten serviert.

✚ 184 A/B5

### Schauwerkstatt im Klosterhof
✉ Billrothstr. 20   ☎ (038 38) 82 83 56   ◉ im Sommer Mo–Fr 10–18, Sa bis 16 Uhr, im Winter Mo–Fr 10–16, Sa bis 13 Uhr   ✋ frei

### Stadtmuseum
✉ Im Klosterhof   ☎ (038 38) 25 22 26
◉ Mai–Okt. Di–Sa 10–16.30 Uhr, Nov.–April Di–Fr 11–15, Sa 10–13 Uhr
✋ preiswert

### St. Marienkirche
✉ Kirchstr. 3   ☎ (038 38) 25 35 24   ◉ Mai–Nov. Mo–Sa 10–16 Uhr, So nur Gottesdienst, im Winter im Gemeindebüro melden   ✋ frei

### Ernst-Moritz-Arndt-Turm
✉ Rugardweg   ☎ (038 38) 20 19 0   ◉ März–Okt. tägl. 10–18 Uhr, im Winter erhalten Sie den Schlüssel für den Turm im Hotel   ✋ preiswert

### Touristeninformation
✉ Markt 23, 18528 Bergen   ☎ (038 38) 81 12 76   ◉ Mo–Fr 10–18 Uhr, Juli/Aug. auch Sa 10–13 Uhr   ❓ www.stadt-bergen-auf-ruegen.de

## BERGEN: INSIDER-INFO

**Top-Tipp:** Einen schönen Spaziergang durch Wald und Wiesen können Sie auf dem 2,5 km langen **Naturlehrpfad** rund um den Rugard machen. Dort werden heimische Gewächse und Tiere beschrieben.

# 2 Putbus

Prachtvolle Architektur des Klassizismus, ein Schlosspark ohne Schloss, das einzige Theater Rügens und einige interessante Museen machen Putbus zum absoluten Muss eines Rügen-Aufenthalts. Statt Rohrdächern und Fischerkaten können Sie hier die fürstliche Atmosphäre der einstigen Residenzstadt genießen.

**Ein von repräsentativen Gebäuden umrundeter Platz: der Circus**

»Weiße Stadt am Meer« wird Putbus genannt. Nur zu Recht, denn selbst an grauen Tagen strahlen die weißen Fassaden der Villen und Gebäude. Wenn Sie von Bergen aus nach Putbus hineinfahren, führt die Straße direkt auf einen kreisrunden Platz zu. Hier können Sie gleich anhalten, denn der so genannte **Circus** ist es wert, in Ruhe betrachtet zu werden. Streng geometrisch angeordnet, ziehen sich die weißen Häuser aus dem 19. Jh. rund um den Platz. Das große Gebäude auf der Westseite war 1836 das erste Gymnasium auf Rügen, das Pädagogium. In der Mitte des Platzes erinnert ein rund 21 m hoher Obelisk an die Ortsgründung 1810 durch Fürst Wilhelm Malte zu Putbus. Er hatte die Idee, Putbus zu einem Badeort, ähnlich wie Heiligendamm, zu machen. Die Inschrift des Obelisken, »Was des Volkes Hände schaffen, ist des Volkes eigen«, wurde jedoch erst 1969 zu DDR-Zeiten eingemeißelt. Da war das einst prachtvolle Schloss rund 300 m weiter südlich längst gesprengt. 1964 hatte der Bezirksrat den Abriss beschlossen.

Die Orangerie
ist Teil der
barocken
Schlossanlage

### Schlosspark ohne Schloss

Heute erinnert im idyllischen Schlosspark nur noch die Terrasse am Schwanenteich an das herrschaftliche Gebäude, das, nach einem Brand des alten Schlosses, 1872 entstanden war. Statt wie früher auf das Schloss zu schauen, blickt die Statue des Fürsten Wilhelm Malte I. nun in die Weite des schönen Schlossparks Richtung **Christuskirche**. 1844–46 erbaut, diente das Gebäude zunächst als Kursalon, in dem getanzt, gefeiert und gespielt wurde. 1891 ließ der damalige Schlossherr Malte II. zu Putbus das Gebäude zur Kirche umbauen.

In der restaurierten **Orangerie** von 1853 an der Nordseite des Parks ist heute die Touristeninformation untergebracht. Auch eine Ausstellung über die Geschichte des Schlosses und ein Café befinden sich hier. Rechts vom Eingang wurde ein Platz geschaffen, der zum Boulespielen einlädt. Im Park und in der Schlosskirche finden regelmäßig **Musikfestspiele** statt. Nachwuchsmusiker sowie Profiorchester aus Mecklenburg-Vorpommern geben jedes Jahr zu Pfingsten ihr Bestes. Im Süden des Schlossparks befindet sich das 1830 erbaute Affenhaus. Heute ist dort ein **Puppen- und Spielzeugmuseum** untergebracht.

### Entlang der Alleestraße

Werfen Sie auch einen Blick auf den schönen Putbusser Markt. Dort befindet sich Rügens einziges **Theater** (1819–21). Es ist im klassizistischen Stil gebaut, wunderschön restauriert und bietet ein ambitioniertes Programm. Ein interessantes **Uhrenmuseum** mit über 1000 Uhren lädt in der Alleestraße 13 zu einem Besuch ein. Gegenüber befindet sich

Ein Denkmal
erinnert an den
Fürsten Wilhelm Malte I.

**RASENDER ROLAND**
Die denkmalgeschützte Schmalspurbahn, die heute noch von Putbus Richtung Göhren (► 76) schnauft, hat Fürst Malte II. zu Putbus auf den Weg gebracht. Weil immer mehr Badegäste lieber an der Ostsee statt in Putbus Urlaub machen wollten, ließ er die Bahn zunächst bis nach Binz (► 68) bauen, wo er so genannte Badekarren für seine Gäste aufstellen ließ. Kurz vor der Einweihung der Bahn 1895 starb der Fürst.

das zum Landschaftspark gehörende **Wildgehege**. Auf 8 ha tummeln sich Hirsche und Rehe.

## KLEINE PAUSE

Sehr gemütlich sitzen Sie im *Parkcafé* (tägl. 10–18 Uhr, im Winter bis 17 Uhr) des Puppen- und Spielzeugmuseums. Dort können Sie bei Kaffee und Kuchen auf der Terrasse den schönen Landschaftspark genießen.

---

184 B3

### Touristeninformation Putbus
in der Orangerie, 18561 Putbus　(03 83 01) 431
Mai–Okt. tägl. 10–17 Uhr; Nov.–April Di–Sa 10–17 Uhr　www.putbus.de

### Puppen- und Spielzeugmuseum
Kastanienallee　(03 83 01) 609 59　Mai–Sept. tägl. 10–18 Uhr; Okt.–April tägl. 10–17 Uhr　mittel

### Theater Putbus
Markt 13　(03 83 01) 80 80　Theaterkasse Di–Fr 10–18 Uhr
teuer　www.theater-putbus.de

### Historisches Uhrenmuseum
Alleestr. 13　(03 83 01) 609 88　Mai–Okt. tägl. 10–18 Uhr, Nov.–April tägl. 11–16 Uhr　mittel　www.uhrenmuseum-putbus.de

## PUTBUS: INSIDER-INFO

**Top-Tipp:** Die **Kleinbahn** (Tel. (0 38 38) 81 35 94) fährt Sie im Sommer fünf mal tägl. (11.11–19.11 Uhr) ab dem Kleinbahnhof des *Rasenden Rolands* bequem nach Lauterbach (► 108), dem Hafen von Putbus mit Ausflugs-dampfer zur Insel Vilm (► 109).

**Geheimtipp:** Der über 200–jährigen Geschichte der Stadt Putbus ist eine Ausstellung im **Historium** gewidmet. Multimediatechnik lässt Ortsgründer Fürst Malte und sein Schloss wieder aufleben. (Lauterbacher Str. 9a, Tel. (03 83 01) 89 83 36, April–Okt. tägl 10–18 Uhr; Nov.–März tägl. 10–16.30 Uhr)
■ In der **Alten Schmiede** im Schlosspark wird die Geschichte des abgerissenen Schlosses in einer Ausstellung thematisiert. Gezeigt werden u. a. historische Aufnahmen und Schlossfundstücke. (Alte Schmiede, Tel. (03 83 01) 89 83 36, www.residenzstadt-putbus.de, Mai–Okt. tägl. 11–17 Uhr).

# **3** Garz

**Die älteste Stadt Rügens erinnert mit ihrer bäuerlichen Bebauung eher an ein Dorf. Doch am südlichen Ortsrand wird es interessant: Dort stehen noch die Reste der 1199 zerstörten Wallburg Charentia. Und auch das Ernst-Arndt-Museum ist einen Besuch wert.**

Schon 1319 erhielt Garz das Stadtrecht, und einige Jahrhunderte lang galt der 7000-Einwohner-Ort als wichtiges Handelszentrum und Inselhauptstadt. Beeindruckend sind die Reste der riesigen **Wallburg Charentia**, die 1199 im Zuge der Christianisierung zerstört wurde. Sie wurde im 10.–12. Jh. n. Chr. so erbaut, dass die Landseite durch riesige Wälle gesichert war, während sie zur Seite des Garzer Sees hin offen blieb. Von hier aus organisierten die Ranen-Fürsten ihr Reich. Aber auch Tempel soll es im Inneren gegeben haben. Das Backsteingebäude in Sichtweite des Slawenwalls beherbergt eine Ausstellung über die Geschichte des Ortes und über das Leben des Publizisten, Schriftstellers und Professoren Ernst Moritz Arndt, der hier ganz in der Nähe, in Groß Schoritz, geboren wurde und auf Rügen seine Kindheit verbrachte. Das Heimatmuseum ist das älteste auf Rügen und wurde 1929 gegründet.

**Hinter Bäumen versteckt: St. Petri**

### DER STOLZ DER STADT

Geboren am 26.12.1769 in Groß Schoritz bei Garz, erlebt **Ernst Moritz Arndt** als Kind hautnah das Elend der leibeigenen Bauern. Das gibt den Ausschlag für sein lebenslanges Kämpfen für Menschenwürde und Gerechtigkeit. Nach seinem Theologiestudium und seiner Tätigkeit als Hauslehrer führen ihn Reisen quer durch Europa, die ihn auch mit den Lehren Rousseaus vertraut machen. Arndt publiziert eine Schrift gegen die Leibeigenschaft und muss daraufhin nach Schweden fliehen. Er setzt sich in späteren Jahren vehement für ein vereinigtes Deutsches Reich ein. 1817 geht Arndt als Professor nach Bonn, nach der Revolution 1848 wird er Abgeordneter der Deutschen Nationalversammlung. Neben seiner politischen Arbeit schreibt Arndt auch Gedichte und Geschichten über Rügen. Er stirbt mit 91 Jahren in Bonn.

**Das Heimatmuseum ist heute dem berühmten Sohn der Stadt gewidmet**

Malerisch thront die spätgotische **Backsteinkirche St. Petri** aus dem 14. Jh. auf einem Hügel an der Straße Richtung Zudar. Im Inneren gibt es einen reich verzierten Taufstein aus dem 13. Jh. Taufengel und Kanzel stammen aus dem 18. Jh. Den Altaraufsatz schuf 1724 der Stralsunder Bildhauer Elias Keßler. Ein Patronatsstuhl erinnert an Ernst Moritz Arndt. In der katholischen **Herz-Jesu-Kirche** (1913) an der Straße Richtung Karnitz sollten Sie das lebensgroße romanische Kruzifix anschauen. Die Wundmale sind aus Bernstein.

## KLEINE PAUSE

Einen leckeren Mittagstisch bietet die *Fleischerei Schade* (Lange Str./Wendorfer Str., Mo–Fr 8–18, Sa bis 12 Uhr) an. Dort können Sie gut und günstig und auf die Schnelle einkehren!

✠ 183 E3

**Ernst-Moritz-Arndt-Museum**
✉ An den Anlagen 1
☎ (03 83 04) 122 12
🕐 Mai–Okt. Di–Sa 10–16 Uhr, Nov.–April Mo–Fr 11–15 Uhr ✋ preiswert

**St. Petrikirche**
✉ Wendorfer Str.
☎ (03 83 04) 257
🕐 Mai–Okt. tägl. 10–18 Uhr, im Winter Schlüssel beim Pfarramt abholen ✋ frei

**Herz-Jesu-Kirche**
✉ Bergener Str.
☎ (038 38) 20 39 51
🕐 Mai–Okt. tägl. 10–18 Uhr
✋ frei

## GARZ: INSIDER-INFO

**Top-Tipp:** Im **Geburtshaus Ernst Moritz Arndts** (Dorfstr. 22, Tel. (03 83 04) 122 12, Mai–Okt. Di–Sa 10–16 Uhr, Nov.–März Mo–Fr 11–15 Uhr) im 4 km entfernten Groß Schoritz finden Lesungen und Konzerte statt.

# ④ Gingst

Einst galt der Ort als Zentrum des Handels und des Handwerks. Historische Handwerkerstuben, eine Buchbinderei mit Druckwerkstatt und eine Kerzenwerkstatt setzen diese Tradition heute fort. Der Rügenpark mit seinem Rummel und den Miniaturen berühmter Bauwerke ist weit über die Inselufer hinaus bekannt.

Prachtvoller Altar der St. Jacobikirche

Allmächtig ragt die **Dorfkirche St. Jacobi** über das hübsch restaurierte Gingst auf. Aus dem 14. Jh. stammen eigentlich nur noch die Backsteinmauern, denn diverse Brände und Einsturzschäden haben dem Gotteshaus im Laufe der Jahrhunderte ordentlich zugesetzt. Auch heute warnt ein Schild am Eingang vor losen Dachziegeln, die vom Himmel fallen, wenn es stark windet. Wenn Sie die Kirche anschauen wollen und sie geschlossen ist, klingeln Sie einfach an der Tür des Gemeindehauses nebenan. Dann kommt ein Kirchenmitarbeiter mit einem großen Schlüssel und lässt Sie zum Seiteneingang hinein. Innen beeindruckt die große Orgel von 1790, aber auch die kunstvolle Kanzel von 1743 und der 33 Jahre jüngere Hauptaltar. Achten Sie auch auf die beiden Sonnenuhren links neben dem Seiteneingang. Die kleine stammt noch aus dem Mittelalter!

Am westlichen Ortsausgang tobt das Leben im **Rügenpark**: Spaß und Unterhaltung mit Superrutsche, Pferdereitbahn, Jetscooter und Wildwasserrondell auf 40 000 m² Fläche! Kern des Parks ist die Sammlung an Miniaturen

Pfarrhaus neben der Kirche

**Ganz oben: Historischer Friseursalon**

**Oben: Handwerkerstube aus früherer Zeit**

berühmter Bauwerke. Auch die Insel Rügen können Sie im kleinen Maßstab bewundern.

## Museumshof

Harte Zeiten waren das noch vor 100 Jahren. Wer Zahnweh hatte, dem drohte die gruselige Dentistenwerkstatt. Riesige Zangen und Haken halfen, den faulen Zahn zu ziehen, gegen den Schmerz gab's Alkohol. Eindrücklich zeigen die **Historischen Handwerkerstuben** in der Gingster Museumsscheune den Alltag aus dieser Zeit. Handwerksgeräte, Spielzeug, Kochtöpfe, Kleider und Möbel stellen das Leben dar, wie es früher auf Rügen war.

Im Hof hinter der Scheune finden im Sommer verschiedene Veranstaltungen wie Konzerte, Feste oder ein Ökomarkt statt. Produkte aus der Region gibt es auch im Laden für Kunsthandwerk in der Museumsscheune.

### KLEINE PAUSE

Ein gemütliches Café mit Antiquitäten finden Sie in der **Museumsscheune** (Tel.: (03 83 05) 53 99 93). Bei Kaffee und leckeren Kuchen können Sie sich in die Zeit um 1900 versetzen.

---

✚ 183 D5

**St. Jacobikirche**
✉ Am Markt ☎ (03 83 05) 328 🕓 Mai–Okt. tägl. 9–17 Uhr, im Winter Schlüssel zwischen 8–15 Uhr im Gemeindebüro nebenan holen ✋ frei

**Rügenpark**
✉ Mühlenstr. 22b ☎ (03 83 05) 550 55 🕓 Mitte April–Mitte Juni Di–So 10–18 Uhr; Mitte Juni–Aug. tägl. 10–19 Uhr; Sept., Okt. Di–So 10–17 Uhr ✋ teuer ❓ www.ruegenpark.de

**Historische Handwerkerstuben**
✉ Karl-Marx-Str. 19/20 ☎ (03 83 05) 304 🕓 Mai–Okt. tägl. 10–17 Uhr; Nov.–April Mo–Fr 10–16 Uhr ✋ preiswert

## GINGST: INSIDER-INFO

**Top-Tipp:** Auf dem Marktplatz vor der Kirche findet jedes Jahr am zweiten August-Wochenende ein sehr beliebter **Kunsthandwerkermarkt** statt.

# 5 Ummanz

»Kleine Schwester Rügens« wird die Insel im Westen genannt. Schon seit über 100 Jahren verbindet eine Brücke die kleine mit der großen Schwester. Doch Ummanz hat sich einen ganz eigenen Charme bewahrt: weite Felder, winzige Ortschaften und viel Ruhe und Einsamkeit.

Wenn man über die 250 m lange Brücke auf die Insel fährt, fällt als erstes die **St. Marienkirche** ins Auge. 1440 erbaut, steht das Backsteingebäude wie ein Torhaus am Rande des kleinen Dorfes Waase. Ringsum ducken sich Gemeindezentrum und Touristeninformation in urigen Backsteingebäuden. Highlight im Innern der Kirche ist der gotische Schnitzaltar, der 1520 in Antwerpen angefertigt wurde und eigentlich für die Nikolaikirche in Stralsund (➤ 141) gedacht war. Dort wollte man ihn aber um 1700 nicht mehr haben und verschenkte ihn kurzerhand nach Ummanz. Beachten Sie auch die Wandmalereien aus der Zeit um 1470.

Nur gut 600 Einwohner hat Ummanz, hinzu kommen noch die rund 30 Pferde in den Ställen der bekannten **Haflingerzucht Ummanz** (➤ 116) und jede Menge Kraniche während der Vogelzugzeit im Frühjahr und Herbst. Im Inselshop-Fröhlich (Mo–Do 8–12/14–17, Sa 7–10 Uhr) schräg gegenüber

*Kostbarer Schnitzaltar der St. Marienkirche in Waase*

### DER ZUG DER KRANICHE

Ein tolles Schauspiel ist das, wenn sich auf Ummanz im Frühjahr und Herbst Zigtausende Kraniche auf den Feldern niederlassen, um sich für den Weiterflug zu sammeln. Das Gebiet des Nationalparks Vorpommersche Boddenlandschaft (➤ 8) ist in Europa der wichtigste Rastplatz für diese Vögel! Einen prima Ausguck hat die Nationalparkverwaltung bei Tankow im Nordosten von Ummanz geschaffen. Wichtig: Verhalten Sie sich ruhig und tragen Sie unauffällige Kleidung, wenn Sie die Kraniche beobachten. Termine zu vogelkundlichen Führungen etc. erfahren Sie bei der Ummanz-Information.

**Pferde der berühmten Haflingerzucht auf der Weide**

der Kirche in Waase kaufen die Einheimischen ihre Brötchen, sonst gibt es auf Ummanz nämlich nirgendwo welche. Und auch Hotels und Pensionen finden Sie nicht ohne weiteres: So liegt die Pension *Haide-Hof* (➤ 112) so abgelegen, dass man auf halbem Weg überlegt, ob er richtig ist. Auch das malerische **Freesenort**, eine Ansammlung denkmalgeschützter Fischer- und Bauernkaten, können Sie leicht verfehlen. Der Abzweig von der Landstraße dorthin wird nur durch ein altes Holzschild sowie einen Wegweiser für Radfahrer angezeigt.

Freunde von Natur und Einsamkeit werden Ummanz lieben. Und auch Sonnenanbeter kommen auf ihre Kosten. Ummanz besitzt nämlich an Westufer in Suhrendorf einen der wenigen **Sandstrände** der Boddenküste. **Surfer** haben im flachen Gewässer beste Voraussetzungen (➤ 116).

## KLEINE PAUSE

Frischer Fisch wird im Restaurant *Holzerland* (Am Focker Strom 17, tägl. ab 8 Uhr, im Herbst/Frühling Mo geschl., Dez.–März geschl.) in Waase serviert. Dort können Sie auch Angelfahrten buchen und Boote leihen.

---

✚ 178 B/C1

**St. Marienkirche**
☎ (03 83 06) 752 31   ◆ Mai–Okt. Mo 12–14 Uhr   ✋ frei

**Ummanz-Information**
✉ Neue Str. 62a, 18569 Waase   ☎ (03 83 05) 534 81
◆ April–Sept. Mo–Fr 9–16.00 Uhr, Okt.–März Mo–Fr 10–15 Uhr

### UMMANZ: INSIDER-INFO

**Top-Tipp:** Der Campingplatz in Suhrendorf belegt einen großen Teil des Strandbereichs. Wer nicht aufpasst, wird aufgefordert, für die Strandbenutzung eine **Campingplatztageskarte** zu kaufen. Gehen Sie also lieber nicht über das Caravangelände zum Strand, sondern auf einem der Wege daneben.

# 6 Ralswiek

Bekannt ist der Ort am Großen Jasmunder Bodden wegen der sommerlichen Störtebeker-Festspiele (➤ 10). Aber auch das prachtvolle Schloss Ralswiek auf dem Hügel und die markante Holzkapelle am Ortsausgang machen Ralswiek zu einem besonderen Ort.

Der Weg nach Ralswiek ist voller Überraschungen. Eben noch fuhr man an weiten flachen Feldern vorbei, da wird es plötzlich hügelig und die Straße verläuft durch dichten Wald. Und da ist es schon: Ralswiek – die **älteste Siedlung** auf Rügen. Auf den ersten Blick ist davon nicht viel zu spüren, denn in anderen Dörfern stehen weit ältere Häuser als hier. Doch nirgendwo sonst auf Rügen fanden Archäologen so viele Relikte aus alter Zeit: Reste von vier altslawischen Eichenbooten aus dem 9. Jh. etwa. Bis zu 13 m lang und 3,50 m breit waren die Schiffe! Und auch ein Silberschatz mit arabischen Silbermünzen wurde 1974 ausgebuddelt. Damit galt es als bewiesen, dass die Slawen bis in arabische Länder unterwegs gewesen sein mussten, um Handel zu treiben.

**Willkommen im Schloss**

### Für Störtebeker-Fans und andere

War Ralswiek früher einer der wichtigsten Häfen auf Rügen, spielt heute eher der Parkplatz eine Rolle: Gleich busweise kommen die Besucher der Störtebeker-Festspiele in den Ort. Immerhin haben auf den Sitzbänken vor der Freilichtbühne rund 2000 Personen Platz, und meistens sind die

Vorstellungen ausverkauft. Wenn Sie kein Interesse an dem beeindruckenden Schauspiel mit über 120 Mitwirkenden, einer Schiffsschlacht auf dem Bodden und Feuerwerk haben, besuchen Sie Ralswiek am besten vormittags oder im Winter. Dann liegt der Ort recht verschlafen da und ein Spaziergang hinauf zum Schloss führt Sie durch die Stille einer großen Idylle. Rund um das 1894 im Neorenaissancestil erbaute Schloss liegt nämlich ein hübscher Waldpark mit seltenen Gewächsen. Zunächst residierte hier Graf Douglas.

**Aus dem hohen Norden importiert: Holzkapelle** Seit 2002 ist im wunderschön restaurierten Schloss ein Hotel (➤ 112) untergebracht.

Bevor Sie Ralswiek verlassen, sollten Sie unbedingt noch einen Blick in die kleine **Holzkapelle** am Ortsrand werfen. Sie stammt ursprünglich aus Schweden und wurde 1907 im Auftrag von Graf Douglas aufgebaut.

## KLEINE PAUSE

**Der Schlosspark lädt zum Spaziergang ein** Im Gasthaus **Zum Störti** (Am Bodden 100, tägl. ab 8 Uhr, im Winter ab 11.30 Uhr) geht es vor und nach den Festspielaufführungen hoch her. Spät am Abend kehren hier die Schauspieler ein, um sich nach der Bühnenschlacht zu stärken. Ruhiger ist es mittags. Solide, bürgerliche Küche.

✝ 179 F1

**Störtebeker-Festspiele**
✉ Am Bodden 100, 18528 Ralswiek
☎ (038 38) 31 10-0
🕐 Mitte Juni–Mitte Sept. Mo–Sa 20 Uhr
✋ teuer  ❓ www.stoertebeker.de

**Schwedenkapelle**
☎ (038 38) 23 10 00
🕐 Mai–Sept. 14-tägig So 19 Uhr Gottesdienst

## RALSWIEK: INSIDER-INFO

**Top-Tipps:** Wenn Sie keine Karte für die Störtebeker-Festspiele ergattern konnten, nehmen Sie einen **Drink auf der Terrasse des Schlosshotels**. Von dort können Sie teilweise sehen und hören, was auf der Naturbühne vor sich geht.
■ Um 11 Uhr und um 18 Uhr gibt es im Sommer auf der Naturbühne eine beeindruckende **Flugschau mit Adlern, Falken und Bussarden**. Die Abendvorstellung kann man nur mit einer Eintrittskarte für die Festspiele besuchen.

# Nach Lust und Laune!

### ❼ Zirkow

Der denkmalgeschützte Dorfkern ist quasi ein einziges Freilichtmuseum mit seinen rohrgedeckten Bauernhäuschen, der mittelalterlichen Kirche und dem Museumshof. Letzterer ist ein komplett erhaltenes Gehöft von 1720 mit Wohnhaus, Stallungen, Scheune und Schuppen. Die Einheimischen sind berühmt fürs Feiern. Oster- und Weihnachtsmarkt, Bauernolympiade und das Fest der Freiwilligen Feuerwehr sind Publikumsmagneten.
✚ 184 C4

**Museumshof Zirkow**
✉ Binzer Str. 43 a ☎ (03 83 93) 328 24
🕓 Mo–Fr 9–17 Uhr, April–Okt. auch Sa/So
10–17 Uhr ✋ mittel

### ❽ Lauterbach

Einst galt das kleine Dorf als Vorort von Putbus. Gäste der Fürstenfamilie verlustierten sich im eleganten 1817 erbauten Badehaus Goor (heute ein Hotel), das östlich des Ortes liegt, und unternahmen Schiffsausflüge zur nahen Insel Vilm. Die Lauterbacher selber lebten lange Zeit überwiegend vom Fischfang. Erst in letzter Zeit kam das Gastgewerbe hinzu. Eine neue

**Klassizistische Säulenvorhalle des Badehauses Goor**

Marina, Ausflugsdampfer (➤ 116) im Hafen und das Räucherschiff *Berta* (➤ 115) zeugen vom steten Besucherstrom während der Sommermonate. Ein schöner Badestrand befindet sich im benachbarten Neuendorf.
✚ 184 C3

### ❾ Vilm

Jeden Morgen um halb neun gehen 46 Angestellte des Bundesamtes für Naturschutz an Bord der MS Julchen im Lauterbacher Hafen. Sie sind auf dem Weg zur Arbeit auf der

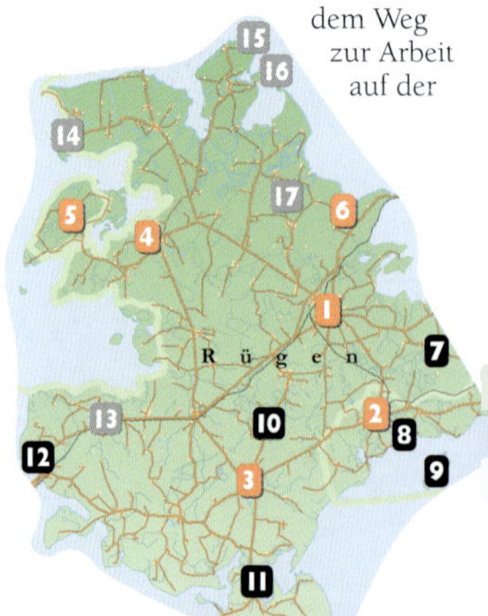

Insel Vilm und die einzigen, die die Insel überhaupt regelmäßig betreten dürfen. Der Naturschutz hat auf dem Eiland oberste Priorität. Zu DDR-Zeiten pflegte Erich Honecker auf dieser Insel Urlaub zu machen, der Zutritt war strengstens untersagt. Mitunter gibt es aber Konzerte auf der Insel (Termine: Tel. (03 83 01) 861 12), und Frühling bis Herbst gibt es täglich Führungen (► 116).
➕ 184 C3

## ⑩ Schloss Karnitz

Ein Jagdschloss im Tudorstil ist Herz des Ortes Karnitz 6 km nördlich von Garz. Bauherr war 1839 Graf Guido von Usedom. Das Schloss gilt als kleine Schwester des Jagdschlosses Granitz, weil sie beinahe zur gleichen Zeit errichtet wurden. Im Schloss wohnten bis vor kurzem noch Bewohner des Dorfes. Im ehemaligen Schlosspark wird heute Golf (► 20) gespielt. Von Karnitz aus

**Schloss Karnitz kann nicht besichtigt werden**

lassen sich schöne Spaziergänge unternehmen, etwa auf dem 7 km langen Rundweg um den Kniepower See.
➕ 184 A3

**Information Gemeinde Karnitz**
✉ Dorfstr. 20, 18574 Karnitz
☎ (03 83 04) 218   🕐 unregelmäßig

## ⑪ Zudar

Die südliche Halbinsel mit ihrem beschaulichen Angerdorf wurde bereits im Jahre 1166 erstmals urkundlich erwähnt. Zahlreiche Hügel- und Hünengräber können hier bewundert werden, einen wunderbaren Ausblick bis hinüber nach Greifswald und nach Swinemünde haben Sie vom Aussichtsturm am Schoritzer Wiek – der Aufstieg lohnt sich! Die Vogelkundler zieht es zur kleinen Insel Tollow im Maltziener Wiek. Ein schöner 6 km langer Strand sorgt für Badefreuden.
➕ 183 E/F 1

## ⑫ Altefähr

Ein herrlicher Blick auf Stralsund bietet sich von der Pier aus, an der zahlreiche Ausflugsdampfer und in den Monaten von Mai bis September auch eine Personenfähre anlegen. Wie ein riesiger Adler über seinem Nest thront die aus dem 15. Jh. stammende St. Nikolaikirche auf dem Hügel vor dem Hafen. Als erstes fällt an dem Backsteinbau die merkwürdig an den Turmrand geschobene Uhr auf. Sie wurde 1912 mitsamt dem

neuen Turm montiert. Der Vorgänger war 1803 während des Besuchs des schwedischen Königs Gustav IV. wegen eines Sturmschadens zusammengebrochen. Bekannt ist Altefähr auch durch das Sundschwimmen (➤ 20). Seit 1928 schwimmen alljährlich Hunderte von Teilnehmern durch den Strelasund zwischen Stralsund und Altefähr.
✚ 182 B3

### St. Nikolaikirche
☎ (03 83 06) 752 31   🕓 Juni–Aug. tägl. 15–17 Uhr; Sept.–Mai Schlüssel beim Küster holen, Adresse siehe Schaukasten; Konzerte Juni–Aug. Fr um 19.30 Uhr   ✋ frei

### 🔟 Rambin
Eines der ältesten Dörfer Rügens, das erstmals 1246 geschichtlich erwähnt wurde. Trotz des starken Durchgangsverkehrs durch die B 96 von Stralsund nach Sassnitz hat sich Rambin seinen dörflichen Charme bewahrt. Machen Sie einen kurzen Stopp und schauen Sie sich die Klosteranlage am nördlichen Ortsausgang an. In der Kapelle und dem verwunschenen

Klosterpark finden im Sommer manchmal Ausstellungen statt. Die Gebäude haben eine lange Geschichte: 1334–1773 diente die Kapelle als Spital, danach wurden darin Wohnungen eingerichtet. Die St. Johanneskirche im Dorfkern stammt aus dem 14. Jh. Ungewöhnlich: die gewölbeartige Holzdecke und die üppig verzierte Rokokokanzel. Regionale Spezialitäten einkaufen können Sie täglich auf dem Rügener Bauernmarkt am südlichen Ortsende (➤ 115).
✚ 182 C3

### St. Johanneskirche
☎ (03 83 06) 752 31   🕓 Schlüssel beim Küster holen, Adresse siehe Schaukasten   ✋ frei



### 🔟 Schaprode
Schaprode ist mehr als nur ein Fährhafen für die Insel Hiddensee. Die Parkplätze für die Inselbesucher, zu denen eine Umgehungsstraße führt, wurden außerhalb des Ortes angelegt, so hat sich der Dorfkern seine Ruhe und seinen Charme bewahrt. Fachwerk-Fischerhäuser und die St. Johanneskirche auf einer kleinen Anhöhe geben ein hübsches Ensemble ab. Die Kirche ist wahrscheinlich die drittälteste auf Rügen und entstand zu Beginn des 13. Jhs. Allerdings

**Kunst im Rambiner Klosterpark**

Schaprode sehen viele vom Wasser aus

stammen aus dieser Zeit nur noch der romanische Chor und Teile der Ostwand. Das kreuzrippengewölbte Kirchenschiff kam erst im 15. Jh. hinzu. Auffällig ist die spätgotische Triumphkreuzgruppe auf dem Lettnerbalken (1500). Ein Sühnestein, die *Mordwange Schaprode*, aus dem Jahr 1368 erinnert an die Ermordung des Reinhard von Platen, Mitglied eines bekannten Adelsgeschlechts auf Rügen.
✚ 178 B2

### Pfarrkirche St. Johannes
☎ (03 83 09) 13 63  🕓 Mai–Sept. tägl. 8.30–18.30 Uhr, im Winter nach Vereinbarung
✋ frei

### 15 Lebbin
Eine der schönsten Landschaften auf Rügen hat diese Landzunge zu bieten. Keine Sandstrände, stattdessen hügelige Idylle und wunderbare Ausblicke auf die Boddengewässer. Besteigen Sie unbedingt den hölzernen Grümbke-Turm auf Hoch Hilgor, einem 43 m hohen Hügel hinter dem Dörfchen Neuenkirchen. Von dort haben Sie einen phantastischen Blick über die Landschaft.
✚ 179 D/E3

### Grümbke-Turm
✉ zwischen den Ortschaften Moor und Vieregge  🕓 jederzeit zugänglich  ✋ frei

### 16 Liddower Haken
Ähnlich idyllisch wie Lebbin, ist auch der Liddower Haken eine Oase für Menschen auf der Suche nach unverfälschter Natur, nach Ruhe und Gelassenheit. Am Gutshaus Liddow, einem Adelsgut aus dem 17. Jh., führt eine Brücke hinüber auf die Landzunge nach Lebbin. Verwaltet wird das Gutshaus von einem Kunstverein, der u. a. internationale Künstlerbegegnungen, Konzerte, Ausstellungen und Workshops organisiert.
✚ 179 E3

### Kultur-Gut Liddow
✉ Liddow Nr. 1  ☎ (03 83 09) 880 20
🕓 Veranstaltungen und Ausstellungen tel. erfragen

### 17 Woorker Berge
Schon von weitem fallen die baumbewachsenen Hügelgräber nahe der Landstraße zwischen Patzig und Woorke ins Auge. Mit ihren jeweils 6 m Höhe und 30 m im Durchmesser erinnern die 14 Woorken, das slawische Wort für Hügelchen, an riesige Maulwurfhügel auf einer Wiese. Sie stammen wahrscheinlich aus der Zeit um 800–1200 n. Chr. Wissenschaftler fanden zu Beginn des 19. Jhs. Grabbeigaben aus dieser Zeit. Ganz in der Nähe der Woorker Berge liegt das prächtige Gut Kartzitz, die einzige erhaltene Barockanlage Rügens aus dem 18. Jh. Das umfassend restaurierte Herrenhaus beherbergt heute Ferienwohnungen.
✚ 179 E1

### Gut Kartzitz
✉ Kartzitz, Am Park 6  ☎ (038 38) 31 59 30
🕓 Besichtigung nach tel. Vereinbarung

# Wohin zum …
# Übernachten?

**Preise**
Preise für ein Doppelzimmer mit Frühstück pro Nacht:
€ unter 50 Euro    €€ 50–125 Euro    €€€ über 125 Euro

## Boldevitzer Herrenhaus €€

18 Ferienwohnungen mit 4-Sterne-Ausstattung befinden sich in dem denkmalgeschützten Ensemble aus drei liebevoll restaurierten Bauernkaten und dem prächtigen Herrenhaus aus dem 17. Jh. Ein Kamin- oder Kachelofen gehört zu jedem Apartment. Großer Park mit Teich, Tennisplätzen und Reithalle.
✛ 183 E5  ✉ Dorfstr. 17, 18528 Boldevitz
☎ (038 38) 31 39 76, Fax (038 38) 31 36 21
▸ www.ruegenkaten.de

## Haide-Hof €–€€

Abgelegene kleine Pension im Nordwesten von Ummanz. Alle acht Zimmer haben Dusche und WC, das beste Surfrevier Rügens ist nur ein paar Schritte entfernt. Fahrräder können ausgeliehen werden. Zum Frühstück gibt es Honig aus der hauseigenen Imkerei. Tipp: Hier wird auch betreutes Heilfasten angeboten.
✛ 178 B 1  ✉ Haide 15, 18569 Ummanz
☎ (03 83 05) 553 60, Fax (03 83 05) 55359
▸ www.haide-hof.de

## Im Jaich €€–€€€

Die 22 schwimmenden Ferienhäuser direkt am Bodden ziehen vor allem Segler und andere Wassersportler an. In den Luxusapartments mangelt es an nichts, und von der Terrasse können Sie direkt ins Wasser springen, um zu baden, wenn Sie wollen. Im Winter gehen die Gäste hier auch gerne Schlittschuh laufen.
✛ 184 C3  ✉ am Yachthafen 1,
18581 Lauterbach  ☎ (03 83 01) 809-0,
Fax (03 83 01) 809 10  ▸ www.im-jaich.de

## Radisson Blue Ressort Rügen €€

Die moderne Anlage war einst mit Golfplatz geplant. Doch dann wurde die Umgebung unter Naturschutz gestellt. Vor allem Liebhaber der Boddenküste und viele Hundebesitzer kommen hierher, um auf hohem Niveau Ferien zu machen. Ein Schwimmbad mit Innen-und Außenpool sowie Sauna- und Wellnessbereich gehören ebenso zum Haus wie 3 Gastronomien.
✛ 178 C3  ✉ an der Wittower Fähre,
Vaschvitz 17, 18569 Trent
☎ (03 83 09) 220, Fax (03 83 09) 225 99
▸ www.radissonblu.com/resort-ruegen

## Schlosshotel Ralswiek €€–€€€

Wohnen wie einst Graf Douglas können Sie im hübsch restaurierten Schloss über Ralswiek. Der Originalzustand des Interieurs im Stil des Jugendstilpioniers Henry von der Velde wurde weitgehend wieder hergestellt. Außerdem verwöhnen ein Schwimmbad mit Sauna und ein exzellentes Restaurant die Gäste.
✛ 179 F1  ✉ Parkstr. 35, 18528 Ralswiek
☎ (038 38) 203 20, Fax (038 38) 203 22 22
▸ www.schlosshotel-ralswiek.de

## Wreecher Hof €€–€€€

Komfortabel ausgestattete Suiten in verschiedenen Größen erwarten die Gäste im Putbusser Ortsteil Wreechen. Dort hat sich ein kleines Hoteldorf mit sieben rohrgedeckten Häusern erfolgreich etabliert. Zur Anlage gehören ein Schwimmbad, Saunabereich und eine Wellnessabteilung. Das Hotel-Restaurant *KOX-orange* ist für gute Küche bekannt.
✛ 184 B3  ✉ Kastanienallee, 18581 Putbus-Wreechen  ☎ (03 83 01) 850, Fax (03 83 01) 851 00  ▸ www.wreecher-hof.de

# Wohin zum ...
## Essen und Trinken?

**Preise**
Die Preisangaben gelten pro Person für ein Essen ohne Getränke:
€ unter 10 Euro    €€ 10–20 Euro    €€€ über 20 Euro



### BERGEN UND UMGEBUNG

#### Kaufmannshof €–€€
Die Einrichtung eines alten Kaufmannsladens macht das Restaurant zu einem echten Erlebnis. Viele Schubladenschränke an den Wänden, Bistrostühle und -tische entfalten eine urige Atmosphäre. Dazu gibt es eine gutbürgerliche Küche mit regionalen Zutaten. Das Restaurant gehört zum Hotel Kaufmannshof. Integriert in das Hotel ist auch der Kaufmannsladen der alteingesessenen Kaufmannsfamilie Hermerschmidt, die auch das Restaurant betreibt. Zudem lockt ein schöner Biergarten!

184 B5 · Bahnhofstr. 6–8, 18528 Bergen · (038 38) 804 50 · tägl. 6–22 Uhr

#### Puk up'n Balken €
Uriges Lokal mit deftigen Fleischgerichten. Fans von Jägerschnitzel, Spare Ribs, Schweinshaxen und Co. werden aufs Beste bedient. Der Service ist sehr freundlich, die Preise sind günstig. Hier geht hin, wer genug vom ewigen Fisch hat. Ein Puk ist im Niederdeutschen übrigens ein kleiner Geist. Manche Gäste sollen ihn nach dem vierten Bier auf einem Holzbalken entdeckt haben.

184 B5 · Bahnhofstr. 65, 18528 Bergen · (038 38) 25 72 73 · tägl. ab 11 Uhr · www.jaegerhuette-ruegen.de

### PUTBUS UND UMGEBUNG

#### Jägerhütte €
Leckere Wildspezialitäten werden seit mehr als 30 Jahren auf den Tisch des forsthausähnlichen Hauses gebracht. Familie Thiele kocht und serviert zwischen lauter Geweihen und ausgestopften Raubvögeln. Nach dem Essen können Sie ganz entspannt im weitläufigen Englischen Landschaftspark des verschwundenen Schlosses Putbus herrlich spazieren gehen und den Wildpark besuchen.

184 B3 · Alleestr. 33, 18581 Putbus · (03 83 01) 510 · Mai–Sept. tägl. 11.30–12.30 Uhr; April, Okt. Do–Di 11.30–16.30 Uhr · www.jaegerhuette-ruegen.de

#### Nautilus €–€€
Originelles Erlebnisrestaurant mit maritimer Note. Frei nach Jules Verne sieht es hier aus wie in einem phantastischen U-Boot, das die Welt 20 000 Meilen unter dem Meer erkundet. Die bequemen roten Bänke, genietete Wandverkleidungen aus Messing und Kupfer sowie Signallampen als Beleuchtung machen das Lokal zu einem sehr gemütlichen Ort. Außerdem gibt es ein großes Meerwasseraquarium mit Korallen und exotischen Fischen. Sie sollten aber nicht nur die Einrichtung bewundern, denn auf Ihrem Teller finden Sie verschiedenste leckere Speisen aus Captain Nemos Kombüse: die regionale Küche mit Einsprengseln aus den Töpfen der Welt bietet immer neue Überraschungen.

184 B3 · Dorfstr. 17, 18581 Neukamp · (03 83 01) 830 · tägl. ab 11.30 Uhr · www.ruegen-nautilus.de

#### Radlerrast Altkamp €
Auf dem umgebauten, sehr ruhig gelegenen Bauernhof kann man nicht nur romantisch-urig im Heu übernachten, sondern auch ganz einfach als fahrender oder wandern-

der Gast auf ein Bier, Kaffee oder Würstchen mit Kartoffelsalat einkehren und sich Kraft für die nächste Etappe holen – oder einfach dableiben! Für alle Kinder dürften die Ponys auf der Weide interessant sein, auch ein Spielplatz sorgt für Abwechslung.

✠ 183 F3 ✉ Dorfstr. 1, 18581 Putbus, Ortsteil Altkamp ☎ (03 83 01) 88 99 12 ☻ April–Okt. 11–21 Uhr

## The Four Seasons €€

Feine französische Küche mit regionalen Einflüssen und Zutaten wird ganz in der Nähe des Hafens von Lauterbach serviert. In hellem, lichten Ambiente im Hause des Hotels Lauterbach goutieren Gäste dazu internationale Weine von der gut sortierten Karte. Während der Sommermonate kann auch auf der schönen Terrasse mit weitem Blick über das Meer getafelt werden – so lässt es sich leben!

✠ 184 C3 ✉ Dorfstr. 14, 18581 Putbus ☎ (03 83 01) 88 99 70 ☻ tägl. 12–21.30 Uhr

SÜDRÜGEN

## Lindenkrug €–€€

Äußerlich wirkt das lang gestreckte Gebäude nicht besonders einladend. Doch die Küche versöhnt mit der langweiligen Architektur. Rügens Spezialitäten werden in dem familiär geführten Gasthaus groß geschrieben. Herzhafte Fischgerichte, aber auch Wild aus den Wäldern der Umgebung kommen frisch auf den Tisch. Die Einrichtung ist ländlich mit rustikalen Holzstühlen und -tischen. Ein Sommergarten lädt zum Speisen unter freiem Himmel ein. Gut für eine Rast auf dem Weg durch den Süden Rügens.

✠ 183 D2 ✉ Lindenstr. 27–28, 18547 Poseritz ☎ (03 83 07) 251 ☻ tägl. ab 11 Uhr ❓ www.lindenkrug-poseritz.de

NORDWESTRÜGEN

## Alte Schule €–€€

In der alten Dorfschule von Gagern lädt ein gemütliches Kaminrestaurant zum Essen ein. Am schönsten ist es hier, wenn draußen der Sturm um die Häuser pfeift und drinnen ein lustiges Feuer prasselt. Vor allem Radwanderer und Besucher des nahe gelegenen Gutsparks Pansevitz (▶ 160) wissen die Gastfreundschaft des Familienbetriebs zu schätzen. Gute regional orientierte Küche mit frischen Zutaten.

✠ 179 D1 ✉ Haus Nr. 5, 18569 Gagern ☎ (03 83 05) 366 ☻ tägl. ab 17 Uhr ❓ www.alte-schule-gagern.de

## Fähreck €

Einheimische wie Zugereiste schwören auf das selbst gemachte Eis. Dies sei das beste von ganz Rügen, meinen Kenner. Kein Wunder: das Eis wird nämlich selber hergestellt, auch zum Mitnehmen. Auch die gutbürgerliche Küche kann sich sehen lassen.

✠ 178 C2 ✉ Dorfstr. 25, 18569 Trent ☎ (03 83 09) 13 51 ☻ Di–So 11–22 Uhr, Jan., Feb. geschl.

## Gut Tribbevitz €€–€€€

Ein solch elegantes Restaurant mit schöner Terrasse erwartet man gar nicht in der Einsamkeit Lebbins. Aber die Besitzerin brachte 2002 nicht nur ihre Trakehner-Zucht in dem liebevoll restaurierten Gutshaus unter, sondern eröffnete auch gleich ein 4-Sterne-Hotel für Reiter und andere Gäste. Das Restaurant bietet u. a. original pommersche Küche auf hohem Niveau.

✠ 179 E2 ✉ Gut Tribbevitz, 18569 Neuenkirchen ☎ (03 83 09) 70 80 ☻ tägl. 18–21 Uhr, 12–14 Uhr Biergarten, Jan., Feb., März geschl. ❓ www.gut-tribbevitz.de

## Zur Alten Schmiede €€

In idyllischer Lage werden Gäste aufs Trefflichste verwöhnt. Das Restaurant des gleichnamigen Hotels ist über Rügens Ufer hinaus bekannt. Regionale Gerichte, eine schöne Sonnenterrasse und der Charme eines geschmackvoll ausgebauten Landhauses ziehen Hiddenseeurlauber auf dem Weg zum Schaproder Fährhafen hierher.

✠ 178 B2 ✉ Poggenhof 25, 18569 Schaprode, Ortsteil Poggenhof ☎ (03 83 09) 705 00 ☻ Juni–Aug. tägl. 12–22; April, März, Sept., Okt. bis 20 Uhr ❓ www.ruegen-schmiede.de

# Wohin zum …
## Einkaufen?

### BERGEN UND UMGEBUNG

Schönes Geschirr, Kerzenständer und auch Gartenkeramik mit vielen rügentypischen Stranddistel- und Sanddornmotiven bietet das gut sortierte **Keramik-Stübchen** (Birkenweg 20, Tel. (038 38) 245 26, Mo–Sa 10–18 Uhr).

Höchst originelle Landschaftspullover stellt **Rügen-Pullover** her (Wilhelm-Piek-Ring 35, Tel. (038 38) 239 75, nach tel. Vereinbarung). Gerlinde Voltz strickt nach den Vorstellungen ihrer Kunden. Man kann sich beispielsweise Schafe mit reetgedecktem Gehöft im Hintergrund wünschen oder auch den *Rasenden Roland*. Freitags steht Voltz mit ihren Pullovern auch auf dem Rügenmarkt in Thiessow.

Genähtes Papierdesign, worunter u. a. Grafiken und Karten zu verstehen sind, verkauft **Nahtwerk** (Gutshaus Jarnitz, Dorfstr. 18, Tel. (038 38) 20 18 80, Di–Fr 10–16 Uhr sowie nach tel. Vereinbarung) in Jarnitz bei Ralswiek.

Stutenmilchkosmetik von Pferden aus der Haflingerzucht Ummanz verkauft die **Rugard Apotheke** (➤ 35).

### PUTBUS UND SÜDRÜGEN

Einzigartigen Schmuck können Sie bei **Silke Tolk-Ninnemann** (Dorfstr. 2, Tel. (03 83 04) 556, nach tel. Vereinbarung) in Garz erwerben. Immer neue Kombinationen aus den verschiedensten Materialien werden zu Ketten, Armbändern und Ringen.

Das **Räucherschiff Berta** (im Hafen, Mai–Mitte Okt. tägl. ab 11 Uhr) in Lauterbach ist bekannt für seinen guten Fisch, insbesondere die Pfefferheringe nach Omas Rezept sind ein Gedicht.

Souvenirs, Postkarten sowie alte und neue Bücher finden Sie im Antiquariat **»Das Wort«** von Kay Plümecke in Putbus. Der Besitzer gibt auch gerne Auskunft über die Gegenwart und Vergangenheit des Ortes (Alleestr. 9, Tel. (03 83 01) 89 83 23, Mo–Sa 11–18 Uhr).

In Rambin im **Rügener Bauernmarkt** (Hauptstr. 2a, Tel. (03 83 06) 626 30, tägl. 8–19 Uhr) bekommen Sie alles, was für Rügen typisch ist: Sanddornprodukte, Kunsthandwerk, Räucherfisch und vieles mehr. Eine große Auswahl an Souvenirs machen einen Stopp auf dem Urlaubsrückweg interessant. Ein großer Kinderspielplatz sowie ein Café sowie Räucherfisch und Fischbrötchen sorgen dafür, dass man schnell länger bleibt, als geplant (Frühstück tägl. ab 7 Uhr, Laden tägl. 8–19 Uhr, www.altepommernkate.de).

### GINGST UND UMMANZ

Die besten Sanddornmarmeladen gibt es in Klein Kubitz bei **Silke Stephan** (Dorfstr. 21a, Tel. (03 83 05) 551 80, nach tel. Vereinbarung).

Unter dem Label *Sanddornhexe* verkauft sie Sanddornprodukte aus selbst gepflückten Früchten. Ihre Liköre und Marmeladen gibt es auch im Laden der Museumsscheune Gingst (➤ 103) zu kaufen.

Bekannt für kreatives Design ist **Ummanz Keramik** (Pappelweg 1, Tel. (03 83 05) 81 11, April–Okt. Mo–Sa 10–18, So 11–17.30 Uhr) in Wusse. Töpfermeisterin Susan Schmorell fertigt auch nach Ihren Wünschen.

In der **Ersten Rügener Edeldestillerie** (Lieschow 17, Tel. (03 83 05) 553 00, Mo–Fr 10–16 Uhr) in Lieschow bei Ummanz erhalten Sie Obstbrände und Liköre aus eigener Herstellung.

In der Werkstatt **Kerzenträume** in Gingst von Tino Tittel können Sie mitsamt der Familie Kerzen ziehen und gestalten – oder die kunstvoll gestalteten Lichter des Kerzendesigners Tittel auch einfach kaufen (Mühlenstr. 50, Tel. (03 83 05) 536 27, Mo–Fr 10–18 Uhr, Sa 10–14 Uhr).

# Wohin zum ...
# Ausgehen?

## AUSFLUGSTIPPS

Viel Spaß für die ganze Familie verspricht ein Besuch bei **Bauer Lange** (Hof Nr. 37, Tel. (03 83 05) 551 17, www.bauer-lange.de) in Lieschow bei Ummanz. Legendär sind die alljährlich stattfindenden Dumperrennen im Juli und Oktober mit den gleichnamigen Landfahrzeugen, die in der DDR im Einsatz waren. Ein Hofladen und ein Café sorgen für das leibliche Wohl.

Interessante Einblicke in die Welt der Müller verschafft das **Mühlenmuseum** (Tel. (038 38) 31 36 65, tägl. 10–17 Uhr, Eintritt: preiswert) in Patzig nördlich von Bergen. Noch bis 1992 wurde hier mit einer Motormühle Mehl für die Bäckereien der Umgebung gemahlen.

**Inselrundflüge** zwischen 20 und 90 Minuten Länge können Sie vom Flugplatz in Güttin (Tel. (03 83 06) 12 89, tägl. ab 10 Uhr) aus unternehmen.

Zu **Touren auf die Insel Vilm** (► 108) starten Ausflugsdampfer im Lauterbacher Hafen (Reederei Lenz, Tel. (03 83 01) 618 96). Eine Exkursion auf die Insel mit fachkundiger Führung findet im Sommer einmal täglich für max. 30 Personen statt.

## REITEN

Die **Haflingerzucht Ummanz** (Am Focker Strom 11, Tel. (03 83 05) 556 04) in Waase mit ihren 30 Pferden bietet Kinderreiten samt Tagesbetreuung, Geländeritte, Kutsch- und Kremserfahrten und Voltigieren an. Letzteres auch für Behinderte.

Beim **Hof Viervitz** (Viervitz 3a, Tel. (0 38 38) 30 94 02), einem Western- und Englisch-Reithof in Zirkow, können Sie Reitunterricht nehmen. Reiterferien für Kinder, Ausritte und Kinderreiten gehören ebenfalls zum Angebot.

25 Mecklenburger Warmblüter sowie Haflinger und deutsche Reitponys stehen auf dem **Reiterhof Wiktor** (Zubzow, Tel. (03 83 09) 13 57) in Trent bereit für Geländeritte, Reitunterricht und Dressurreiten. Eine Reithalle sowie jeweils ein Dressur- und Springplatz gehören u. a. zum Anwesen.

## SPORT & SPIEL

Im Sport- und Freizeitzentrum **Störtebeker Sport Hotel** (Bergenerstr. 1, 18573 Samtens) können Sie Hallentennis (vier Felder), Badminton (fünf Felder) oder Squash (vier Courts) spielen. Zudem gibt es sechs Kegel- und Bowlingbahnen, eine 260 m² große Kletterfläche, es werden Yoga-, Aerobic- und Kampfsportkurse angeboten. Sportmuffel können Billard spielen, in der Sauna relaxen oder im Erlebnisbad plantschen. Auch ein Restaurant gibt es (Tel. (03 83 06) 22 20, nach tel. Anmeldung).

**Surfen** lernen können Sie in Suhrendorf (Windsurfing Rügen, Ostseecamp, Tel. (03 83 05) 822 40) am Strand der Insel Ummanz (► 105). Dort befindet sich das größte stehtiefe Surfrevier Deutschlands. Ideal für Anfänger! Aber auch Fortgeschrittene werden von erfahrenen Surflehrern u. a. in die Kunst des Kitesurfens eingeweiht. Die Surfschule ist auch Betreiber des Rügen Surf Hostels in der Nähe.

Kinder ab drei Jahren dürfen auf einer **Gokart- und Buggy-Bahn** in Bergen (B 196 Abzweig Buschvitz, Ortsteil Zittwitz, Tel. (038 38) 20 94 85, tägl. ab 10 Uhr, Eintritt: teuer) auf Elektroautos herumkurven; Buggys werden an Kinder ab sechs, Go-Karts ab acht Jahren verliehen.

# Hiddensee

# Erste Orientierung

17 km lang, selten breiter als 3 km – das ist Deutschlands schönste Insel. Weit und breit gibt es keine abwechslungsreichere Landschaft auf so kleinem Raum. Von der Steilküste des Hochlands im Norden bis zu den flachen Salzwiesen im Süden fasziniert dieses autofreie Kleinod.

Wenn Sie von Bord der Fähre steigen, wird Ihnen als erstes das Hufgetrappel auffallen. Kutschpferde warten schon darauf, das Gepäck der Gäste zu den Hotels und Pensionen zu transportieren. Autos sind nämlich auf Hiddensee so selten wie ein Papagei auf Rügen. Nur die Feuerwehr hat eines, und dann gibt es auch noch einen Bus, der regelmäßig zwischen den drei Dörfern Kloster, Vitte und Neuendorf verkehrt. Wegen seiner faszinierenden Landschaft mit der Hochebene Dornbusch im Norden, den Stränden auf der Westseite und der Dünenheide im Zentrum hat Hiddensee von jeher Künstler und Naturliebhaber angezogen. Als bekanntester Sommerfrischler ging der Dramatiker Gerhart Hauptmann in den 1920er-Jahren auf der Insel ein und aus. Da Hiddensee Teil des Nationalparks Vorpommersche Boddenlandschaft ist, gibt es strenge Auflagen, was Bebauung und Nutzung der Landschaft betrifft. Manche Gegenden, wie die Landspitzen Bessin im Norden und Gellen im Süden sind sogar ganz gesperrt, um Flora und Fauna ungestört zu lassen. Zelten und Feuermachen ist überall auf der Insel streng verboten, und Hunde müssen stets an der Leine laufen.

**S. 117:
Ferienidyll auf
Deutschlands
schönster Insel**

**Klein, aber
fein: der
Sandstrand
in Kloster**

Radeln ist auf
Hiddensee
nicht überall
erlaubt

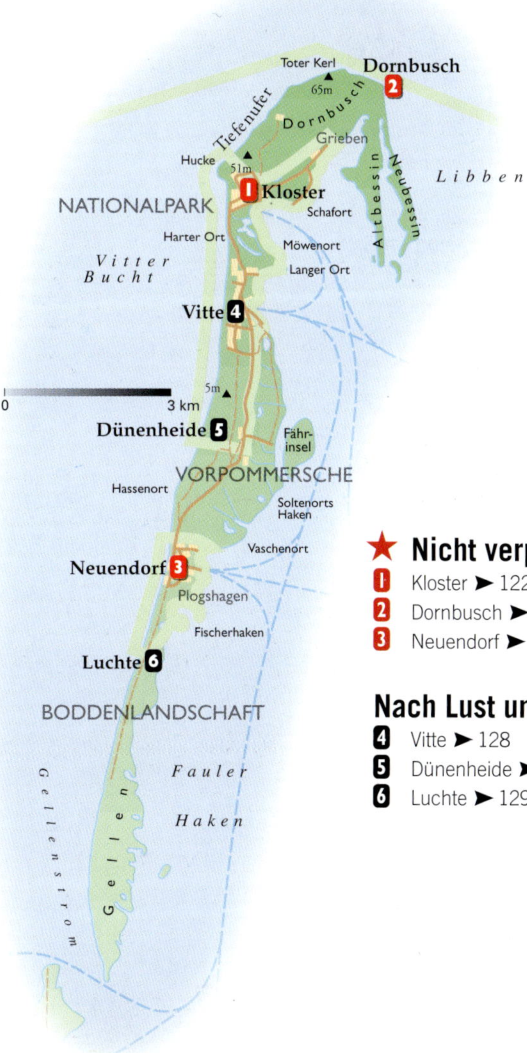

## ★ Nicht verpassen!

1 Kloster ➤ 122
2 Dornbusch ➤ 124
3 Neuendorf ➤ 126

## Nach Lust und Laune!

4 Vitte ➤ 128
5 Dünenheide ➤ 129
6 Luchte ➤ 129

# An einem Tag

**Die folgende Route ist eine Möglichkeit, wie Sie einige der interessantesten Sehenswürdigkeiten von Hiddensee an einem Tag abklappern können. Nutzen Sie die Karte (➤ 119) zur Orientierung, die einzelnen Highlights werden im Folgenden (➤ 122ff) näher beschrieben.**

## 9 Uhr

Fahren Sie mit dem Schiff (rechts) von Schaprode nach **❶ Kloster** (➤ 122) und genießen Sie die 45-minütige Überfahrt an Deck. Vom Hafen in Kloster sind es rund 10 Minuten bis zum Weststrand.

## 10 Uhr

Nehmen Sie ein kleines Sonnenbad, bevor Sie von dort den Steiluferweg Richtung **❷ Dornbusch** (➤ 124) erklimmen. An mehreren Stellen gehen vom Strand aus Treppen hinauf. Lassen Sie die Ausflugsgaststätte *Zum Klausner* (➤ 125) links liegen und laufen Sie immer Richtung Leuchtturm (rechts). Von oben haben Sie einen herrlichen Ausblick über Hiddensee und Rügen.

## 11.30 Uhr

Zurück können Sie den Weg über Grieben (unten; ➤ 125) nehmen; einfach am Leuchtturm links ins Tal hinunterlaufen. Nach ca. 15 Minuten sind Sie in Hiddensees kleinstem Ort. Kehren Sie im Gasthaus *Enddorn* ein und erholen Sie sich von der Wanderung bei einem Fischessen. Oder löschen Sie Ihren Durst in der *Bilderkneipe Enddorn* (➤ 130) nebenan mit einer großen Apfelsaftschorle.

# 13 Uhr

Spazieren Sie in 15 Minuten nach **❶ Kloster** (➤ 122) zurück und besichtigen Sie das Gerhart-Hauptmann-Haus. Dann fahren Sie am besten mit einer Pferdekutsche über Vitte bis nach **❸ Neuendorf** (oben; ➤ 126) im Süden der Insel. Sie können aber auch den regelmäßig verkehrenden Schulbus dorthin benutzen. Lassen Sie sich einmal durch das Dorf kutschieren und staunen Sie über die merkwürdig großzügige Anordnung der reetgedeckten Häuser. Steigen Sie danach am Strand aus und legen Sie dort eine Siesta ein. Vielleicht haben Sie Lust auf ein Bad?

# 15 Uhr

Wenn Sie genug von der Sonne haben, fahren Sie mit dem Bus zurück bis nach **❹ Vitte** (➤ 128). Oder Sie laufen die rund 5 km dorthin immer am Strand entlang. In Vitte kehren Sie in die *Hiddenseeklause* (➤ 131) ein. Dort gibt es hervorragenden Milchkaffee und selbst gebackenen Kuchen. Oder Sie nehmen im *Fischbistro* (➤ 131) am Hafen ein verspätetes Mittagessen ein. Später können Sie einen Rundgang durch Hiddensees »Hauptstadt« machen und sich am Seglerhafen z. B. die beiden Bauhaushäuser von Max Taut anschauen. Gegenüber der Blauen Scheune (rechts unten) finden Sie im Souvenirshop *Eisbär und Meer* (➤ 132) alles, was Ihre Lieben daheim erfreuen könnte, z. B. Fischerhemden, Bernstein und Produkte aus Sanddorn.

# 17 Uhr

Je nachdem, wie zeitig Ihr Schiff von Vitte aus zurückfährt, können Sie noch ein paar Stündchen am Strand verbringen. Vielleicht möchten Sie aber auch mit Ihren Kindern noch eine Theatervorstellung in der *Seebühne* (➤ 132) besuchen?

# ⓞ Kloster

**Das Dorf im Norden der Insel gilt als kulturelles Zentrum mit Kirche, Heimatmuseum und Gerhart-Hauptmann-Haus. Früher machten hier viele Künstler Urlaub.**

Idyllisch schmiegt sich das Dorf an die dicht bewachsenen Hügel des Dornbuschs. Bäume überragen die skandinavisch anmutenden Häuser, und ständig klappern die Pferdehufe der verkehrenden Kutschen. Wenn um die Mittagszeit auch noch die Uhr des Kirchturms schlägt, könnte man glatt meinen, dies sei ein Dorf in den Bergen. Das Meer hält sich hier nämlich gut versteckt: auf der Westseite hinter den Dünen und Steilklippen des Dornbuschs, im Osten hinter den Weiden der Boddenlandschaft. Kloster ist wegen seiner geschützten Lage so ziemlich der einzige Ort auf Hiddensee, in dem Sie auch bei kräftigen Windstärken die Hauptstraße noch gerade entlanggehen können! Dort kommen Sie in jedem Fall an Hiddensees einziger **Kirche** mit dem Grab des berühmten Dramatikers Gerhart Hauptmann vorbei. Die Kirche mit rosenverzierter Decke steht tagsüber offen. Das Gotteshaus stammt aus dem 15. Jh. und ist letztes Zeugnis des Klosters, das dem Dorf den Namen gab. Vom 13. bis 16. Jh. hatte der Zisterzienserorden hier mit zwölf Mönchen einen Sitz. Die Reformation machte dem Kloster ein Ende, der Bau verfiel und wurde im Dreißigjährigen Krieg entgültig zerstört.

Von Engeln beschützt: die Inselkirche

### Künstlertreff und Dramatikerheimat

Viele Künstler und Kulturschaffende hat es einst nach Kloster gezogen. Neben Gerhart Hauptmann besaßen die Stummfilmdiva Asta Nielsen und Gret Palucca, die Tanzpädagogin aus Dresden, Häuser auf Hiddensee und trafen sich in Kloster u. a. in der 1904 erbauten Jugendstilvilla Lietzenburg des Holzhändlers und Malers Oskar Kruse.

Das **Gerhart-Hauptmann-Haus** ist heute ein sehr interessantes Museum mit der Originaleinrichtung des Autors. Weinkeller, Bibliothek, Terrasse und Park vermitteln eine Ahnung davon, dass Hauptmann auf Hiddensee zu leben und zu genießen wusste. Eine Ausstellung im Haus informiert über Hauptmanns Wirken, seine Theaterstücke und Bücher. Am westlichen Ortsausgang hält Hiddensees Heimatmuseum die Stellung in der alten Seenotstation. Dort können Sie sich ausführlich informieren u. a. über die Zeichen an den Eingängen

alter Hiddenseer Häuser, die so genannten Hausmarken (► 13), die übrigens nicht nur auf Hiddensee üblich waren, um den Besitz zu kennzeichnen. Interessant ist auch das Modell der einstigen Klosteranlage im Obergeschoss und die Replik des Hiddenseer Goldschmucks aus dem 10. Jh., der 1872 entdeckt wurde (► 25). Im Untergeschoss ist eine schöne Bernsteinkollektion zu sehen.

**Heute ein Museum: das Gerhart-Hauptmann-Haus**

## KLEINE PAUSE

Ein Kuriosum ist das Lokal *Zum kleinen Inselblick* (Birkenweg 2, Tel. (03 83 00) 680 01, April–Okt. Mi–Mo 12–23.30 Uhr, Nov.–März geschl.). Hier können Sie nicht nur hervorragend Aalsuppe essen, sondern auch die Einrichtung gleich kaufen.

---

✚ 178 A3

### Inselkirche
☎ (03 83 00) 328   ⊕ tägl. 8 Uhr–Einbruch der Dämmerung   ✋ frei

### Gerhart-Hauptmann-Haus
✉ Kirchweg 13   ☎ (03 83 00) 397   ⊕ Mai–Okt. tägl. 10–17 Uhr;
April Mo–Sa 11–16 Uhr; Nov., März Di–Sa 11–14 Uhr; Dez.–Feb. Do 11–14 Uhr
✋ mittel   ❓ www.gerhart-hauptmann.de

### Heimatmuseum
✉ Kirchweg 1   ☎ (03 83 00) 363
⊕ April–Okt. tägl. 10–16 Uhr, Nov.–März Fr/Sa 11–15 Uhr   ✋ preiswert

## KLOSTER: INSIDER-INFO

**Top-Tipp:** Besuchen Sie eines der **Sommerkonzerte** im Wohn- und Arbeitszimmer Gerhart Hauptmanns. Auch regelmäßig stattfindende Lesungen haben hier ihr ganz besonderes Flair. (Programminfo: Tel. (03 83 00) 397)

# **2** Dornbusch

Ein wunderschönes Hochland mit Wald-, Wiesen- und Steil-
küstengebiet erstreckt sich nördlich von Kloster bis an den
Nordrand der Insel. Hier steht das Wahrzeichen der Insel,
der 1888 erbaute Leuchtturm.

Vom Schlusswiek, einem 72 m hohen Hügel, sendet das
Leuchtfeuer Dornbusch, so der offizielle Name, seine Licht-
zeichen bis zu 45 km weit und hilft den Schiffen auf der
Ostsee bei der Orientierung. Aber auch Wanderern gilt der
**Leuchtturm**, der 27 m weit in den Himmel ragt, als Ziel und
Wegmarkierung. Steigen Sie unbedingt zur Aussichtsplattform
in 20 m Höhe hinauf. Einen solch herrlichen Ausblick bis
nach Stralsund und über die Insel Rügen haben Sie sonst weit
und breit nirgendwo!

**Den Leuchtturm
erblickt man
schon von
weitem**

### **Phantastisches Hochland, so weit das Auge reicht**

Wege durch den Dornbusch gibt es etliche. Der Hauptweg
führt von Kloster aus steil bergan, vorbei an grasenden Kutschpferden. Links und rechts des Weges wuchern Dornenbüsche,
was den Namen dieses Inselgebirges erklärt. Vor allem Sanddorn wächst hier, aber auch Vogelbeere und gelb blühender

## GRIEBEN

Wie Perlen reihen sich die paar Häuschen entlang der Dorfstraße des ältesten eigenständigen Dorfes auf Hiddensee, das 1279 erstmals schriftlich erwähnt wurde, aneinander. Urlauber schätzen die vergleichsweise sehr ruhige Lage des Ortes am Bodden. Während in den drei anderen Inseldörfern im Sommer das Leben tobt, sorgen hier höchstens Wanderer und Radler auf der Durchreise für ein bisschen Trubel. Zwei Reetdachhäuser stammen noch aus dem 18. Jh.

Ginster. Für die rund 500 m bis zum ersten Aussichtspunkt brauchen Sie schon ein bisschen Kondition. Dort laden dann zwei Holzbänke zum Verschnaufen ein. Der Blick gen Süden über die Insel ist phantastisch! Keine 10 m weiter geht der Hauptweg rechts um die Kurve. Er führt zur Steilküste und zum Gasthaus *Zum Klausner*. Wenn Sie erst mal den Leuchtturm besichtigen wollen, nehmen Sie an der Kurve den Weg geradeaus. Hinter der nächsten Hügelkuppe ist nicht nur der Wald plötzlich zu Ende, sondern auch der Leuchtturm liegt direkt vor Ihnen: umgeben von weitem, kargem Hochland, dessen Gras eine Herde Schafe kurz hält.

### Steiler Aufstieg zur Aussichtsplattform

Haben Sie sich entschieden, die 102 Stufen bis zur Aussichtsplattform hinaufzusteigen? Keine Sorge, Sie schaffen es, zumal alle 20 Stufen ein Klappstuhl bereitsteht. Die letzte Etappe ist allerdings ein bisschen strapaziös, denn oben wird es richtig steil. Und ziehen Sie den Kopf ein: Die Tür zur Plattform endet in 1,65 m Höhe!

**Auch Ungeübte schaffen Wanderungen durch den Dornbusch**

**KLEINE PAUSE**

Das Gasthaus *Zum Klausner* (im Dornbuschwald, tägl. ab 11 Uhr) hat im Dornbusch gewissermaßen eine Monopolstellung, denn es ist das einzige. Probieren Sie den selbst gebackenen Kuchen oder frisch gefangenen Dorsch. Von der Terrasse aus hören Sie weit unten das Meer rauschen, das Gasthaus steht direkt an der Steilküste.

✚ 178 B3–4

**Leuchtturm Dornbusch**
☎ (03 83 00) 504 56
🕐 Mai–Okt. tägl. 10.30–16 Uhr, Nov.–April je nach Wetterlage

## DORNBUSCH: INSIDER-INFO

**Top-Tipp:** Wer schlecht laufen kann, sollte sich eine **Pferdekutsche** rufen (▶ 132). Damit werden Sie bis vor die Tür des Klausner-Wirts gefahren. Von dort sind es noch 500 m bis zum Leuchtturm.

**Außerdem:** Mehrmals wöchentlich starten **geführte Wanderungen** entlang des Steilufers im Dornbusch. Wer teilnimmt, sollte gut zu Fuß sein – drei Stunden sind Sie mindestens unterwegs. Treffpunkt ist am Heimatmuseum Kloster. Termine erfahren Sie bei der Touristeninformation Hiddensee oder im Internet unter www.hiddensee.de

# 3 Neuendorf

**Sandwege statt Straßen und jede Menge Platz zwischen den Rohrdachhäusern machen Neuendorf zu einem ganz besonderen Ort. Ein eigener Hafen hält die Verbindung mit dem Festland aufrecht.**

Im ersten Augenblick werden Sie sich in Neuendorf wie auf einem Campingplatz fühlen. Alle Häuser sind in geraden Reihen mit Ausrichtung nach Süden gebaut. Zwischen den einzelnen Reihen gibt es keine Straßen, stattdessen Wiesen von der Breite eines Fußballfeldes. Weder Zäune noch Gärten

**Am Neuendorfer Hafen halten auch die Rügen-Fähren**

grenzen die weiß getünchten Häuser voneinander ab. So dürfte Neuendorf eines der kleinsten Dörfer auf größtmöglicher Fläche in Deutschland sein. Rund 300 Insulaner wohnen hier, im Sommer sind es ungefähr noch mal so viele Urlauber, die die Abgeschiedenheit Neuendorfs schätzen. Hier gibt es keine Strandpromenade mit Eisverkäufern, stattdessen Ruhe und Einsamkeit hinter den Dünen. Viermal am Tag legt die Fähre von Schaprode im Hafen an und sorgt für ein bisschen Betrieb auf den Trampelpfaden zwischen den Häusern. Feriengäste kommen und gehen, der Postbote kurvt mit seinem Fahrrad von Haus zu Haus. Das ist dann aber auch schon alles.

**SPIELE FÜR GROSS UND KLEIN**

Eine Augenweide ist der Neuendorfer **Kinderspielplatz** am nördlichen Ortsrand mit originell gestalteten Spielgeräten des Zwickauer Künstlers Jo Harbort. Während die lieben Kleinen herumturnen, können Sie nebenan Ihren Partner auf einem **Großschachplatz** an der frischen Luft matt setzen. (Spielplatz ganzjährig geöffnet, Schach von Mai–Sept.)

### Einmalige Dorfanlage und schöner Strand

Wegen seiner straßenlosen Eigentümlichkeit wurde das rund 300 Jahre alte Neuendorf unter Denkmalschutz gestellt. An vielen rohrgedeckten Häusern sind noch Hausmarken (► 15) zu sehen, die einst als eine Art Familienwappen dienten. Besonders stolz sind *de Süder*, wie die Bewohner genannt werden, auf ihren Strand. Der ist nämlich breiter als in Kloster und Vitte. Spaziergänge zum rund 2 km weiter südlich gelegenen Leuchtturm Luchte (► 129) oder durch die angrenzende Dünenheide (► 129) im Norden bescheren unvergleichliche Naturerlebnisse.

**Ein idyllisches Ausflugsziel ist der Leuchtturm im Süden**

### Eine Hand voll Häuser

Am ältesten sind die Häuser in **Plogshagen** ganz im Süden. Diese winzige Ortschaft besteht aus wenigen Häusern und wurde schon 1236 gegründet, zur selben Zeit also wie das Zisterzienserkloster im Norden Hiddensees.

Hinter den Häusern Plogshagens fällt eine Art Deich auf. Dieser Damm wurde gebaut, nachdem eine Sturmflut vor 130 Jahren die Insel hier in zwei Hälften geteilt hatte.

**Schilfrohr wird zum Dachdecken genutzt**

Das ist übrigens auch der Grund, weshalb etliche Häuser auf kleinen Sandhügeln stehen. So manches Hochwasser hat nämlich den Bewohnern schon nasse Füße im Wohnzimmer beschert. Hier liegt Hiddensee nur knapp über dem Meeresspiegel.

### KLEINE PAUSE

Gute internationale Küche wird in der Gaststätte der Pension *Stranddistel* serviert. Wer mal etwas anderes als Ostseefisch essen möchte, bestellt z.B. die hausgemachten Tortellini. (Plogshagen 15, Tel. (038300) 393, Mi–Mo tägl. ab 11 Uhr, im Winter Öffnungszeiten tel. erfragen.

✚ 178 A2

# Nach Lust und Laune!

### ❹ Vitte

Das kulturelle wie auch verwaltungstechnische Zentrum Hiddensees ist gleichzeitig auch das betriebsamste und größte Dorf der Insel. 650 Einwohner verdienen ihr Geld mit Pensionen, Hotels, Kutschpferden und Souvenirshops. Hier steht auch der einzige größere Supermarkt. Sogar ein kleines Theater hat Vitte, die Seebühne (➤ 132). Im Sommer etwa neunmal täglich verkehrt das Fährschiff während der Sommersaison zwischen Vitte und Schaprode und bringt neue Waren und Urlauber. Berühmt ist die Blaue Scheune (Norderende 175), ein auffällig blau gestrichenes Bauernhaus aus dem 18. Jh., das privat genutzt wird. Auch das rund gebaute Haus der ehemaligen Stummfilmdiva Asta Nielsen am nördlichen Dorfrand (Zum Seglerhafen) zieht viele Bewunderer an. Es wurde

Haus statt. Dort befindet sich auch die interessante Inselbibliothek. Benannt ist das Haus nach der gleichnamigen Malerin, Schriftstellerin und Gründerin des Hiddenseer Künstlerinnenbundes (1867–1937).

Der Linienverkehr der Reederei Hiddensee bringt die Urlauber auch direkt nach Vitte

✠ 178 A3

**Tourist-Information**
✉ Norderende 162 (im Rathaus)
☎ (03 83 00) 642 26
🕘 Mai–Sept. Mo–Fr 9–17, Sa, So 10–12 Uhr; Okt. u. April Mo–Fr 9–16 Uhr; Jan.–März, Nov./Dez. Mo–Fr 9–15 Uhr

**Henni-Lehmann-Haus**
✉ Wiesenweg 2   ☎ (03 83 00) 607 60
🕘 Veranstaltungen bitte tel. erfragen

---

**FÜR KINDER**
- **Spielplatz** in Neuendorf (➤ 126)
- Besteigung des **Leuchtturms** (➤ 125)
- **Kindertheater** in der Seebühne (➤ 132)

---

Anfang der 1920er-Jahre vom Bauhausarchitekten Max Taut entworfen. Ebenfalls nach Plänen von Max Taut wurde das Haus Weidermann nebenan erbaut, es ist auch als Henny-Porten-Haus bekannt. Der Besitzer Karl Weidermann war ein Verehrer der damals bekannten Schauspielerin und benannte das Haus mit dem markanten asymmetrischen Dach nach ihr. Ein weiteres Wahrzeichen des Ortes ist die Windmühle neben dem Nationalparkhaus. Sie ist in Privatbesitz. Lesungen, Konzerte, Dia-Vorträge und auch Kabarett finden während des ganzen Jahres im Henni-Lehmann-

**NATIONALPARKHAUS**
Da Hiddensee mitten im Nationalpark Vorpommersche Boddenlandschaft liegt, wurde 1998 am Ortsausgang von Vitte Richtung Kloster ein Nationalparkhaus (Norderende 2, Tel. (03 83 00) 680 41, April–Okt. tägl. 10–16 Uhr, Nov.–März tägl. 10–15 Uhr) eingerichtet. Dort können Sie sich über die geschützte Natur informieren. Von hier starten mittwochs geführte Wanderungen nach Altbessin, einem Vogelschutzgebiet.

## 5 Dünenheide

Zwischen Vitte und Neuendorf erstreckt sich dieses wunderschöne 250 ha große Naturschutzgebiet, das sich ideal für Wanderungen (➤ 164) und Tierbeobachtungen eignet. Hier können Sie verschiedene Dünenarten kennen lernen. Grau- und Gelbdünen etwa sind bewachsen mit Silbergras, Heide und Sträuchern. Ein Naturlehrpfad erklärt, wie sich das Biotop aus Dünen, Tieren und Pflanzen im Gleich-

**ABSEITS DER TOURISTENWEGE**

1 km südlich des Leuchtturms beginnt das Vogelschutzgebiet Gellen. Kraniche, Wildgänse, Enten- und Watvögel brüten hier. Aber auch vom Aussterben bedrohte Vogelarten wie die Zwergseeschwalbe. Im gesamten Gellen gilt: Betreten verboten!

gewicht hält. Kreuzottern gibt es hier etliche, weshalb Sie unbedingt festes Schuhwerk tragen sollten. Die seltenen Tiere stehen unter Naturschutz und dürfen auf keinen Fall getötet werden! Beachten Sie, dass die Dünenheide auf der östlichen Seite der Straße nach Neuendorf geschütztes Gebiet

ist und daher hier das Betreten verboten ist. Auf der Ostseeseite können Sie sich frei bewegen und Heidekraut pflücken.
✚ 178 A2–3

## 6 Luchte

Am Südende der Insel blinkt ein zweites Leuchtfeuer, der 10 m hohe Süderleuchtturm, der 1905 erbaut wurde. Seit 1306 wird an dieser Stelle schon den Schiffen auf dem Weg von und nach Stralsund der Weg gewiesen. In früheren Zeiten stellten Mönche des Zisterzienserklosters hier eine so genannte Luchte auf, die mit Holz und Teer befeuert wurde. Von den Einheimischen wird der Leuchtturm noch heute als Luchte bezeichnet. Ein knapp 2 km langer Spaziergang führt von Neuendorf hierher. Beachten Sie auch die schönen Salzwiesen unterwegs. Sie heißen so, weil sie regelmäßig vom Meerwasser befeuchtet werden. Vor allem Badegäste zieht es zum breiten schönen Strand an der Luchte.
✚ 178 A2

**LEHRREICHE WANDERUNGEN**

Das Nationalparkamt veranstaltet naturkundliche Wanderungen durch die Dünenheide. Treffpunkt ist jeweils um 10 Uhr an der Gaststätte *Heiderose* (➤ 131). (April–Okt. Di, Dauer: ca. 2 Std., Infos: Tel. (03 83 00) 680 41)

# Wohin zum …
# Übernachten?

**Preise**
Preise für ein Doppelzimmer mit Frühstück pro Nacht:
€ unter 50 Euro     €€ 50–125 Euro     €€€ über 125 Euro

## KLOSTER UND GRIEBEN

### Enddorn €€

Idyllischer geht es kaum. In diesem direkt am Bodden gelegenen Hotel finden Sie selbst im Hochsommer Abgeschiedenheit und Ruhe. Das Hochland des Dornbuschs liegt direkt vor der Tür, ebenso die Weite des Naturschutzgebiets Bessin. Die 22 Doppel-, Einzel- und Mehrbettzimmer sind zweckmäßig eingerichtet, manche verfügen über eine kleine Terrasse.

178 B3   Dorfstr. 6, 18565 Grieben
(03 83 00) 460, Fax (03 83 00) 666 18
www.enddorn.de

### Hitthim €€

Direkt am Hafen liegt diese traditionsreiche schöne Fachwerkvilla, die schon in den 1920er-Jahren Urlaubsgäste beherbergte. Die vier Einzel- und 20 Doppelzimmer verfügen teilweise über einen Balkon. Am schönsten sind die Zimmer mit dem Blick über den Hafen. Im Hotelrestaurant wird feine regionale Küche, u. a. mit frischem Ostseefisch, serviert. Zum Weststrand benötigen Sie lediglich 10 Minuten zu Fuß. Fahrräder für Ihre Touren können direkt im Hotel ausgeliehen werden.

178 A3   Hafenweg 8, 18565 Kloster
(03 83 00) 66 60, Fax (03 83 00) 666 18
www.hitthim.de

### Wieseneck €–€€

Mitten im Ort befindet sich diese traditionsreiche Pension mit Restaurant. Wen das Hufgeklapper der zahlreichen vorüberfahrenden Kutschen nicht stört und wer gerne in Gesellschaft ist, wird sich wohl fühlen. Eine schöne Terrasse bietet idyllische Ausblicke zum Bodden. Gute, solide Hausmannskost wird im Restaurant aufgetischt. Günstig sind die Doppelzimmer mit Bad auf der Etage.

178 A3   Kirchweg 18, 18565 Kloster
(03 83 00) 316, Fax (03 83 00) 680 24
www.wieseneck-hiddensee.de

## VITTE

### Godewind €€–€€€

Gleich mehrere Häuser mit insgesamt 15 Ferienwohnungen und 31 Hotelzimmern gehören zur Anlage, die mitten in Vitte liegt. Ländlich eingerichtet, bietet das Areal bäuerliches Flair, teilweise unter Dachschrägen. Ein gemütliches Restaurant im Hauptgebäude mit Biergarten bietet regionale Küche. Zum Strand und zum Fährhafen sind es zu Fuß nur ein paar Minuten.

178 A3   Süderende 53, 18565 Vitte
(03 83 00) 66 00, Fax (03 83 00) 66 02 22
www.hotelgodewind.de

## NEUENDORF

### Windflüchter €–€€

Direkt am Neuendorfer Ostseestrand gelegen. Hier finden Sie alles, was einen idealen Inselurlaub ausmacht: Wellenrauschen im Ohr, Salzgeruch in der Nase und viel Ruhe, um auszuspannen. Geschmackvoll eingerichtete Apartments unterm Reetdach lassen auch bei schlechtem Wetter keine Langeweile aufkommen. Hier können Sie es sich mit einem guten Buch gemütlich machen, während die Regenwolken vorbeiziehen.

178 A2   Pluderbarg 1, 18565 Neuendorf
(03 83 00) 364, Fax (03 83 00) 365
appartementhaus-windfluechter.m-vp.de

# Wohin zum …
## Essen und Trinken?

**Preise**

Die Preisangaben gelten pro Person für ein Essen ohne Getränke:

€ unter 10 Euro     €€ 10–20 Euro     €€€ über 20 Euro

## KLOSTER

### Weinrestaurant Hedins Oe €€

Eines der besseren Lokale der Insel mit gehobener Küche und ausgesuchten Weinen aus fast allen Teilen der Erde. Fisch wird hier nicht nur auf landestypische Art zubereitet. Mediterrane Einflüsse kommen auch bei der Einrichtung zu Geltung. Wer unschlüssig ist, wird bei der Weinauswahl gut beraten. Aber natürlich gibt es hier auch Bier zu trinken.

✚ 178 A3  ✉ Mühlberg 43, 18565 Kloster  ☎ (03 83 00) 273  ✪ April–Okt. tägl. 12–20 Uhr

## VITTE

### Annemarie's Fischkist €

Für alle, die auf die Schnelle gut und günstig essen möchten, ist dieser Imbiss die richtige Adresse. Fischbrötchen, Rührei, Räucheraal und Aalsuppe können Sie draußen an kleinen Tischchen im Stehen essen oder mit an den Strand nehmen.

✚ 178 A3  ✉ Süderende 61, 18565 Vitte  ☎ (03 83 00) 265  ✪ Sommer tägl. ab 14 Uhr, Nebensaison tägl. ab 16 Uhr

### Fischbistro €

Hier wird Ihnen fangfrischer Fisch direkt vom Kutter serviert, denn das Bistro ist unmittelbar am Hafen gelegen. Der geräucherte Fisch stammt aus eigenem Rauch, die Fischbrötchen sind lecker. Maritime Einrichtung mit Fischköpfen an den Wänden. Im Sommer werden auch Cocktails angeboten.

✚ 178 A3  ✉ Achtern Dieck 20, 18565 Vitte  ☎ (03 83 00) 607 47  ✪ April–Okt. tägl ab 10 Uhr

### Heiderose €–€€

Mitten in der Dünenheide gelegen, ist das Restaurant mit dem schönen Biergarten ein idealer Ausflugsgasthof. Dementsprechend voll ist es an manchen Tagen. Hausgebackenes Brot aus dem eigenen Steinbackofen und selbst geräucherter Fisch schmecken nach einer Radtour nochmals so gut.

✚ 178 A2  ✉ In den Dünen 127, 18565 Vitte  ☎ (03 83 00) 630  ✪ März–Nov. tägl. ab 11.30 Uhr

### Hiddenseeklause €

Gemütliches kleines Café-Restaurant mit Bistromobiliar und leckeren Fischgerichten. Hier kehren viele Tagesausflügler kurz vor der Abfahrt der Fähre ein, um bei Milchkaffee oder frisch gezapftem Pils schnell noch ein paar Ansichtspostkarten zu schreiben. Nach den Vorstellungen in der Seebühne (► 132) kommen auch die Theaterbesucher und Schauspieler.

✚ 178 A3  ✉ Wallweg 2–4, 18565 Vitte  ☎ (03 83 00) 504 00  ✪ Mai–Okt. tägl. ab 11 Uhr, Nov.–April tägl. 11.30–16 Uhr

## NEUENDORF

### Gasthaus & Café Rosi €

Spezialität ist Butterfisch vom Lavasteingrill mit hausgemachter Aiolisoße, aber auch das gegrillte Kotelett mit Spiegelei schmeckt. Für den schnellen Hunger gibt es Brathering aus dem Fass mit Bratkartoffeln. Als Dessert empfiehlt sich selbst gebackener Sanddornkuchen.

✚ 178 A2  ✉ Pappelallee 11, 18565 Neuendorf  ☎ (03 83 00) 501 68  ✪ April–Okt. Di–So ab 11 Uhr

# Wohin zum … Einkaufen?

## SOUVENIRS

Fischerhemden, Mützen, Seemannspullover, Silberschmuck u. a. gibt es bei **Eisbär und Meer** (Norderende 178a, Tel. (03 83 00) 605 34, Ostern–Okt. u. Jahreswechsel tägl. 10–18 Uhr) gegenüber der Blauen Scheune in Vitte. Souvenirs wie Hiddensee-Memory oder Gedenkmünzen erhalten Sie in der **Hiddensee-Information** in Kloster am Hafen und im Haupthaus in Vitte (▶ 128). Auch online können Sie Souvenirs einkaufen unter www.seebad-hiddensee.de. In der **Bernstein-Werkstatt** (Mühlberg 17, Tel. (0171)194 69 61, tägl. 10–17 Uhr) können Sie nicht nur sehen, wie aus dem Rohmaterial schöner Schmuck wird, sondern auch gleich einkaufen.

# Wohin zum … Ausgehen?

## FAHRRADVERLEIH

Im Sommer sollten Sie die Räder besser vorbestellen. Im Winter ist es ratsam, ebenfalls vorher anzurufen, da manche Verleihstationen zu sind. In Kloster am Hafen gibt es den **Fahrradverleih Mirko Pehl** (Hafenweg Nr. 4, Tel. (03 83 00) 437). In Vitte verleiht und repariert **Fahrrad-Müller** (Wallweg 2, Tel. (03 83 00) 464) Fahrräder. In Neuendorf können Sie beim **Freizeitcenter Elisabeth Leschner** (Schaulbarg Nr. 7, Tel. (03 83 00) 477) Drahtesel leihen. Außerdem verleihen fast alle größeren Hotels eigene Fahrräder. Die Leihgebühr für ein Fahrrad beträgt überall 5–10 Euro pro Tag. Tipp: Testen Sie unbedingt sofort Bremsen und Gangschaltung.

## KUTSCHFAHRTEN

Kutsch- und Kremserfahrten bietet der **Fuhrmannshof Neubauer** (Hafenweg 10, Tel. 01 71 / 189 28 07) in Kloster an, auch Waren- und Gepäcktransport. Der **Fuhrmannshof & Fahrradverleih Hiddensee** (Wiesenweg 1 a , Tel. (03 83 00) 680 15) übernimmt in Vitte Transporte aller Art mit dem Pferd. In Neuendorf bietet der **Fuhrmannshof Mach** (Dörpstraat 23, Tel. (03 83 00) 501 96) Kutschfahrten an.

## SCHIFFSAUSFLÜGE

Die **gängigen Schiffsverbindungen** von allen drei Dörfern auf Hiddensee können Sie über Tel. (0180) 321 21 50 erfragen.

Daneben können Sie auch jederzeit eines der **drei Wassertaxen der Reederei Hiddensee GmbH** (Achtern Diek 4, 18565 Vitte, Tel. (03 83 00) 210) buchen. Die Überfahrt nach Schaprode, Wiek, Breege oder Stralsund kostet pro Schiff zwar mindestens 65 Euro, ist aber auch schneller.

Ein Erlebnis bescheren die Tagestörns mit dem Zeesboot **Sophia Theresa** (Tel. (0162) 131 24 54, www.hiddensee-segeln.de).

## KULTURLEBEN

Die **Seebühne** (Wallweg 2, Tel. (03 83 00) 605 93, www.hiddenseebuehne.de, Eintritt: mittel) ist ein kleines kulturelles Schmuckkästchen. Neben Kindertheater am Nachmittag gibt es Theater- und Filmveranstaltungen am Abend. Ein kleines Kino mit fünfzig Plätzen befindet sich seit Sommer 2011 im Feuerwehrgebäude in Neuendorf (Krämerstraat 10, Tel. (03 83 00) 501 99, www.seebad-hiddensee.de, Eintritt mittel).

# Stralsund

# Erste Orientierung

Vor 500 Jahren war Stralsund eine der reichsten Städte im Ostseeraum. Das sieht man noch heute: Beeindruckende Architektur der Backsteingotik wie die riesigen Kirchen und ein prachtvolles Rathaus zeugen von der einstigen Macht der Hansestadt.

Seitdem Stralsunds Altstadt nach der Wende restauriert wurde, schwärmen nicht nur Architekturfans von der einzigartigen Atmosphäre in der historischen Seehandelsstadt. Auch international wird Stralsund hoch geschätzt – gemeinsam mit Wismar gehört Stralsund seit Juni 2002 zum Welterbe der Unesco! Benannt nach der *Insula strala*, der heutigen Insel Dänholm, über die auch der Rügendamm führt, trägt Stralsund einen spitzen Pfeil im Wappen. Sowohl im Germanischen als auch im Slawischen bedeutet *Stral* Spitze oder Pfeil. Spitzenleistungen haben die Stralsunder bis heute im Schiffsbau und Seehandel erbracht.

Direkt gegenüber von Rügen gelegen, ist Stralsund schon immer eng verbunden gewesen mit der großen Insel. Heute machen immer mehr Rügenurlauber auf dem Weg zum Ostseestrand Halt in der Stadt und sind begeistert: von der Gastfreundschaft der Stralsunder und der wunderbaren Altstadt mit ihren historischen Backsteinbauten.

Dieses alte Wappen aus der Schwedenzeit ist auf dem Rathaus über dem Eingangsbereich zu sehen

Seite 133: Beeindruckende Stadt am Meer

Vor einer solchen Kulisse legt jeder gerne an

## Nach Lust und Laune!



## ★ Nicht verpassen!

# An einem Tag

Die folgende Route ist eine Möglichkeit, wie Sie einige
der interessantesten Sehenswürdigkeiten von Stralsund an einem
Tag abklappern können. Nutzen Sie die Karte (➤ 135)
zur Orientierung, die einzelnen Highlights werden im Folgenden
(➤ 138ff) näher beschrieben.

## 10 Uhr

Besuchen Sie die ❶ St. Marienkirche (➤ 138) und staunen Sie über die
Pracht der riesigen Barockorgel von Friedrich Stellwagen und den Marienkrönungsaltar aus dem 15 Jh. Steigen Sie auch auf den 104 m hohen
Aussichtsturm. Von oben haben Sie einen wunderbaren Blick auf die Stadt
und den Strelasund. Hinterher können Sie sich viel leichter orientieren.

## 11 Uhr

Genehmigen Sie sich einen Kaffee in der *Brasserie* (unten; ➤ 139) am
Neuen Markt. Bei schönem Wetter können Sie im lauschigen Hof draußen
sitzen. Sollte gerade Markttag sein (freitags), schlendern Sie die Markt-
stände entlang und genießen Sie die Atmosphäre des Bauernmarktes
mit seinen Spezialitäten aus der Region.

## 12 Uhr

Gehen Sie über die Mönchstraße, den Apollonienmarkt und die Ossenreyerstraße durch die Fußgängerzone bis zum ❷ Alten Markt (➤ 140).
Stellen Sie sich dort am besten in die Mitte des Marktplatzes und lassen
Sie die einmalige Backsteinarchitektur auf der Südseite auf sich wirken.
Schauen Sie dann auch ins Innere des Rathauses mit seinen interessanten Wandelgängen. Man kann sich gut vorstellen, wie hier früher Händler
ihre Ware wie auf einem orientalischen Bazar feilboten.

# 13 Uhr

Zu Mittag essen können Sie auf der Nordseite des Alten Marktes im Wulflam-Haus (links). Probieren Sie dort in den *Wulflamstuben* (➤ 152) die gegrillte Ente oder Brotpudding – typisch pommersche Gerichte. Wenn Sie es moderner lieben, setzen Sie sich – ebenfalls direkt am Alten Markt – auf die schöne Terrasse des Café-Restaurants *Zum Goldenen Löwen* (➤ 142). Hier bekommen Sie nicht nur frische sommerliche Salate und andere leichte Kost, sondern auch einen guten Cappuccino.

# 14 Uhr

Werfen Sie einen Blick in die St. Nikolaikirche (oben) neben dem Rathaus und besichtigen Sie den barocken Hauptaltar und die astronomische Uhr im Innern. Von der St. Nikolaikirche zum Katharinenkloster, in dem sich u. a. das Deutsche Meeresmuseum befindet, sind es zu Fuß höchstens 10 Minuten. Auch zum neuen Ozeaneum am Hafen ist es nicht weit. Schauen Sie sich unterwegs auch eines der beiden Stadttore der massiven **5 Stadtbefestigung** (➤ 146) an. Sie zeigen, wie stark die Stadt sich im Mittelalter gegen Feinde zu wappnen wusste.

# 15 Uhr

Für den Besuch im **3 Deutschen Meeresmuseum** oder im **Ozeaneum** (➤ 143) sollten Sie mindestens 2 Stunden einplanen. Anschließend gehen Sie die Böttcherstraße vom Museum aus bis zum *Café Kelm* (➤ 151). Gönnen Sie sich einen der leckeren Eisbecher und ruhen Sie sich ein wenig von den vielen Eindrücken des Tages aus. Später können Sie dann – je nach Lust und Laune – noch einen Spaziergang durch die Gassen der Stadt machen und z. B. das **6 Johanniskloster** (➤ 146) besichtigen.

# ❶ St. Marienkirche

104 m ragt der mächtige Kirchturm über die Stadt. Auch innen imponiert die St. Marienkirche durch ihre Größe: Mit 96 m Länge, 41 m Breite und im Mittelschiff 33 m Höhe ist sie die größte Backsteinkirche im Ostseeraum. Von der Aussichtsplattform haben Sie einen tollen Blick über die Stadt.

Schriftlich erwähnt wurde die St. Marienkirche erstmals 1298. In ihrer jetzigen Form existiert die Kirche aber erst seit 1478, da das alte Gebäude unter seinem eingestürzten Turm begraben wurde. Über 90 Jahre lang bauten die Stralsunder damals am neuen Gotteshaus! Der Turm hatte bis zu einem Brand durch Blitzeinschlag 1641 sogar eine Höhe von 151 m. Die barocke Turmhaube in der heutigen Höhe stammt von 1708. Die Weite des Kirchenschiffs ist beeindruckend. Zumal selbst bei bewölktem Wetter so viel Licht durch die vielen jeweils 105 bis 115 m² großen Fenster einstrahlt, dass es innen taghell ist. Die Schätze der Kirche können Sie auf diese Weise in ihrer ganzen Schönheit betrachten.

### Schätze im Inneren

Besonders beeindruckend ist die imposante **Barockorgel** mit den riesigen Herolden und Engeln, die über dem Kirchenschiff thront. Jede Figur ist ca. 2 m groß! Erbaut wurde das gewaltige Instrument 1653–59 von Friedrich Stellwagen, einem damals berühmten Orgelbauer. Rund 3500 Pfeifen sorgen für den richtigen Klang, die größte Pfeife misst 10 m, die kleinste lediglich 1 cm. Die aufwändig restaurierte Orgel ist die größte Mitte des 17. Jhs. gebaute Orgel, die in Europa heute noch besteht.

Ein weiteres Highlight ist der **Marienkrönungsaltar** aus dem 15. Jh. Er stammt ursprünglich aus einer mecklenburgischen Dorfkirche, wurde eingelagert und 1992–99 restauriert.

Die vier **Kronleuchter** im Mittelschiff stammen aus dem 15. und 16. Jh. Der größte von ihnen ganz vorn wird von einem Pelikan verziert, der sich die Brust aufschlitzt. Dies soll den Opfertod Jesu Christi symbolisieren.

**Der Flügelaltar erstrahlt in goldfarbenem Glanz**

<table>
<tr><td>

**Die Kirche ist ein Meister-werk der Backsteingotik**

</td><td>

Interessant sind auch die **Grabkapellen** und **Wandmalerei-en** in den Seitenschiffen. Viele Bildnisse stammen aus dem 15. Jh. Am nördlichen Chorumgang befindet sich die Begräbniska-pelle des Grafen Küssow, die 1659 angelegt wurde. Nebenan steht die Bruderschaftskapelle, die einst als Sakristei diente und heute als Winterkirche der Gemeinde genutzt wird. Be-trachten Sie unbedingt die Malerei an der Gewölbedecke, ein schreiender Mann, dessen Mund als Öffnung in die Mauer ein-gemeißelt wurde.

Ein paar Schritte weiter, sozusagen am Bug des Kirchenschiffs, sehen Sie das einzige Buntglasfenster der Kirche, es wurde erst 1913 eingesetzt. Gehen Sie um den Marienaltar herum, gelangen Sie zum Grabmal des schwedischen Grafen Lilljenstedt, das als bedeutendstes Marmorbildnis der Barockzeit in Pommern gilt.

</td></tr>
</table>

### KLEINE PAUSE

In der *Brasserie* (Neuer Markt 2, tägl. ab 9 Uhr) am Neuen Markt können Sie bei Kaffee, Salaten und Tagesgerichten ange-nehm verweilen. Flinker Service, moderate Preise und schöner Hofgarten.

---

✚ 186 A2

### St. Marienkirche

✉ Neuer Markt  ☎ (038 31) 29 89 65  🕐 Mai, Juni Mo–Sa tägl. 10–17 Uhr; Juli–Sept. Mo–Fr 9–18, Sa, So 10–17 Uhr; Okt.–Dez. Mo–Sa 10–12 u. 14–16, Sa, So 10–12 Uhr; Jan–März Di–Fr 10–12 u. 14–16, Sa 10–12 Uhr, So immer erst nach dem Gottesdienst (ca. 11 Uhr)  ✋ Kirche: frei; Turm: mittel

## ST. MARIENKIRCHE: INSIDER-INFO

**Top-Tipps:** »Kirchenraum in Licht und Zeit« heißt eine beindruckende **Licht-Ton-Show**, die regelmäßig in der Kirche aufgeführt wird. Die genauen Termine erfahren Sie bei der Gemeindeverwaltung.

■ Alle 14 Tage wird von Juni bis September Mittwochabends um 20 Uhr ein kostenloses **Orgelkonzert** gegeben.

# 2 Rund um den Alten Markt

Rathaus, St. Nikolaikirche und Wulflam-Haus machen den Alten Markt zu einem der schönsten Plätze des Nordens. Besonders das Rathaus mit seinen Spitzgiebeln und den Verbindungsgängen ist ein beeindruckendes Gebäude der norddeutschen Backsteingotik.

Stellen Sie sich am besten auf die nördliche Seite des Marktes, dann können Sie **Rathaus** und St. Nikolaikirche, beide aus dem 13. Jh., in ihrer ganzen Pracht bewundern. Die Schmuckwand, die das Rathaus zum Norden und Osten hin abschließt, ragt stolz mit Zierfenstern, hinter denen nichts als der blaue Himmel hervorlugt, in die Höhe. Solche Art Ziergiebel wurden im 14. Jh. auch in anderen Hansestädten an die Rathäuser angebaut, doch ist die Architektur in Stralsund besonders prachtvoll ausgefallen. Die Wappen aller Hansestädte wurden über den Fenstern im 1. Stock angebracht, um an den Bund der Hanse zu erinnern. Da das Rathaus zeitweise auch als Kaufhaus diente, gab es in den Gängen im Innern des Gebäudekomplexes wie auf einem Basar Verkaufsstände. Die Nischen für die Stände zwischen den Säulen sind noch zu sehen. Erbaut wurde diese Ladengalerie 1680.

**Ziergiebel wie hier auf dem Rathaus sind typisch für die Backsteingotik**

## Mächtiges Gotteshaus

Ein Verbindungsgang führt zur **St. Nikolaikirche**. Diese Kirche, benannt nach dem heiligen Nikolaus, Schutzpatron der Seefahrer, wurde erstmals 1276 schriftlich erwähnt und gilt als älteste Pfarrkirche Stralsunds. Mit ihrem 86 m langen und bis zu 29 m hohen Innenraum ist sie genau wie die Marienkirche ein riesiges Gotteshaus, das die Patrizier und Räte Stralsunds als Zeichen ihres Wohlstands im 13. Jh. ausbauen ließen und mit einer Doppelturmanlage versahen. Auffällig ist, dass den südlicheren der beiden Türme, der 102 m hoch ist, ein Kupferhelm schmückt, der nördlichere dagegen nur ein Flachdach besitzt, weil er nach einem Brand im Jahr 1662 nicht wieder aufgebaut worden ist.

## Kostbare Kirchenschätze

Interessant ist im Inneren vor allem der Barockaltar von Andreas Schlüter mit dem Schnitzrelief *Das Auge Gottes* und einer Abendmahlsdarstellung. Die astronomische Uhr aus dem Jahr 1394 auf der Rückseite des Hochaltars gilt als die älteste ihrer Art weltweit. Auf dem Ziffernblatt können Sie die Stellung von Sonne, Mond und Fixsternen sowie die Tageszeit ablesen. Auch das barocke Taufgehäuse von Elias Keßler beeindruckt: Die Ornamente an den Ecken stehen für Glaube, Liebe, Hoffnung und Geduld. Auf dem Baldachin ist Johannes der Täufer abgebildet.

Seit 1980 wird die Kirche restauriert, immer wieder werden mittelalterliche Wandmalereien entdeckt und freigelegt. Im Gegensatz zur St. Marienkirche ist es in St. Nikolai zuweilen so dunkel, dass Sie, je nach Tageszeit, die Dame am Infostand bitten müssen, für mehr Beleuchtung zu sorgen. Sie schaltet dann noch Lampen dazu.

## Häuser mit uralten Backsteingiebeln

Das **älteste Haus der Stadt** steht in der Mühlenstraße, fast am Alten Markt. Es stammt aus dem späten 13. Jh. Vor allem der imposante Pfeilergiebel beeindruckt, er ist einer der ältesten erhaltenen Giebel der Backsteingotik. 2003 wurde das Haus nach jahrzehntelangem Leerstand umfassend saniert. Erhalten

blieben ein Backofen aus dem 17. Jh. und zwei Längsgalerien in der Diele.

Zwei Häuser weiter steht das gotische **Dielenhaus**, ein wunderschönes Backsteingebäude aus dem 15. Jh. mit verziertem Giebel. Es war ein typisches Kaufmannshaus mit breitem Eingang zum bequemen Beliefern mit neuen Waren. Manchmal finden hier Ausstellungen statt. Erkundigen Sie sich, was gerade geboten wird.

### KLEINE PAUSE

Den schönsten Blick auf das Rathaus und die St. Nikolaikirche haben Sie von der Terrasse des *Goldenen Löwen* (Alter Markt 1, tägl. 10–24 Uhr, im Sommer ab 9 Uhr) aus. Hier gibt es Kaffee in vielerlei Varianten und eine kreative Speisekarte u. a. mit Fisch- und Wildgerichten, die den Versuch lohnen.

---

✚ 186 B3/4

**St. Nikolaikirche**
✉ Alter Markt   ☎ (038 31) 29 71 99
🕐 April–Okt. Mo–Sa 10–18, So 13–17 Uhr,
Nov.–März Mo–Sa 10–16, So 13–16 Uhr
✋ mittel

**Dielenhaus**
✉ Mühlenstr. 3   ☎ (0 38 31) 29 78 88
🕐 tägl. 9–18 Uhr   ✋ frei

## WULFLAM-HAUS

Gegenüber vom Rathaus befindet sich das prachtvolle Wulflam-Haus aus dem 14. Jh. Es ist benannt nach den einstigen Besitzern, der Bürgermeisterfamilie Wulflam. Auch hier ziert ein wunderschöner Giebel das schmale Backsteinhaus. Die Ornamente ähneln denen in der Schmuckwand des Rathauses. Im Erdgeschoss befindet sich heute ein altdeutsches Gasthaus, die *Wulflamstuben* (▶ 152). Auch wenn Sie dort nichts essen möchten, lohnt sich ein Blick in die hofartige Diele des Hauses. So wie hier sah es früher in den meisten Häusern der Hansestädte aus.

### RUND UM DEN ALTEN MARKT: INSIDER-INFO

**Top-Tipp:** In der St. Nikolaikirche finden von Juni bis September mittwochs um 20 Uhr **Orgelkonzerte** statt. Genauere Informationen bei der Tourismuszentrale Stralsund (Alter Markt 9, Tel. (038 31) 246 90) oder in der Kirche.

# 3 Meeresmuseen

**In keiner anderen Stadt in Deutschland können Sie so viel über Meere und ihre Bewohner erfahren wie in Stralsund. Gleich drei Museen befassen sich mit der Wissenschaft der Ozeane.**

Am bekanntesten ist das 3500 m² große **Deutsche Meeresmuseum** im ehemaligen Dominikanerkloster St. Katharinen. Neben einer Fischereiausstellung mit Modellen der verschiedenartigsten Fangflotten und -schiffe thematisiert das Meeresmuseum Flora und Fauna der südlichen Meere, Meereskunde, die Biologie der Weltmeere, etc. Interessant ist etwa die Meeresbodendarstellung des Atlantiks im Erdgeschoss: ein großes Gebirge mit tiefen Tälern, die Inseln der Azoren schauen als Wipfel heraus.

**Walskelett im Meeresmuseum**

## Highlights des Meeresmuseums

Absolut einzigartig in Deutschland ist das 350 000 l fassende **Schildkrötenaquarium** mit verschiedenen großen Suppen- und Karettschildkröten. Die riesigen, bis zu 1,30 m langen Tiere scheinen in dem als Korallenriff gestalteten 4 m tiefen Wasserbecken zu schweben. Ursprünglich leben Suppenschildkröten in warmen Gewässern, u. a. im Pazifik, Atlantik und im Mittelmeer. Karettschildkröten kommen u. a. in der Karibik und im Indischen Ozean vor. Die riesige präparierte Lederschildkröte im 2. Obergeschoss wurde 1965 lebend vor Stralsund gefangen. Sie ist die einzige ihrer Art, die jemals in der Ostsee gesichtet wurde. Auch die präparierte Riesenkrake und die Japanische Riesenkrabbe sind beeindruckend. Die Krabbe mit ihren bis zu 3 m langen spinnenartigen Beinen lässt selbst nervenstarken Menschen einen Schauder über den Rücken laufen. Ein 15 m langes Finnwal-Skelett und ein 5 m hohes Korallenriff aus dem Roten Meer sind weitere Attraktionen des Museums. In

einer eigenen Abteilung befinden sich zahlreiche **Aquarien** mit Fischen aus aller Welt. Schauen Sie sich vor allem die putzigen Seepferdchen an und natürlich die Kraken.

Auffällig ist das Museum auch wegen seiner **Architektur**. Unter gotischen Bögen führt Sie die Ausstellung durch die über 750 Jahre alten Hallen und Gänge des Klosters. Seit der Reformation wurden die Gebäude weltlich genutzt, u. a. als Gymnasium und Waisenhaus. Im Katharinenkloster befindet sich auch das Kulturhistorische Museum (➤ 148).

## Ozeaneum

Ein Meereskundemuseum der Superlative ist 2008 am Stadthafen entstanden. Sie können auf einer Fläche von 8700 m² die Unterwasserwelt der Nord- und Ostsee und des nordatlantischen Polarmeers erleben. Das größte Aquarium, ein Schwarmfischbecken, fasst 2,6 Mio. Liter Wasser. Tausende Heringe und Makrelen ziehen an den Besuchern vorbei. Im Nordseeaquarium werden die Lebensräume der Nordsee, des Nordatlantiks und des Polarmeeres präsentiert. Helgoland ist ein Tunnelaquarium gewidmet, in dem neben Tangfeldern auch Taschenkrebse und Riesenkrabben zu sehen sind. Weiterer Höhepunkt ist ein Gezeitenbecken, das im 30-Minuten-Takt Ebbe und Flut simuliert. Eines der weltweit längsten Korallenriffe – länger als das Great Barrier Riff – liegt in den Gewässern des Atlantiks und erstreckt sich von Norwegen bis Marokko. Seine Tiefseekorallen, werden im Ozeaneum ebenfalls präsentiert.

## Nautineum Dänholm

Die Außenstelle des Deutschen Meeresmuseums auf der Halbinsel Dänholm informiert über Meeresforschung, Fischerei, Walfang und Seezeichen. Hier befindet sich auch das

Fischerboot im Hof vor dem Meeresmuseum

begehbare 14 m lange **Unterwasserlabor Helgoland**, ein Meilenstein deutscher Meeresforschungstechnik. In der **Bootshalle** sind historische Kutter und Arbeitsboote sowie Fanggeräte zu sehen. Wie Boote gebaut werden, können Sie in der **Bootsbauerei** erfahren.

## KLEINE PAUSE

Das modern eingerichtete Selbstbedienungsrestaurant *Tartaruga* im Deutschen Meeresmuseum direkt am Rande des Schildkrötenbassins sorgt für die entspannte Rast nach dem Museumsbesuch.

### GORCH FOCK 1

Seit 2004 liegt die über 70 Jahre alte Gorch Fock 1 im Hafen, ein Dreimaster, ein Vorgänger des Bundesmarine-Schulschiffs Gorch Fock. Bei der Besichtigung besonders interessant sind Offiziersunterkünfte, Kombüse und Kapitänssalon. (186 C4, An der Fährbrücke, April–Okt. tägl. 10 bis 18 Uhr, ONov.–März 10–16 Uhr, Eintritt: mittel)

### Deutsches Meeresmuseum

186 A3  Katharinenberg 14/20  (0 38 31) 26 50 210  Mai–Okt. tägl. 10–18 Uhr, Nov.–April tägl. 10–17 Uhr  teuer  www.meeresmuseum.de

### Nautineum Dänholm

182 B2  Dänholm-Süd  (0 38 31) 28 80 10  Juni-Sept. tägl. 10–18 Uhr, Mai, Okt. tägl. 10–17 Uhr, Nov.-April geschl.  Bus 2, Haltestelle Dänholm  mittel  www.meeresmuseum.de

### Ozeaneum

186 D3  Hafenstraße 3  (038 31) 26 50 610  tägl. 9.30–19 Uhr, Juni–Sept. 9.30–21 Uhr  teuer  www.ozeaneum.de

## MEERESMUSEEN: INSIDER-INFO

**Top-Tipps:** Montags, mittwochs und freitags können Sie im Meeresmuseum immer um 13.15 Uhr **Fütterungen** von Schildkröten, dienstags und Freitags von Haien Kraken beiwohnen.

■ Viel Spaß haben Groß und Klein im Meeresmuseum bei den **Familiensonntagen** im Winter und während der Ferienaktion **Ferienspaß**. Dann dürfen Kinder den Wärtern beim Reinigen der Aquarien zuschauen, basteln und Fragen stellen, die das Fachpersonal kindgerecht beantwortet. In den Ferien werden auch Tagesexkursionen für Kinder nach Hiddensee organisiert (Termine tel. erfragen).

# Nach Lust und Laune!

### 4 Schill-Gedenkanlage

Ein erfolgloser, aber tapferer Kämpfer war Ferdinand Baptista von Schill, der die Stadt 1809 aus den Fängen der Truppen Napoleons befreien wollte und dabei starb. Der kleine Park mit Denkmal (1909) ganz in der Nähe des Kniepertores eignet sich ideal für ein Mittagspäuschen auf der Parkbank. Herrlich ist der Blick aufs Wasser des Strelasunds. Eine **Schill-Gedenkplatte** befindet sich übrigens vor dem Haus in der Fährstraße 21, dort, wo der Held der Stadt niedergeschossen wurde.
**186 A/B 4–5** ✉ Knieperwall

### 5 Stadtbefestigung

Eine beeindruckende Stadtmauer und zwei Stadttore zeigen noch, wo die Stadt früher ihre Grenzen hatte. Das **Kniepertor** im Norden wurde 1293 erstmals schriftlich erwähnt. Ein Gedenkstein im Durchgang soll an den Mitkämpfer Schills erinnern, Gustav von Peterson, der hier von Napoleons Soldaten erschossen wurde. Am nördlichen Ausgang des Stadttores befindet sich am Olof-Palme-Platz das 1916 eröffnete Stadttheater (▶ 154). Das gut erhaltene **Kütertor** aus dem 15. Jh. befindet sich am Ende der Heilgeiststraße.
**186 A/B 3–4**

### 6 Johanniskloster

Nur noch eine bewachsene Ruine ist übrig geblieben von der Kirche des Franziskanerklosters aus dem 13. Jh. Hier finden im Sommer häufig Freilichtkonzerte statt. Die Nachbildung der Pietà des Bildhauers Ernst Barlach und ein hübscher Rosengarten gehören zur Anlage. Im Klausurgebäude befindet

**Das Kütertor im Westen der Altstadt**

**Stralsunds drittes großes Gotteshaus: die St. Jakobikirche**

sich das Stralsunder Stadtarchiv, das über eine fast lückenlose Dokumentation der Stadtgeschichte und der Hanse seit dem 13. Jh. verfügt. Die kleinen restaurierten Fachwerkhäuschen, einstige Wohn- und Wirtschaftsgebäude der Mönche, werden heute privat genutzt. Unbedingt anschauen sollten Sie sich die prachtvolle Barockbibliothek des Klosters im Klausurgebäude. Sie verfügt über rund 1 Mio. Bände! Bemerkenswert ist der so genannte Räucherboden, der weit und breit seinesgleichen sucht. Hier endeten die Schornsteine aus den Räumen darunter und verräucherten den Dachstuhl, der auf diese Weise konserviert wurde. Der Dachstuhl kann besichtigt werden.

**186 B4 Schillstr. 27/28**
**(038 31) 29 42 65 Mi–So. 10–18 Uhr, Führungen Di. 14 Uhr, Konzerttermine bitte tel. erfragen frei**

## 7 St. Jakobikirche

Die jüngste der drei großen Pfarrkirchen entstand zu Beginn des 14. Jhs. zwischen Stralsunder Alt- und Neustadt. Ein Blitzschlag 1662 und der Zweite Weltkrieg verursachten starke Beschädigungen. Derzeit wird das Gotteshaus umfassend restauriert und dient zurzeit als Kulturkirche, d. h. es finden regelmäßig Konzerte, Lesungen und Theater statt, aber kaum Gottesdienste. Ungewöhnlich ist, dass der chorlose Bau im Emporenbereich einen Saal besitzt, der für Veranstaltungen genutzt werden kann.

**186 B3 Jacobiturmstr. 28 a**
**(038 31) 30 96 96 zu Veranstaltungen, Termine müssen tel. erfragt werden; Führungen nach tel. Vereinbarung**
**frei; zu Veranstaltungen: teuer**

### ABSEITS DER TOURISTENWEGE

Gehen Sie westlich vom Kniepertor die Schillstraße entlang bis zur Hausnummer 35. Dort, am Ende einer kleinen Passage, können Sie einen Blick auf die Stadtmauer werfen. Hier liegt die Stadt rund 5 m höher, weshalb die Bebauung in der Schillstraße mit der Mauerkrone eine Ebene bildet und darauf sogar Häuser stehen und Bäume wachsen. (186 A4)

## 8 Heilgeistkloster

Ein so schön restaurierter Spitalkomplex ist selten: Kleine ein- und zweigeschossige Reihenhäuschen vermitteln ein dörfliches Idyll, in dem sich heute unter Stralsundern begehrte Wohnungen befinden. Besonders der Kirchgang, der die Anlage mit der Heilgeistkirche verbindet, ist ein exotischer Wohnort. Ein Kloster gab es hier noch nie, stattdessen diente die Anlage, erstmals erwähnt im

13. Jh., als Siechenhospital. Interessant ist, dass die Heilgeistkirche aus dem 15 Jh. auf der Ostseite in Höhe der Empore Türen zum Kirchgang hat. Hier wurden früher die unheilbar Kranken, die im Spital gepflegt wurden, in die Kirche eingelassen.
186 C3　Wasserstr.　(038 31) 29 04 46　die Anlage ist jederzeit zugänglich, die Kirche nur im Juli, Aug. Mo–Sa 10–12/15–17 Uhr, sonst nach tel. Vereinbarung　frei

### 9 Schiffer-Compagnie

Die Schiffer-Compagnie ist seit 1488 ein Traditionsverein für Seefahrer. Sie wurde von den Seeleuten einst gegründet, um sich gegen die Allmacht der Kaufleute zu wappnen, und ist seit 1635 in der Frankenstraße behei-

**Das Kulturhistorische Museum befindet sich im Katharinenkloster**

matet. Hier treffen sich Stralsunds »Schiffsbrüder«, so die offizielle Bezeichnung der Mitglieder, auch heute noch, und es werden nicht nur Neuigkeiten ausgetauscht, sondern auch die Mitbringsel aus aller Welt gezeigt. Sie sind teilweise zu besichtigen. Staunen Sie über alte Seekarten, Schiffsglocken und -modelle im großen Saal. Der ganze Stolz der Compagnie ist das 3 m lange und 2 m hohe Modellschiff *Prinz Carl*. Die Bruderschaftsmitglieder legen Wert darauf,

kein Museum zu sein, sondern ein aktiver Verein, der seine historischen Schätze auf Anfrage der Öffentlichkeit zeigt. Wenn draußen über dem Eingang die Compagnie-Flagge weht, tagen die Brüder.
186 B2　Frankenstr. 9　(038 31) 29 04 49　nur nach tel. Vereinbarung　frei, Spenden erwünscht

### 10 Kulturhistorisches Museum

Direkt neben dem Deutschen Meeresmuseum (► 143) befindet sich im Katharinenkloster außer einer Ausstellung zur Geschichte Stralsunds auch eine der interessantesten Sammlungen zur Ur- und Frühgeschichte Stralsunds und Vorpommerns. U. a. wird hier der berühmte **Hiddenseer Goldschmuck** (► 25) aufbewahrt. Gezeigt wird er aber nur als Replik, das Original liegt im Tresor. Des Weiteren sind Grabbeigaben aus steinzeitlichen Großsteingräbern, z. B. des Herzoggrabs (► 81) bei Baabe auf Rügen, mittelalterliche Sakralkunst und Stralsunder Fayencen und Gemälde alter Meister zu sehen. Besonders beeindruckt der ehemalige Speisesaal der Mönche, eine wunderschöne gotische Säulenhalle mit Kronleuchtern, die u. a. für Konzerte genutzt wird.
186 A2　Mönchstr. 25/27　(038 31) 287 90　tägl. 10–17 Uhr, Nov–Jan. Mo geschl., Führungen nach tel. Vereinbarung　mittel

### FÜR KINDER

- Besteigung des **Turms der St. Marienkirche** (► 138)
- Meeresmuseen und insbesondere das **Kinderprogramm im Deutschen Meeresmuseum** (► 146)
- **Tierpark** und **Hansedom** (► 149)

## ⓫ Tierpark

Vor den Toren der Stadt bieten 16 ha Land rund 1000 Tieren ein Zuhause. 120 verschiedene Arten und rund 80 Haustierrassen teilen sich das Gelände. Neben Löwen, Schimpansen, Kängurus und Papageien gibt es eine ganze Menge Tiere zu sehen, die vom Aussterben bedroht sind, z. B. das Kaukasische Zwergzebu-Rind und das rauwollige Pommersche Landschaf. Auch das Weißbüscheläffchen und eine Herde europäischer Weißer Esel können Sie anschauen. 2005 wurde ein neues, mit Spenden finanziertes Gehege für Braunbären und Löwen fertig gestellt. Verbinden Sie einen Besuch im Tierpark mit einem Spaziergang im benachbarten Stadtwald.

✚ 182 A3   ✉ Barther Str.
☎ (0 38 31) 29 30 33
🕐 März–Sept. 9–19 Uhr; Okt.–Feb. 9–16 Uhr
🚌 Bus 3, 4, 6 Haltestelle Strelapark
✋ mittel

## ⓬ Hansedom

Eine orientalisch anmutende Saunenwelt und die palmenbewachsene Seestern-Therme sind Publikumsmagneten. Besonders an regnerischen Tagen plantschen hier ganze Familien in der Wellenlagune, dem Wasserrutschenpark und im Wildwasserbach. Ruhesuchende zieht es hingegen eher in die zehn verschiedenen Saunen und Dampfbäder auf über 2000 m2 oder in die Wellness-Oase mit Massageangebot, Aromatherapie und Kosmetikstudio. Entspannung findet hier jeder.

✚ 182 A3
✉ Grünhufer Bogen 18–20
☎ (038 31) 373 30
🕐 tägl. 9.30–23 Uhr   🚌 Bus 4, Haltestelle Hansedom oder Strelapark
✋ teuer   ❓ www.hansedom.de

### ABSEITS DER TOURISTENWEGE

Eine der größten Schiffsbauwerften in Europa ist am Strelasund gegenüber der Insel Dänholm beheimatet. In der 300 m langen, 74 m hohen und 108 m breiten Schiffsbauhalle der **Volkswerft Stralsund** werden vor allem Containerschiffe für den internationalen Markt gebaut. Aber auch vier Postschiffe der norwegischen Hurtigruten-Linie stammen aus Stralsund. Die Werft hat derzeit 1100 Beschäftigte, zu DDR-Zeiten waren es über 8000. Damals wurden vor allem Schiffe für die Hochseefischerei gebaut.

✚ 182 B2   ✉ An der Werft 5
☎ (038 31) 660   🕐 Führungen werden regelmäßig angeboten, Termine tel. erfragen bei der Tourismusinformation Stralsund (Tel. (038 31) 246 90)
✋ mittel bis teuer, je nach Teilnehmerzahl
❓ www.volkswerft.de

# Wohin zum …
## Übernachten?

**Preise**
Preise für ein Doppelzimmer mit Frühstück pro Nacht:
€ unter 50 Euro    €€ 50–125 Euro    €€€ über 125 Euro

## Arcona Hotel Baltic €€–€€€

4-Sterne-Haus ganz in der Nähe des Hafens und der historischen Altstadt. Das komplett modernisierte Haus verfügt über 133 Zimmer und 5 Apartments, teilweise mit Blick auf die St. Marienkirche und über den Strelasund auf Rügen. Ein Restaurant sowie eine Lobbybar und ein Freizeitbereich mit Sauna sorgen für das leibliche Wohl. Fahrräder können ausgeliehen werden.

✚ 186 C2  ✉ Frankendamm 22, 18439 Stralsund
☎ (038 31) 20 40, Fax (038 31) 20 49 99
❓ www.baltic.arcona.de

## Hotel am Jungfernstieg €€–€€€

33 komfortable Zimmer und drei Suiten (einige mit Blick über den Knieperteich auf die Altstadt) bietet das 3-Sterne-Hotel wenige Gehminuten von der Altstadt entfernt. Für Radtouristen gibt es eine Selbsthilfe-Reparaturwerkstatt, einen Fahrradverleih und einen Fahrradkeller. Radler können sich auch geführten Rundtouren anschließen. Der denkmalgeschützte Jungfernstieg gehört zu den schönsten Straßen Stralsunds.

✚ 182 B2  ✉ Jungfernstieg 1b, 18437 Stralsund  ☎ (038 31) 443 80, Fax (038 31) 44 38 19  ❓ www.hotel-am-jungfernstieg.de

## Hotel An den Bleichen €–€€

In nächster Nähe zum Stralsunder Stadtwald und nur 10–15 Gehminuten von der Altstadt entfernt gelegen, finden Sie hier nach einem anstrengenden Stadtausflug Ruhe und Entspannung. Neben 23 behaglichen Zimmern mit Dusche und WC gibt es auch Sauna und Solarium. Von den Zimmern haben Sie einen tollen Blick auf einen schönen Garten mit Obstbäumen und einer weit ausladenden Weide. Fahrradverleih.

✚ 182 A3  ✉ An den Bleichen 45, 18435 Stralsund  ☎ (038 31) 39 06 75, Fax (038 31) 39 21 53  ❓ www.hotelandenbleichen.de

## Hotel & Pension Zum Brauhaus €–€€

Historisches Fachwerkhaus, das liebevoll restauriert wurde und im Landhausstil gehalten ist. Die Zimmer sind ruhig und gemütlich. Teilweise blicken Sie auf die schön renovierte Brauerei gegenüber, die sich als Kulturbrauerei etabliert hat. Dort wird das selbst gemachte Bier im *Braugasthaus Zum Alten Fritz* (► 151) angeboten. Die Altstadt ist ca. 2 km entfernt, ein Bus fährt regelmäßig ganz in der Nähe ab.

✚ 182 B2  ✉ Greifswalder Chaussee 54, 18439 Stralsund
☎ (038 31) 27 05 33, Fax (038 31) 27 05 32,
❓ www.pension-quast.de

## Kontorhaus €€

Modernes Haus direkt am Hafen. Wer maritimes Flair schätzt, ist hier genau richtig. Von den Zimmern haben Sie einen schönen Blick auf den Sund und die Hafenanlagen. Die Fähre nach Hiddensee legt nicht weit entfernt ab. Viele Schiffe liegen in direkter Sichtweite. Sollten Sie also mit dem Schiff anreisen, können Sie Ihre Yacht vom Zimmer aus überwachen. 18 gepflegte Zimmer, darunter zwei stilvoll eingerichtete Panoramasuiten, lassen keine Wünsche offen.

✚ 186 C3  ✉ Am Querkanal 1, 18439 Stralsund
☎ (038 31) 28 98 00, Fax (038 31) 28 98 09
❓ www.kontorhaus-stralsund.de

# Wohin zum …
## Essen und Trinken?

**Preise**
Die Preisangaben gelten pro Person für ein Essen ohne Getränke:
€ unter 10 Euro     €€ 10–20 Euro     €€€ über 20 Euro

## Braugasthaus Zum Alten Fritz €–€€

Verschiedene Biersorten aus eigener Brauerei werden zu deftigen regionalen Speisen gereicht. Der Fisch kommt in Form von Matjes, gebratenem Dorsch und Brathering auf den Tisch. Haxen im Biersud oder Bierkutschersteak vom Schweinenacken sind weitere Spezialitäten. Das Rindfleisch stammt von den ökologisch gehaltenen Tieren des Betreibers. Beheimatet ist das urige Gasthaus in einem hübsch restaurierten Gebäude auf dem Gelände der Stralsunder Brauerei. Schöner Biergarten.

✠ 182 B2  ✉ Greifswalder Chaussee 84–85, 18439 Stralsund  ☎ (038 31) 25 55 00  ⊕ tägl. ab 11 Uhr  ❓ www.alter-fritz.de

## Café Kelm €

Kleines gemütliches Café in der Altstadt mit täglich frischen Kuchen und Torten. Auch die Eisbecher sind eine Sünde wert! Spezialität ist der Wallenstein-Eisbecher mit Heidelbeeren und Eierlikör. Vormittags können Sie hier frühstücken und mittags Würstchen oder Suppe essen.

✠ 186 B3  ✉ Böttcherstr. 31, 18439 Stralsund  ☎ (038 31) 66 77 90  ⊕ Mo–Sa 10–19 Uhr, So 11–18 Uhr

## Fischbistro Nur Fisch €

Fischbrötchen, Bismarckhering oder gebratenen Dorsch mit Petersilienkartoffeln können Sie hier schnell und unkompliziert essen. Bestellt wird am Tresen oder am Tisch, der Service ist flink und freundlich und erklärt dem Gast beiläufig wie der Bismarckhering zu seinem Namen kam: Er ist eine Stralsunder Erfindung und wurde 1871 zu Ehren Bismarcks so benannt, nachdem dieser sein Einverständnis gegeben hatte.

✠ 186 A3  ✉ Heilgeistr. 92, 18439 Stralsund  ☎ (038 31)30 66 09  ⊕ Juni–Sept. Mo–Fr 10–18, Sa 11–16 Uhr; Okt.–Mai Mo–Fr 10–17, Sa 11–14 Uhr  ❓ www.nurfisch.de

## Fischhalle am Hafen €

Frischer geht's kaum: Wer hier eine gebratene Scholle mit Bratkartoffeln genießt, kann sich sicher sein, dass der Fisch noch vor kurzem durch die Ostsee geschwommen ist. Die Karpfen werden natürlich lebend verkauft, auch alle anderen Fische gibt es zum Mitnehmen. Täglich wechselnde Fischgerichte, u. a. auch Austern, können Sie im Stehen an kleinen Tischchen oder in einer Ecke auf Holzbänken einnehmen. Ein authentischer Ort für Nordlichter und solche, die es gerne wären.

✠ 186 C3  ✉ Neue Badenstr. 2, 18439 Stralsund  ☎ (038 31) 27 83 66  ⊕ Mai–Okt. tägl. 9–20 Uhr; Nov.–April tägl. 9–18 Uhr

## Hansekeller im Haus des Handwerks €–€€

Im historischen Backsteingewölbe aus dem 16. Jh. geht es zünftig zu. Mecklenburger Käsesuppe, gebratener Dorsch und Eisbein mit Sauerkraut werden freundlich serviert. Da der riesige Keller ganz in der Nähe des Meeresmuseums liegt, kehren hier viele Touristen ein. Aber auch Einheimische lassen es sich besonders abends regelmäßig schmecken.

✠ 186 A3  ✉ Mönchstr. 48, 18439 Stralsund  ☎ (038 31) 70 38 40  ⊕ tägl. 11–24 Uhr  ❓ www.hansekeller-strahl.de

## Kaffeehaus Strahl €

Wiener Kaffeespezialitäten, Sanddorn- und Sacher-Torte sind die Renner im gemütlichen Café schräg gegenüber dem Meeresmuseum. Im Sommer können Sie draußen sitzen. Im urigen Keller mit 40 Plätzen wird ab und an ein Theater-Dinner geboten, serviert von Schauspielern.

✚ 186 A3 ✉ Mönchstr. 46, 18439 Stralsund ☎ (03831) 27 85 66 ◷ tägl. 10–18 Uhr, Juni–Mitte Sept. bis 22 Uhr ❓ www.kaffeehaus-strahl.de

## Kurhaus Devin €

Ein wunderschöner Speisesaal von der vorletzten Jahrhundertwende und ein großer Biergarten machen das Restaurant zum schönen Ausflugsziel im Süden Stralsunds. Das *Kurhaus Devin* ist in der Nähe des Boddenstrands gelegen, so können Sie eine Einkehr mit einem Bad im Strelasund verbinden. Die Küche orientiert sich regional, d. h. es kommen vor allem gutbürgerliche Fisch- und Fleischgerichte auf den Tisch.

✚ 182 B2 ✉ Deviner Park 1, 18439 Stralsund ☎ (038 31) 667 63 ◷ tägl. ab 11.30–ca. 22 Uhr ❓ www.kurhaus-devin.de

## Speicher 8 €–€€

Im denkmalgeschützten Türmchenspeicher im Speichertypischen Backsteingewand sitzen Sie mit Blick auf den Großsegler Gorch Fock am Strelasund und genießen moderne internationale Gerichte aus der offenen Küche. Steakwochen oder italienische Küche als Thema sorgen für Abwechslung auf der Speisekarte. Wie wäre es etwa mit Gebratener Meeräsche auf lauwarmen Mangold oder Saltimbocca vom Kalbsrücken auf Artischocken und schwarze Oliven?

✚ 186 C4 ✉ Hafenstr. 8, 18439 Stralsund ☎ (03831) 288 28 98 ◷ tägl. 11–22 Uhr

## Tafelfreuden im Sommerhaus €€

Von der Fachpresse immer wieder hoch gelobtes Restaurant in der Nähe des Stralsunder Bahnhofs. Eine der Spezialitäten ist Chartreuse vom Fischmarkt an Zuckerschotengemüse mit hausgemachten Nudeln. Helle, freundliche Atmosphäre, die die Liebhaber guten Essens auch tagsüber anzieht.

✚ 182 B2 ✉ Jungfernstieg 5a, 18437 Stralsund ☎ (038 31) 29 92 60 ◷ Di–So ab 18 Uhr

## Wirtshaus Wallensteinkeller €–€€

Uriges Restaurant mit üppigen Portionen: die Wallensteinplatte u. a. mit Haxe, einem halben Hähnchen, Kassler, Pellkartoffeln, Bratkartoffeln, Sauerkraut und Rotkohl reicht locker für zwei bis drei Personen.

✚ 186 B1 ✉ Mühlenstr. 22, 18439 Stralsund ☎ (0 38 31) 66 79 22 ◷ tägl. ab 11.30 Uhr

## Wulflamstuben €–€€

Direkt am Alten Markt lädt Sie im Wulflam-Haus (➤ 142) dieses Traditionsrestaurant dazu ein, alte pommersche Gerichte zu probieren. Neben Fisch steht auch gegrillte Ente und Brotpudding auf der Speisekarte.

Die Atmosphäre ist allerdings leicht muffig und erinnert an frühere Tage, als dicke Tischdecken und schwerer Essengeruch in den Gasträumen noch überall üblich waren.

✚ 186 B4 ✉ Alter Markt 5, 18439 Stralsund ☎ (038 31) 29 15 33 ◷ tägl. 11–23 Uhr ❓ www.wulflamstuben.de

## Zur Fähre €

Eine der ältesten Hafenkneipen Europas ist in Stralsund beheimatet. Bis ins Jahr 1332 reichen die Wurzeln dieser altehrwürdigen Schänke zurück. Auf Bestellung werden für 7 Euro pro Person Fischbrötchen, Stralsunder Bier, der hauseigene Kümmel und die überaus wechselvolle Geschichte des Hauses gereicht. Letztere wird von Wirtin Hannelore Höppner persönlich erzählt. Urige Atmosphäre mit Holzbalken und unverputzten Wänden. Besonders im Sommer häufig voll, am besten im Voraus einen Tisch reservieren.

✚ 186 C4 ✉ Fährstr. 17, 18439 Stralsund ☎ (038 31) 29 71 96 ◷ tägl. ab 18 Uhr ❓ www.zurfaehre-kneipe.de

# Wohin zum ...
## Einkaufen?

### DIES UND DAS

Haupteinkaufsstraßen in der Altstadt sind die Fußgängerzonen Mühlenstraße, Apollonienmarkt und Ossenreyerstraße. Hier finden Sie die bekannten Foto-, Drogerie- und Modeketten, aber auch verschiedene Einzelhandelsgeschäfte. Direkt am Neuen Markt befindet sich eine **Postfiliale** (Tel. (038 31) 28 07 68, Mo–Fr 9–18, Sa 9–12 Uhr).

Jeden Freitag ab 8 Uhr gibt es auf dem Neuen Markt vor der Marienkirche einen **Wochenmarkt** von Bauern aus der Region. Hier können Sie frisches Obst und Gemüse sowie im Sommer auch Kunsthandwerk direkt von den Produzenten erwerben.

Schiffszubehör verkauft der **Hafenshop Yacht- und Schiffsausrüster** (Neue Badenstr. 4, Tel. (038 31) 29 27 63, Mo–Sa 10.30–18.30 Uhr). Neben Schwimmwesten und Segelschuhen bekommen Sie hier auch alles andere, was der Hobbyseefahrer zum Leben braucht.

### SOUVENIRS

Typische Geschenke aus Stralsund wie eine Ratsherrenkette in Alt-Messing oder ein Skatblatt mit Stralsunder Persönlichkeiten, Schlüsselanhänger, Medaillen und vieles mehr bekommen Sie im Shop der **Stralsund-Touristinformation** (Alter Markt 9, 18439 Stralsund, Tel. 246 90, www.stralsundtourismus.de Mai–Sept. Mo–Fr 9–19 Uhr, Sa 9–14; Juli, Aug. 9–16 Uhr, So 10–14 Uhr; Okt.–April Mo–Fr 9–17 Uhr, Sa 10–14 Uhr).

**Ungewöhnliche Keramik** wird in der Fährstr. 27 angeboten. Der hübsche Laden (Tel. (038 31) 28 17 16, Mo–Fr 9–18, Sa bis 12 Uhr) mit seinen unverputzten Wänden ist in einem denkmalgeschützten Haus untergebracht. Hier können Sie sich beim Stöbern Zeit lassen und mit der freundlichen Besitzerin einen kleinen Schwatz halten. Sie erzählt gerne manche Neuigkeit aus der Stadt.

Beim **Marinemaler Frank Möller** (Carl-Ludwig-Schleich-Str. 16., Tel. (038 31) 94 71 38, Mo–Fr 10–12/14–17 Uhr oder nach tel. Vereinbarung, www.marinemaler-moeller.de) können Sie nicht nur Bilder auf Bestellung malen lassen, sondern eine Auswahl Schiffsgemälde auch gleich mitnehmen. Gern lässt sich Möller in seinem galerieartigen Atelier bei der Arbeit zuschauen. Meistens bekommt er Aufträge von großen Reedereien, um neue Containerschiffe auf Seelandschaften zu verewigen. Auftragswerke kosten je nach Aufwand ab 50 Euro.

Modernen Schmuck, Keramik, Bilder und Bücher regionaler Künstler und Autoren können Sie in der **HanseGalerie** (Alter Markt (im Rathaus), Tel. (038 31) 29 28 89, Mo–Fr 11–18, Sa bis 14 Uhr, www.hansegalerie-stralsund.de) erwerben. Oft diente das Meer den ausgestellten Künstlern als Inspiration.

So genannte Kranichkeramik stellt die **Werkstatt Weber** (Knieperwall 1 c, Tel. (038 31) 39 14 55, Mo–Fr 10–18, Sa bis 13 Uhr, www.werkstatt galerie-weber.de) in der Nähe des Kütertors her. Auf fast allen Töpferwaren finden sich die Silhouetten der Vögel, die 15 km nördlich von Stralsund in Groß Mohrdorf (► 154) ihr großes Rastgebiet haben. Individuelle Töpferwaren können Sie auf Bestellung anfertigen und sich sogar nach Hause schicken lassen. Außerdem werden im Werkstattladen auch originelle Stralsund-Souvenirs verkauft, etwa Teelichter mit den typischen Giebeln der Hansestadt.

Eine große Auswahl an Weinen, Feinkost und Kaffeesorten bietet **Lebensmittel Neubauer** (Ost-West-Passage, Ossenreyer Str. 49, Tel. (038 31) 28 17 55, Mo–Fr 8–19, Sa 8–18 Uhr) in der Nähe der St. Jakobikirche. Hier finden Sie Bioprodukte, erlesenen Käse, frisches Obst und Gemüse sowie verführerische Antipasti.

# Wohin zum...
## Ausgehen?

### IN DER UMGEBUNG

Beobachten Sie die Kranichrast in Groß Mohrdorf, 15 km nördlich von Stralsund. Rund 40 000 Vögel pausieren dort alljährlich im Frühjahr und Herbst, um sich für den Weiterflug gen Norden oder Süden zu wappnen. Verschiedene Beobachtungstürme ermöglichen den Blick auf die Tiere aus nächster Nähe. Ein **Kranich-Informationszentrum** (Lindenstr. 27, 18445 Groß Mohrdorf, Tel. (03 83 23) 805 40, Juni, Juli Mo–Fr 10–16 Uhr; Aug. tägl. 10–16.30 Uhr; Nov. Mo–So 10–16.30 Uhr; Sept., Okt. tägl. 9.30–17.30 Uhr; März–Mai, tägl. 10–16 Uhr, Eintritt: frei, www.kraniche.de) informiert über Lebensgewohnheiten, Überwinterung und Brut.

### SCHIFFSAUSFLÜGE

Eine **einstündige Hafenrundfahrt** startet während der Sommersaison viermal täglich am Ippenkai bei der Stralsunder Marina (Termine erfahren Sie bei der Reederei Hiddensee, ▶ 31). Von dort geht es zunächst über den Strelasund nach Altefähr (▶ 109), dann passieren Sie den Rügendamm und kreisen einmal um die Insel Dänholm. Der Ausblick auf die riesige Halle der Stralsunder Volkswerft (▶ 149) ist beeindruckend. Gleich neben der Stelle, an der die Schiffe für die Hafenrundfahrten starten, legt auch das **Schiff nach Hiddensee** (Reederei Hiddensee, ▶ 31) ab, das während der Sommersaison täglich verkehrt. Dort können Sie auch Wassertaxis nach Hiddensee buchen. Die individuelle Fahrt zur Insel kostet allerdings mehr als die normale Schiffspassage.

### STADTFÜHRUNGEN

Führungen organisiert die **Tourismusinformation Stralsund** (Alter Markt 9, Tel. (038 31) 24 69-0, www.stralsundtourismus.de) während der Sommersaison in vielfältiger Form. Es gibt Mittelalterführungen mit einem Guide, der als Torwächter verkleidet ist, Erkundungstouren zur Hanse- und Schwedenzeit sowie Führungen mit einer verkleideten Kaufmannsfrau, die im breitesten Plattdeutsch von früheren Tagen erzählt. Die Altstadt und die Schiffs- und Werftstadt Stralsund sind weitere Themen von Touren (Mai–Okt. u. a. tägl. 11, 14 Uhr). Die Themen variieren täglich.

Sollten Sie nicht so gut zu Fuß sein, bietet sich eine Rundfahrt mit der **Hanse-Bahn** an (Tel. (038 31) 49 03 72, Mai–Okt. Mo–Sa stdl. ab 10.30 Uhr). Während der 45-minütigen Tour erklärt der Fahrer die wichtigsten Gebäude der Altstadt. Abfahrt ist am Neuen Markt bei der Marienkirche. Sonntags fährt die Bahn allerdings nicht.

### NACHTLEBEN

Leckere Cocktails zu angesagter Musik können Sie in der **tanzBar** im Keller des Restaurant *Fisherman's* (An der Fährbrücke 3, Tel. 29 23 22, Sa, So ab 22 Uhr) am Hafen genießen. In Sichtweite liegt die beliebte Hafenkneipe **Klabautermann** (Querkanal 2, Tel. (0 38 31) 29 36 28, Mai–Okt. tägl. 12–22 Uhr).

Oper, Ballett und Theater werden im **Theater Vorpommern** (Olof-Palme-Platz, Tel. (038 31) 264 66, www.theater-vorpommern.de) aufgeführt. Im **Caddy Club** am Alten Markt können Sie Musik der letzten Jahrzehnte hören und die urige Atmosphäre des alten Gewölbekellers genießen (Alter Markt 14, 18439 Stralsund, Tel. (03831) 66 78 82, Di, Do ab 19, Fr, Sa ab 21 Uhr).

# Spaziergänge & Touren

# 1 VON BINZ NACH SELLIN UND ZURÜCK

*Wanderung und Zugtour*

**LÄNGE:** 14 km
**DAUER:** 5–8 Stunden, je nach Dauer der Pausen zwischendurch
**START/ZIEL:** Seebrücke an der Binzer Strandpromenade ✚ 185 D4

**Diese Wanderung führt durch einen der schönsten Wälder Rügens. Entlang der Steilküste gehen Sie durch dichten Buchen- und Nadelwald, entdecken Moore und einen verwunschenen See. Vom Selliner Strand geht es mit dem *Rasenden Roland* weiter zum Schloss Granitz.**

## 1–2

Schauen Sie an der Binzer Seebrücke gen Süden. Dort sehen Sie schon, rund 600 m entfernt, das baumbestandende Hochufer des **Naturschutzgebiets Granitz**, durch das Ihr Weg nach Sellin führt. Folgen Sie der Strandpromenade immer in diese Richtung. Schauen Sie sich unterwegs das hübsche **Strandwärterhäuschen** des DDR-Architekten Ulrich Müther an. Ein paar Meter weiter können Sie in der **Fischräucherei** Proviant für ein Picknick unterwegs einkaufen. Am Ende der Promenade beginnt

Seite 155: Einmalig schön gelegen: Schloss Spyker

Rechts: Prachtvolle Bäderarchitektur in Sellin

das Steilufer. Eine recht steile **Holztreppe** führt hinauf zum Wanderweg nach Sellin (▶ 73).

## 2–3

An der Wegkreuzung folgen Sie links dem Wanderweg. Hier sind im Sommer auch zahlreiche Fahrradfahrer unterwegs, weshalb Sie nicht erschrecken sollten, wenn es hinter Ihnen plötzlich klingelt. Der gelb markierte Wanderweg führt durch dichten Buchenwald und geht hügelig bergauf und bergab bis zur **Kreuzeiche**, einem Wahrzeichen der Granitz.

An der Kreuzeiche führt der Weg schräg links weiter. Folgen Sie nun dem Wanderweg Richtung **Schwarzer See**, einem wunderschönen idyllischen Ort. Ein Abzweig auf der rechten Seite führt Sie zum rund 100 m entfernten See. Wenn die Insekten Sie nicht zu sehr piesacken, können Sie hier ein schönes Picknick machen.

## 3–4

Gehen Sie den Weg am See vorbei immer weiter geradeaus. Der Weg wird jetzt etwas lichter und führt an Brachen vorbei, auf denen Sie mit ein bisschen Glück Rehe beobachten können. Bald gelangen Sie wieder zum Hauptweg

nach Sellin. Folgen Sie der gelben Wegmarkierung bis zur **Gnadenkirche** von Sellin am Orts-
eingang. Die schlichte Kirche ist knapp 100
Jahre alt. 1960 wurde sie bei einem Brand
fast komplett zerstört und 1965 wieder neu
eingeweiht.

Wenn Sie hinter der Kirche an der nächsten
Straßenkreuzung links gehen, kommen Sie
zum Parkplatz an der Selliner Kurverwaltung
(▶ 75). Dort geht es rechts weiter die Warm-
badstraße entlang bis zur Wilhelmstraße, dem
Prachtboulevard Sellins mit vielen Villen im
Stil der traditionellen Bäderarchitektur. Folgen
Sie der Wilhelmstraße linkerhand, dann stehen
Sie nach rund 300 m am Steilufer und sehen
die **Seebrücke** vor sich. Genießen Sie eine
Rast am Strand, bevor Sie den Weg zur Station des *Rasenden Rolands*
antreten.

## 4–5

Gehen Sie die Wilhelmstraße
immer geradeaus bis zum En-
de. Dort biegen Sie links in die
Granitzer Straße ein. An der
Ostbahnstraße geht es rechts.
Nach rund 300 m sehen Sie schon
die Kleinbahnstation auf der rechten
Seite. Kaufen Sie sich ein Ticket und
fahren Sie mit dem *Rasenden Roland*
(Fahrplan-info: Tel. (03 83 08) 662 60)
Richtung Putbus eine Station bis Garftitz.
Gehen Sie über den Bahnübergang und folgen
Sie dem ausgeschilderten Weg zum **Schloss
Granitz** (▶ 71). Der Aufstieg ist steil, aber
vom Schlossturm haben Sie einen herrlichen
Ausblick.

## 5–6

Für den Rückweg bietet sich eine Tour mit
dem **Jagdschloss-Express** an. Er fährt Sie in
rund 40 Minuten vom Schloss direkt bis zur
Binzer Strandpromenade zurück.

**Die Schmalspurbahn *Rasender Roland* bringt Sie nach
Binz zurück**

# 2 UNTERWEGS IM NORDWESTEN

*Rundfahrt mit Spaziergängen*

**LÄNGE:** ca. 70 km
**DAUER:** 4–5 Stunden
**START/ZIEL:** Bergen ✚ 184 B5

Rügens nördliche Boddenküste hat ihren ganz eigenen Reiz. Kleine Dörfer, Hügelgräber und endlose Weiden am schilfbewachsenen Ufer erinnern eher an Schweden als an deutsche Lande. Von Bergen über Ralswiek führt der Weg zum Liddower Haken und nach Lebbin, wo Sie ein phantastischer Ausblick erwartet, und dann zum Stolper Haken, von wo Sie nach Hiddensee gucken können.

## 1–2

Von Bergen (▶ 94) geht es auf der B 96 gen Norden. Nach rund 6 km kommt links der Abzweig nach **Ralswiek** (▶ 106). Schauen Sie sich den Ort mit seinem Schloss, der Schwedenkirche und der berühmten Freilichtbühne an.

## 2–3

Fahren Sie weiter auf der Landstraße Richtung Patzig. Dort befindet sich rechterhand kurz vor dem Ortsausgang ein interessantes **Mühlenmuseum** (▶ 116), das Sie besichtigen können. Noch bis 1992 wurde hier Mehl für die Bäckereien der Umgebung gemahlen – mit einer Motormühle. Erwarten Sie daher keine Windmühlenflügel an dem Gebäude. Wenn Sie von der Mühle kommen, fahren Sie wieder ein Stück in den Ort hinein und biegen dann die zweite Querstraße links ab. Folgen Sie dem Plattenweg bis ins 1 km entfernte Woorke. Rechts sehen Sie dann schon die Grabhügel der **Woorker Berge** (▶ 111). Fahren Sie im Ort rechts und parken Sie vor den Hügeln. Je nach Lust und Laune können Sie hier ein Picknick machen, Tisch und Bänke sind vorhanden. Genießen Sie den weiten Blick über die Felder!

## 3–4

Immer gen Westen führt Sie der Plattenweg zur Landstraße Richtung Rappin. Fahren Sie rechts weiter Richtung Rappin. Nach rund 3 km kommt ein Abzweig mit einem Wegweiser

### KLEINE PAUSE

Getränke, frische Brötchen und kleine Snacks bekommen Sie beim *Zum Kuckuck* auf dem **Campingplatz Banzelvitzer Berge** (März–Okt. tägl. 9–12/ 14–17 Uhr, www.banzelvitz.de). Hier können Sie auch Ruderboote und Tretboote mieten.
Auf der Terrasse des **Guts Tribbevitz** (▶ 114) können Sie eine Pause einlegen und im Restaurant hervorragend essen.
Im Gasthaus *Fähreck* (▶ 114) in Trent gibt es mit das beste Eis der Insel!

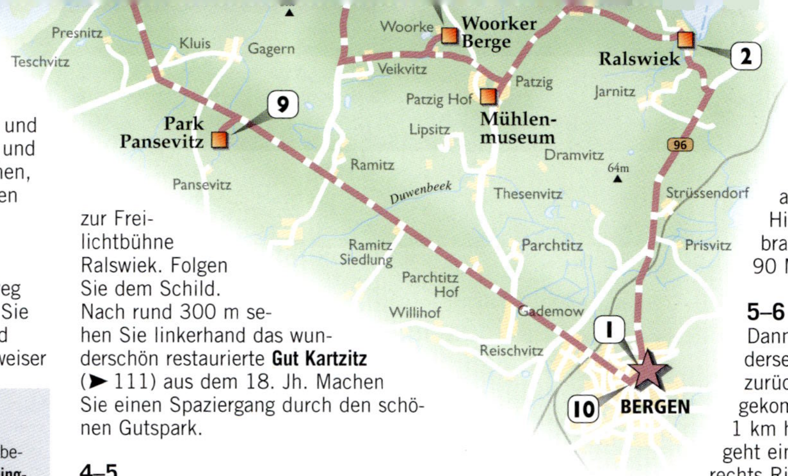

zur Freilichtbühne Ralswiek. Folgen Sie dem Schild. Nach rund 300 m sehen Sie linkerhand das wunderschön restaurierte **Gut Kartzitz** (▶ 111) aus dem 18. Jh. Machen Sie einen Spaziergang durch den schönen Gutspark.

## 4–5

Fahren Sie zurück zur Landstraße nach Rappin und biegen Sie rechts ab. Hinter Rappin gelangen Sie nach **Groß Banzelvitz**. Hier endet die Straße. Parken Sie am Campingplatz und machen Sie eine Pause am schönen Strand des Großen Jasmunder Boddens. Hier können Sie auch baden gehen. Oder vielleicht haben Sie Lust auf einen Spaziergang durch den idyllischen Wald nach **Liddow** (▶ 111)? Dort

gibt es im Gutshaus öfters Ausstellungen. Der 5 km lange Wanderweg dorthin ist ausgeschildert. Hin und zurück brauchen Sie rund 90 Minuten.

## 5–6

Dann geht es auf derselben Landstraße zurück, auf der Sie gekommen sind. Ca. 1 km hinter Rappin geht eine kleine Straße rechts Richtung Helle; ein Dorf, das komplett verlassen ist. Fahren Sie entlang der Viehweiden und Felder durch die idyllische Ortschaft immer weiter bis zum **Gut Tribbevitz**, einem Reitgestüt mit elegantem Restaurant (▶ 114). Schauen Sie sich unbedingt die edlen Trakehner auf den umliegenden Weiden an. Sie werden hier gezüchtet und sind nicht nur für Pferdeliebhaber interessant.

**GUTSPARK PANSEVITZ**

So viele seltene Pflanzen sehen Sie selten: Kaukasische Flügelnuss, Kornelkirsche, Schneebeere, Pimpernuss, Hartriegel und Blasenspiere wachsen hier u. a. auf einer Fläche von 14 ha. Vom ehemaligen Gutshaus ist nur noch eine Ruine übrig. (Tel. (038 38) 31 33 13, jederzeit zugänglich, Eintritt: frei)

## 6–7

Von Tribbevitz geht es nordwärts weiter Richtung Neuenkirchen. Fahren Sie durch den kleinen Ort immer Richtung Vieregge. Hinter der Ortschaft Moor taucht auf der rechten Seite **Hoch Hilgor** auf (➤ 111). Auf diesem Hügel steht der Grümbke-Aussichtsturm. Steigen Sie unbedingt hinauf und genießen Sie die Aussicht über Rügen: Je nach Jahreszeit grüne oder goldgelbe Weiden reichen bis zum Ufer des Boddengewässers, dazwischen eine Hand

voll Häuser und kleine Dörfer. Die Landschaft erinnert hier stark an eine typisch skandinavische Seenlandschaft.

## 7–8

Fahren Sie zurück durch Neuenkirchen Richtung Neuendorf. Rund 5 km hinter Neuendorf biegen Sie an der Landstraße von Trent nach Bergen rechts ab und fahren über **Trent** mit seiner Dorfkirche aus dem 15. Jh. nach **Schaprode** (➤ 110). Parken Sie auf dem ausgeschilderten Parkplatz, im Ort gibt es keine Parkmöglichkeiten. Machen Sie einen Rundgang durch den Ort mit seinen rohrgedeckten Fischerhäusern, der hübschen Kirche und dem geschäftigen Fähranleger mit Linienverkehr nach Hiddensee. Fahren Sie in nördlicher Richtung weiter auf der ausgeschilderten Straße Richtung Poggenhof und weiter bis zum **Stolper Haken**. Hier haben Sie einen sehr schönen Ausblick auf die Insel Hiddensee.

## 8–9

Zurück führt der Weg auf derselben Landstraße über Schaprode und Trent Richtung Bergen. Ca. 500 m hinter der Ortschaft Kluis biegt ein Weg rechts zum **Park Pansevitz**

(➤ Kasten) ab. Machen Sie einen kleinen Spaziergang durch die idyllische Gutsanlage.

## 9–10

Fahren Sie wieder auf die Landstraße Bergen zurück und biegen Sie rechts ab. Nach gut 15 Minuten Fahrt auf einer viel befahrenen Allee sind Sie wieder in Bergen.

**Im Fischereihafen von Schaprode**

# 3 AM UFER DES GROSSEN JASMUNDER BODDENS

*Rad- und Schiffstour*

**LÄNGE:** 28 km
**DAUER:** 4–5 Stunden, möglich von Mai bis September
**START/ZIEL:** Ralswiek 180 C1

**Diese wunderschöne Tour entlang des Großen Jasmunder Boddens führt Sie durch Wälder und Felder. Schloss Spyker lädt zur Rast ein, die Schaabe bietet Badespaß am Ostseestrand. Zurück geht es per Schiff über den Bodden.**

## 1–2

Zu Beginn kommt gleich Ihr Puls auf Trab. Steil bergan geht es am Ortsausgang von

Ralswiek (▶ 106), vorbei an der Schwedenkirche, Richtung B 96. Zum Glück gibt es einen Fahrradweg, weshalb es auch kein Problem ist, unterwegs abzusteigen und zu verschnaufen. An der Bundesstraße biegen Sie links ab und fahren immer am Waldrand entlang auf dem Fahrradweg weiter. Nach ca. 400 m wechselt der Fahrradweg die Seite. Vorsicht beim Überqueren der vielbefahrenen Straße! Weiter fahren Sie entlang der B 96 über den Damm, der den Großen und Kleinen Jasmunder Bodden trennt, bis Lietzow.

## 2–3

Halten Sie sich immer links auf dem Radweg neben der Bundesstraße und fahren Sie in Lietzow vorbei am Lietzower Strand. An der B 96 immer bergauf, führt nach ca. 200 m links ein schmaler Weg in den Wald hinein zum **Herrenhaus Semper** (▶ Kasten). Der Weg dorthin ist ausgeschildert. Am Herrenhaus und

**Tour mit idyllischer Rückfahrt über den Bodden**

einer Wasserturmruine vorbei, führt der Weg an der nächsten Wegverzweigung links weiter bis zur nächsten Wegkreuzung. Dort wieder links und dann immer geradeaus geht es auf einem Feldweg Richtung **Martinshafen**. Der Weg ist mit einem blauem Zeichen als Wanderweg markiert. Bis Martinshafen sind es 4 km. Eine Weile fahren Sie noch durch Wald mit relativ sandigem Boden, dann haben Sie einen schönen Blick auf den Großen Jasmunder Bodden. Kurz vor Martinshafen gelangen Sie auf eine kleine

### HERRENHAUS SEMPER

Erstmals wurde das Gut Semper 1318 schriftlich erwähnt. Das neobarocke Herrenhaus ist aber erst knapp 90 Jahre alt. Der dazugehörige Waldpark Semper wurde als Außenstandort der Internationalen Gartenbauausstellung 2003 nach historischem Vorbild wieder hergestellt. Zur Anlage gehören u. a. eine Wasserturmruine, eine Kaskadenteichanlage und eine Rhododendronanlage. ( 181 D2)

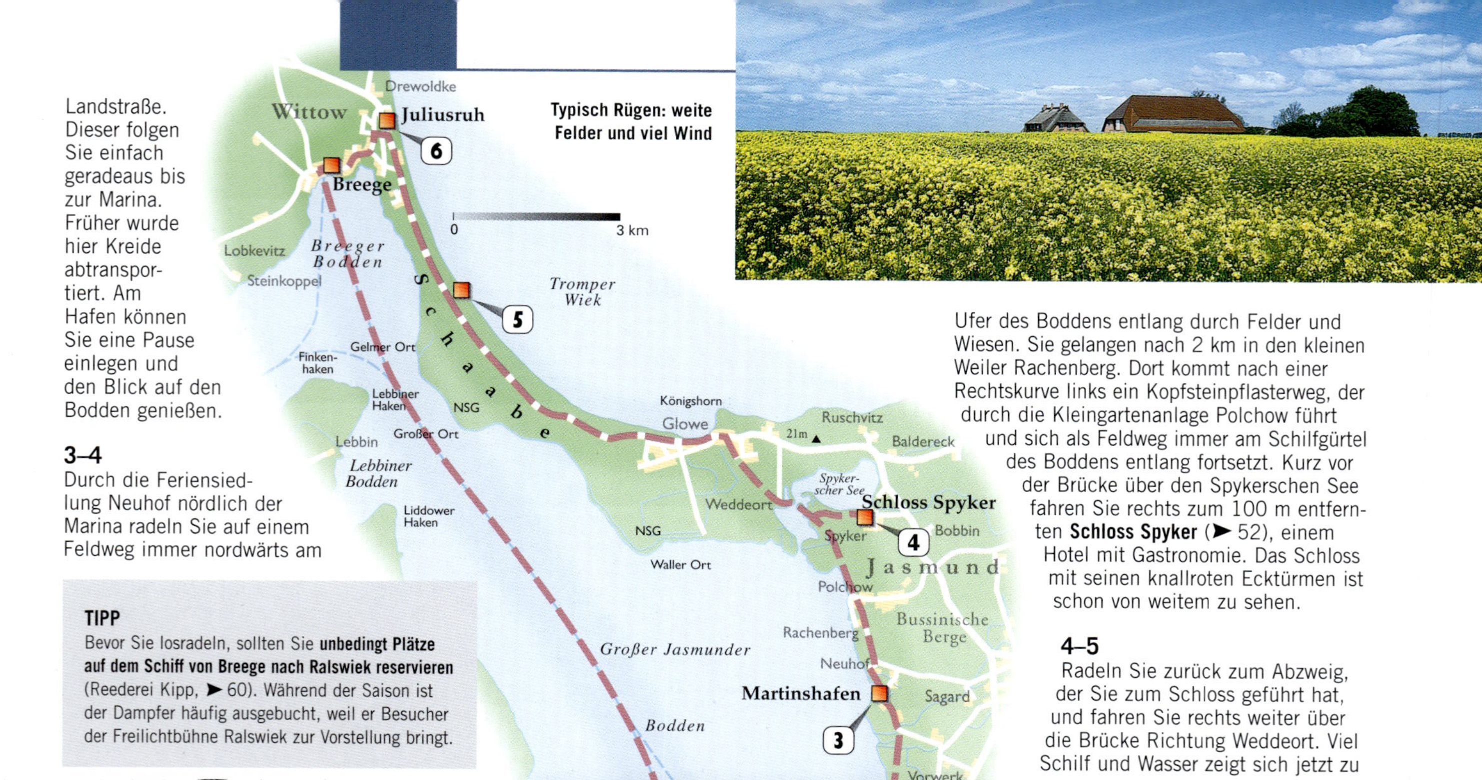



Landstraße. Dieser folgen Sie einfach geradeaus bis zur Marina. Früher wurde hier Kreide abtransportiert. Am Hafen können Sie eine Pause einlegen und den Blick auf den Bodden genießen.

**3–4**

Durch die Feriensiedlung Neuhof nördlich der Marina radeln Sie auf einem Feldweg immer nordwärts am

**TIPP**

Bevor Sie losradeln, sollten Sie **unbedingt Plätze auf dem Schiff von Breege nach Ralswiek reservieren** (Reederei Kipp, ▶ 60). Während der Saison ist der Dampfer häufig ausgebucht, weil er Besucher der Freilichtbühne Ralswiek zur Vorstellung bringt.

Ufer des Boddens entlang durch Felder und Wiesen. Sie gelangen nach 2 km in den kleinen Weiler Rachenberg. Dort kommt nach einer Rechtskurve links ein Kopfsteinpflasterweg, der durch die Kleingartenanlage Polchow führt und sich als Feldweg immer am Schilfgürtel des Boddens entlang fortsetzt. Kurz vor der Brücke über den Spykerschen See fahren Sie rechts zum 100 m entfernten **Schloss Spyker** (▶ 52), einem Hotel mit Gastronomie. Das Schloss mit seinen knallroten Ecktürmen ist schon von weitem zu sehen.

**4–5**

Radeln Sie zurück zum Abzweig, der Sie zum Schloss geführt hat, und fahren Sie rechts weiter über die Brücke Richtung Weddeort. Viel Schilf und Wasser zeigt sich jetzt zu

**Im Hafen von Breege legt das Schiff nach Ralswiek ab, das Sie zurück an den Ausgangspunkt bringt**

beiden Seiten. 20 m nach der Brücke führt der Weg scharf links durch buschige Sträucher bis zu einer Asphaltstraße. Diese überqueren Sie und fahren auf dem ausgeschilderten Feldweg ca. 1 km bis Glowe (▶ 52). Bald gelangen Sie an der kleinen evangelischen

Kirche vorbei zur Hauptstraße und biegen links ab. Sie befinden sich jetzt auf geradem Wege zur **Schaabe** (▶ 52), dem herrlichen Strandrevier. Fahren Sie aus Glowe heraus und nutzen Sie den Radweg neben der Straße. Biegen Sie nach rund 3 km vom Radweg neben der Landstraße nach rechts ab und schieben Sie die Räder durch den Dünenwald zum Strand. Hier können Sie baden gehen und für ein paar Stündchen relaxen.

## 5–6

Wenn Sie von Sand und Sonne genug haben, fahren Sie auf dem Radweg entlang der Landstraße rechts weiter Richtung **Juliusruh** (▶ 53). Nach ca. 4 km sind Sie in dem hübschen Ort

mit seinen Strandhotels und Ferienanlagen. Gehen Sie hier ein Eis essen oder schauen Sie sich den schönen Landschaftspark an. Sie erreichen ihn, wenn Sie auf der Hauptstraße an der ersten Querstraße im Ort links abbiegen.

## 6–7

Links am Landschaftspark vorbei führt die Straße nach **Breege** mit seinen hübschen Rohrdachhäusern. In Breege befindet sich der Hafen, von welchem Sie am Abend ein Schiff wieder nach Ralswiek zurückbringt. Genießen Sie die rund einstündige Schiffstour über den Bodden im Abendlicht!

### KLEINE PAUSE

In der Kellergaststätte *Am Strand* (Wittower Str. 19, tägl. ab 17 Uhr) können Sie in gemütlicher Atmosphäre essen. Die Küche ist überwiegend regional orientiert. Beliebt ist die Garnelenpfanne und auch der Wittower Fischtopf wird von Stammgästen gerühmt. Bei Wanderwetter macht das Restaurant schon ab 14 Uhr auf, weil dann viele Urlauber des Weges kommen. In Spyker können Sie im im Gewölberestaurant des Schlosshotel *Spyker* (tägl. 12–21 Uhr) eine Rast einlegen.

# 4 DURCH DIE DÜNENHEIDE AUF HIDDENSEE

*Spaziergang*

**LÄNGE:** 10 km
**DAUER:** 2–3 Stunden
**START/ZIEL:** Viette ✚ 178 A3

**Auf diesem Spaziergang durch eines der letzten ursprünglichen Heidegebiete in Norddeutschland können Sie viele seltene Pflanzen in blühender Farbenpracht entdecken. Und auf dem Rückweg am Strand entlang finden Sie mit ein bisschen Glück sogar Bernstein.**

## 1–2

Auf einer der Hauptstraßen in Vitte, dem Süderende, gehen Sie bis zum Ortsausgang Richtung Neuendorf (ausgeschildert). Bald kommen Sie zu einem Damm. Den überqueren Sie einfach und marschieren den Feldweg zwischen

**In Neuendorf führen alle Wege ans Wasser**

zwei Kuhweiden entlang. Immer weiter geradeaus führt der Weg direkt in die **Dünenheide** (▶ 129). Sie können den Weg nicht verfehlen, bis Neuendorf sind es jetzt noch rund 4 km.

Auf diesem Weg erleben Sie die Schönheit der Heide in ihrer ganzen Vielfalt. Vielleicht entdecken Sie fleischfressende Sonnentaugewächse oder eine der seltenen Kreuzottern? Lassen Sie diese geschützte, aber giftige Schlange in Ruhe und beobachten Sie sie aus sicherer Entfernung. Während der Wanderung durch die Dünenheide werden Sie immer wieder Thymian riechen,

**Einmalig: die Natur in der Dünenheide**

der hier in großen Mengen wächst, und auch die hübschen Heidenelken. Heidekraut dürfen Sie übrigens pflücken, alle anderen Gewächse nicht, da sie unter Naturschutz stehen.

## 2–3

Der Sandweg durch die Dünenheide endet an der kleinen Landstraße nach **Neuendorf** (▶ 126). Sie sehen jetzt schon die ersten

### KLEINE PAUSE

Im kleinen Imbiss-Café **Zum Süder** (Am Bollwerk 3, tägl. 10–18 Uhr,) am Neuendorfer Hafen können Sie leckere Fischbrötchen kaufen oder auch Räucherfisch und Heringsspezialitäten vor Ort essen. Schneller und freundlicher Service.

Im Gasthaus *Rosi* (► 131) in Neuendorf gibt's leckeren Fisch, aber auch Kaffee und Kuchen.

Häuser des Ortes und nach ca. 300 m sind Sie da. Schauen Sie sich den Ort an, und je nach Lust und Laune können Sie sich hier am Hafen mit Fischbrötchen eindecken und am Strand ein Picknick machen oder ins gemütliche Gasthaus *Rosi* einkehren. Zum **Hafen** gelangen Sie, wenn Sie im Ort immer der Landstraße folgen. An einer Abzweigung mit Infotafel halten

**Fischer auf Hiddensee fahren vor allem am frühen Morgen zur See**

Sie sich links. Der Weg, der zum Hafen führt, heißt hier Königsbarg. Zum Gasthaus *Rosi* gehen Sie an der beschriebenen Abzweigung den rechten Weg weiter. Bald schon sehen Sie die Gaststätte auf der rechten Seite.

### 3–4

Vom Hafen führt ein Damm südwärts um das Dorf herum. Nach ca. 500 m sehen Sie auf der rechten Seite die Häuser des Ortsteils **Plogshagen** (► 127). Dahinter führt ein weiterer Damm südwärts zum Leuchtturm **Luchte** (► 129). Wenn Sie Lust haben, machen Sie

einen Abstecher dorthin. Bis zum Leuchtturm sind es 2 km. Möchten Sie lieber ein bisschen am **Strand** relaxen, gehen Sie geradeaus weiter. Nach ca. 50 m sind Sie am schönen Neuendorfer Strand.

### 4–5

Haben Sie lange genug in der Sonne gelegen, gehen Sie einfach nordwärts am Strand zurück nach Vitte. Bis zur Ortsmitte sind es ca. 5 km. Unterwegs sollten Sie auf Bernstein achten, hier findet man immer wieder ein paar Brocken.

### BERNSTEIN FINDEN

Die größten Chancen, diese Millionen Jahre alten versteinerten Harze zu finden, haben Sie auf Hiddensee nach Weststürmen. Besonders während der Wintermonate werden öfters auch mal größere Steine angeschwemmt. Wenn Sie sicher gehen wollen, dass Sie echten Bernstein gefunden haben, machen Sie einfach die Wasserprobe: Füllen Sie ein Glas Wasser und legen Sie den Stein hinein. Schwimmt er oben, ist es mit ziemlich großer Sicherheit Bernstein, denn der ist leichter als Wasser. Außerdem ist er leicht und weich. Wenn Sie also hineinbeißen, können Bissspuren zurückbleiben. Aber Vorsicht mit den Zähnen!

# 5 HAFENSTADT STRALSUND

*Spaziergang*

**LÄNGE:** ca. 6 km
**DAUER:** 1–2 Stunden, mit Besichtigungen 1–2 Stunden länger
**START/ZIEL:** Heilgeistkirche ✚ 186 D3

Stralsunds Speicher und Hafenanlagen haben ihren ganz besonderen Reiz. Entdecken Sie auf dieser Tour die Gastronomie, die sich in den ehemaligen Lagerhallen etabliert hat, und staunen Sie über den Dreimaster *Gorch Fock 1*, den Sie besichtigen können. Am Hiddenseeanleger geht es im Sommer sehr betriebsam zu, und an der Nordmole legen Freizeitkapitäne aus aller Welt mit ihren Hochseeyachten an.

## 1–2

Spazieren Sie hinter der Heilgeistkirche durch die Gassen der ehemaligen Spitalanlage **Heilgeistkloster** (▶ 147) und schauen Sie sich die kleinen Häuschen an. Wenn Sie links aus dem Kirchgang hinausgehen, kommen Sie auf die Straße Am Langenwall. Laufen Sie bis zur nächsten Kreuzung und überqueren Sie den Langen Kanal. Jetzt stehen Sie schon auf **Hafengelände**. Schauen Sie sich die schönen Speicher- und Hafenbauten an. Sie beherbergen heute zum großen Teil Gastronomie und Verwaltungsbüros. Gehen Sie hinter der Brücke schräg links weiter bis zur Klappbrücke. Überqueren Sie diese und gehen Sie immer geradeaus, vorbei am hübschen Gebäude des Hafenamts, einem ehemaligen Lotsenhaus. Jetzt sehen Sie schon die Masten des alten Segelschulschiffs **Gorch Fock 1** (▶ 145). Gehen Sie an Bord und sehen Sie, wie Matrosen auf See früher untergebracht waren.

**Hafenfeste locken im Sommer viele Besucher an**

**In der Ruine der Klosterkirche finden Konzerte statt**

## 2–3

Schräg gegenüber der *Gorch Fock 1* befindet sich das **Ozeaneum** (▶ 144). Für einen Besuch des auch architektonisch interessanten Baus sollten Sie mindestens 2 Stunden einplanen. Staunen Sie über Schwarmfisch-, Gezeitenbecken, Multimediatechnik und die simulierte

Natur unter Wasser der Nord- und Ostsee sowie des Polarmeeres. Wenn Sie am Kai wieder stadtwärts gehen, kommen Sie am alten Speicher mit dem Restaurant *Fischermann's* vorbei zur Fährbrücke. Überqueren Sie diese und gehen Sie rechts an der Promenade entlang zum **Hiddenseeanleger**. Hier legen im Sommer täglich die Schiffe zur Insel Hiddensee (➤ 117) ab. Viermal täglich legen während der Saison auch die Schiffe zur Hafenrundfahrt bzw. nach Altefähr (➤ 154) ab. Falls Sie eine Hafenrundfahrt machen möchten, müssen Sie dafür rund 1 Stunde einplanen.

### 3–4

Vom Hiddenseeanleger immer nordwärts am Ufer entlang, kommen Sie nach 5 Minuten zur **Citymarina** Stralsund, dem großen Yachthafen

mit 300 Gast- und Dauerliegeplätzen. Die Citymarina Stralsund liegt hinter einer 450 m langen Mole, die sie entlang laufen können. Wenn Sie Lust haben, schauen Sie sich die Yachten aus aller Welt an, die hier vor Anker liegen.

### 4–5

Immer am Ufer des Strelasunds entlang gehen Sie bis zur Grünanlage vor dem Gymnasium. Folgen Sie der Seestraße bis zum **Kniepertor** (➤ 146) auf der linken Seite. Durch das Tor hindurch gehen Sie die nächste Querstraße links bis zum

Eines von zwei ehemaligen Stadttoren: das Kniepertor

**Johanniskloster** (➤ 146) auf der linken Seite. Machen Sie einen Rundgang durch diese interessante Anlage.

## 5–6

Am Ausgang des Johannisklosters biegen Sie links in die Schillstraße ab. Nach ca. 200 m sehen Sie linkerhand das **Scheele-Haus** (➤ Kasten), eines der ältesten Häuser der Stadt. Dort mündet die Schillstraße in die **Fährstraße**, die als älteste Straße Stralsunds

gilt. In den teilweise denkmalgeschützten Häusern der Straße gibt es u. a. kleine Läden (➤ 153), in denen Kunsthandwerker arbeiten. Wenn Sie von der Schill- in die Fährstraße links abbiegen, gelangen Sie zur Wasserstraße.

Gehen Sie die Straße rechts entlang bis zur nächsten Querstraße. Dort biegen Sie links ab und sind nach ca. 5 Minuten wieder auf dem Hafengelände. Biegen Sie gleich nach der Brücke rechts in die Straße Am Semlower Kanal ein. Nach rund 100 m biegen Sie links ab in die Neue Badenstraße. Dort befindet sich die *Fischhalle am Hafen* (➤ 151), ein stadtbekanntes Fischgeschäft mit gutem Imbiss. Schauen Sie in die Auslagen und staunen Sie über die Vielfalt an Ostseefischen und internationalem Meeresgetier. Sogar Austern bekommen Sie hier!

## 6–7

Von der Fischhalle geht es links die Neue Badenstraße weiter bis zur nächsten Häuserecke, dort links weiter vorbei an der Wasserschutzpolizei und der Fischmeisterei. Hier gehen Sie wieder links und dann rechts die Klappbrücke über den

### SCHEELE-HAUS

Das Geburtshaus des Apothekers und Entdeckers des Sauerstoffs Carl Wilhelm Scheele in der Schillstraße 23 wurde ursprünglich als Dielenhaus gebaut und später umgestaltet. Das heutige Aussehen entspricht den Umbauten aus dem 17. Jh. Auch das Nachbarhaus ist eine Augenweide. Interessant ist, dass bei den Rekonstruktionsarbeiten in den 1980er-Jahren der untere Teil des Hauses nach Vorlagen aus dem Mittelalter gestaltet wurde, während der Giebel dem Aussehen im 17. und 19. Jh. entspricht. (✚ 186 C4)

Wunderschöne Giebel lenken den Blick nach oben

Querkanal entlang. Hinter der Brücke rechts gelangen Sie wieder zur Heilgeistkirche, indem Sie über eine weitere Brücke rechts in die Altstadt zurückgehen. Hinter der Brücke führt die Straße Am Langen Wall direkt zur Spitalanlage.

### KLEINE PAUSE

Einen schönen Blick auf den Hafen haben Sie vom Speicherrestaurant *Fischermann's* aus (An der Fährbrücke 3, Speicher V, www.fischermanns-stralsund.de, tägl. ab 10 Uhr, Nov., Dez. Di–So 11–22 Uhr). Der große Wintergartenanbau bietet viel Licht, im Sommer können Sie draußen direkt am Kai sitzen.

# Praktisches

## REISEVORBEREITUNGEN

### WICHTIGE PAPIERE

● Erforderlich
○ Empfohlen
▲ Nicht erforderlich

|  | Deutschland | Österreich | Schweiz |
|---|---|---|---|
| Pass/Personalausweis | ● | ● | ● |
| Visum | ▲ | ▲ | ▲ |
| Weiter- oder Rückflugticket | ▲ | ▲ | ▲ |
| Impfungen (Tetanus und Polio) | ▲ | ▲ | ▲ |
| Krankenversicherung | ● | ● | ● |
| Reiseversicherung | ○ | ○ | ○ |
| Führerschein (national) | ● | ● | ● |
| Kfz-Haftpflichtversicherung | ● | ● | ● |
| Fahrzeugschein | ● | ● | ● |

### REISEZEIT

Hauptsaison · Nebensaison

| JAN | FEB | MÄRZ | APRIL | MAI | JUNI | JULI | AUG | SEPT | OKT | NOV | DEZ |
|---|---|---|---|---|---|---|---|---|---|---|---|
| 2°C | 2°C | 4°C | 8°C | 13°C | 17°C | 19°C | 19°C | 17°C | 12°C | 7°C | 4°C |

Sonnig · Bedeckt · Regnerisch · Wechselhaft

Die angegebenen Temperaturen entsprechen den **durchschnittlichen Tagestemperaturen** des jeweiligen Monats. Rügen ist trotz seines feuchten Klimas **einer der Orte mit den meisten Sonnenstunden in ganz Deutschland**. Im Durchschnitt scheint an rund 65 Tagen im Jahr die Sonne mehr als jeweils 10 Stunden. Im Dezember gibt es am wenigsten Sonne, im Juni am meisten. Stürmisch ist es besonders im Frühjahr und Herbst. Dann heult der Wind mitunter tagelang um die Häuser. Im Mai und September ist das Wetter häufig beständig schön, während es selbst im Hochsommer schnell wechseln kann und zwischendurch plötzlich ein Schauer niedergeht. Im Sommer können Sie bis spät in die Nacht am Strand verweilen oder in Cafés, Restaurants und Bars auf der Terrasse sitzen. Im Winter fällt vor allem im Januar und Februar Schnee. Die Ostsee friert nur in besonders kalten Wintern zu. Dann laden die hierzu frei gegebenen Boddengewässer zum Schlittschuhlaufen ein.

## INFORMATION VORAB

**Websites**
■ www.rügen.de
■ www.rügenurlaub.de
■ www.hiddensee.de
■ www.stralsundtourismus.de

**Deutschland**
Tourismuszentrale Rügen
Markt 25
18528 Bergen auf Rügen
☎ (038 38) 807 70

## ANREISE

**Mit dem Auto:** Rügen ist durch die neue Ostseeautobahn A 20 noch besser zu erreichen. Für Reisende aus Westen und Süden verkürzt sich die Fahrt seit der Fertigstellung 2004 um rund 1 Stunde. Bis 2008 bleibt der Rügendamm zwischen Stralsund und Rügen ein Nadelöhr. Dann ist die neue Sundbrücke fertig (p30) . Geplant ist auf der Insel der Ausbau der B 96 zu einer vierspurigen Bundesstraße, damit der Ferienverkehr besonders während der Sommerferien staufrei zu den Seebädern fließt.

**Mit der Bahn:** IC-Bahnhöfe gibt es in Stralsund, Bergen und Binz. Von dort fahren täglich Fernzüge in alle Richtungen Deutschlands. In Samtens, Rambin und Sassnitz halten Nahverkehrszüge.

**Mit dem Flugzeug:** Ein kleiner Flugplatz für Sportflugzeuge befindet sich südlich von Bergen in Güttin (p30). Dort verkehren Charterflugzeuge u. a. nach Berlin und Hamburg. Es gibt allerdings keinen Linienflugverkehr.

## ZEIT

Rügen liegt in der Mitteleuropäischen Zeitzone. Die Mitteleuropäische Zeit (MEZ) liegt eine Stunde vor der Greenwich-Zeit (GMT). Von Ende März bis Ende Oktober werden die Uhren um eine Stunde auf die Mitteleuropäische Sommerzeit (MESZ) vorgestellt.

## WÄHRUNG UND GELDWECHSEL

**Währung:** Seit dem 1. Januar 2002 ist die Währung wie in vielen europäischen Staaten der **Euro**. Die offizielle Abkürzung für den Euro ist EUR. Euro-Banknoten gibt es in den folgenden Nennwerten: 5, 10, 20, 50, 100, 200 und 500 Euro; Münzen in Nennwerten zu: 1, 2 und 5 für den Euro-Cent, 10, 20 und 50 für den goldfarbenen Euro-Cent. Zusätzlich gibt es eine 1-Euro- und 2-Euro-Münze.
Einen **Devisenrechner** zur Umrechnung verschiedener Währungen finden Sie im Internet: www.oanda.com.

**Banken** befinden sich in fast allen touristisch frequentierten Orten, u. a. in Gingst, Binz, Sassnitz, Bergen und Stralsund.

**Kreditkarten** werden in fast allen Hotels, Restaurants und Geschäften akzeptiert.

| Österreich | Schweiz |
|---|---|
| Deutsche Zentrale für Tourismus | Deutsches Verkehrsbüro |
| Mariahilfer Str. 54 | Talstr. 62 |
| 1070 Wien | 8001 Zürich |
| ☎ (01) 513 27 92 | ☎ (044) 213 22 00 |

## DAS WICHTIGSTE VOR ORT

### FEIERTAGE

| | |
|---|---|
| 1. Januar | Neujahr |
| März/April | Karfreitag, Ostern |
| 1. Mai | Tag der Arbeit |
| Mai/Juni | Christi Himmelfahrt, Pfingsten |
| 3. Oktober | Tag der deutschen Einheit |
| November | Buß- und Bettag |
| 25., 26. Dezember | Weihnachten |
| 31. Dezember | Silvester |

### ELEKTRIZITÄT

Die Spannung beträgt 220 Volt. Reisende aus dem außereuropäischen  Ausland sollten einen Adapter verwenden.

### ÖFFNUNGSZEITEN

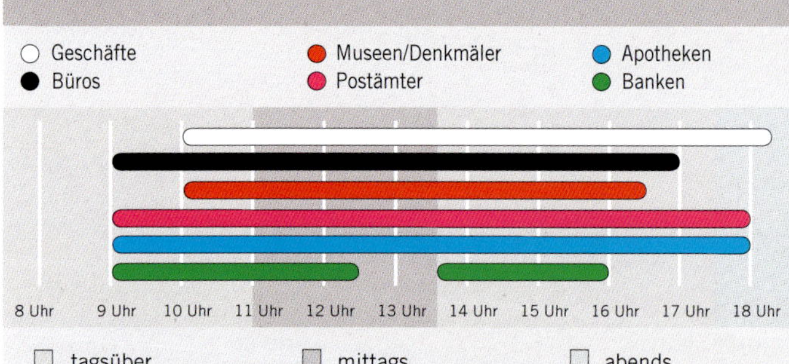


**Geschäfte:** Die Geschäfte auf Rügen sind in der Regel von Montag bis Freitag von 10 bis 19 Uhr geöffnet, am Samstag bis 14 Uhr. In den Seebädern haben die meisten Geschäfte auch am Wochenende geöffnet, d. h. samstags bis 20 Uhr und sonntags von 12 bis 18.30 Uhr. In Stralsund haben größere Läden in der Altstadt von Montag bis Samstag bis 20 Uhr geöffnet. Kleinere Boutiquen und Einzelhändler schließen in Stralsund samstags ihr Geschäft meistens um 16 Uhr. Sie haben werktags meist nur bis 19 Uhr geöffnet.
**Banken:** Banken und Sparkassen sind meist von Montag bis Freitag ab 8.30/9 Uhr geöffnet. Eine etwa einstündige Mittagspause ist üblich (häufig zwischen 12.30 und 13.30 Uhr), die Pforten schließen um 15.30/16 Uhr, donnerstags um 18 Uhr.
**Museen:** Fast alle Museen haben während der Sommersaison täglich geöffnet. Im Winter schließen etliche bzw. haben dann verkürzte Öffnungszeiten).

### TRINKGELD

Meist werden Restaurant-, Getränke- und Taxirechnungen großzügig aufgerundet. Mit 5 % macht man nichts falsch.

| | | | |
|---|---|---|---|
| Hotelportiers | 1–2 Euro | Stadtführer | nach Ermessen |
| Zimmermädchen | 1–2 Euro | Toiletten | 50 Cent |

### ZEITUNTERSCHIED

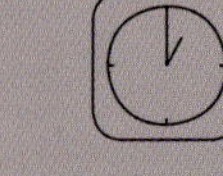
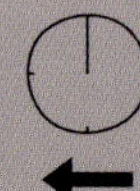
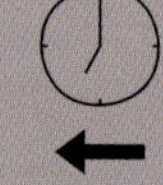
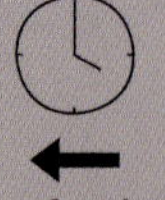

| MEZ | Rügen | London | New York | Los Angeles | Sydney |
|---|---|---|---|---|---|
| 13 Uhr | 13 Uhr | 12 Uhr | 7 Uhr | 4 Uhr | 22 Uhr |

## IN KONTAKT BLEIBEN

**Post** Postämter mit Geldautomaten gibt es in Bergen und Stralsund. Sie sind werktags von 9 bis 18 Uhr, samstags bis 13 Uhr geöffnet. Außerdem befinden sich in mehreren

Seebädern so genannte Postfilialen in ganz normalen Geschäften, u. a. in Gingst, Binz und Sassnitz. Dort werden auch Briefe, Päckchen und Pakete angenommen. Postlagernde Sendungen können Sie allerdings nur an einem der Postämter abholen.

**Telefonieren** Fast jede Ortschaft auf Rügen verfügt über einen Fernsprecher. Öffentliche Telefone können in der Regel wahlweise mit Bargeld oder Telefonkarten gefüttert werden. Mit dem Handy kommen Sie fast überall klar. Nur im Südwesten der Insel funkt es manchmal nicht.

**Internationale Vorwahlen:**

| | |
|---|---|
| Österreich | 00 43 |
| Schweiz | 00 41 |

**Mobiltelefon** Aufgrund des europäischen Roaming-Tarifs ist Telefonieren auch ins europäische Ausland nicht mehr sehr teuer. Informieren Sie sich am besten vorab bei Ihrem Mobilfunkvertragspartner über Kosten und Bedingungen. Mobilfunkanbieter in Deutschland sind u.a. E-Plus, $O_2$, Vodafone und T-Mobile.

**Wi-Fi und Internet** WLAN-Hotspots sind in den Hotels z. T. noch nicht verbreitet. Sie können jedoch in manchen Cafés oder Hotels auf Rügen im Internet surfen. Ansonsten halten Sie Ausschau nach den nächsten Internetcafés in den Innenstädten.

## SICHERHEIT

Rügen und Stralsund sind, was die Kriminalität betrifft, harmlos. Bis auf einige wenige Fälle von Auto- und Taschendiebstahl gibt es kaum nennenswerte Räubereien.

■ Am Strand sollten Sie dennoch immer Ihre Wertsachen im Auge behalten. Nehmen Sie am besten nicht mehr Bargeld mit, als sie unbedingt brauchen.

### VERLUST VON EC- ODER KREDITKARTEN

**Am. Express:**
Tel. (069) 97 97 10 00
**Diners Club:**
Tel. (0180) 234 54 54
**EC-Karte:**
Tel. (069) 74 09 87
(24-Stunden-Service)
**Eurocard:**
Tel. (0800) 819 10 40
**Visa-Karte:**
Tel. (0800) 814 91 00

■ **Polizei:**
110 von jedem Telefon

**NOTRUF 110**
**POLIZEI 110**
**FEUERWEHR (AUCH KRANKENWAGEN) 112**
**GIFTNOTRUF (03 61) 73 07 30**

## GESUNDHEIT

 **Arzt:** Anschriften von Ärzten aller Fachrichtungen finden Sie in den Gelben Seiten der Telefonbücher. Die Rettungsleitstelle Bergen erreichen Sie unter der Tel. (038 38) 220 77.
**Krankenhaus:** Ein Krankenhaus gibt es in Bergen in der Calandstr. 7–8, Tel. (038 38) 390. In Stralsund befindet sich das Krankenhaus »Am Sund« in der Großen Prarower Str. 47–53, Tel. (038 31) 35-0.

 **Zahnarzt:** Anschriften von Zahnärzten finden Sie ebenfalls in den Gelben Seiten der Telefonbücher. Im Krankenhaus informiert man Sie über den Zahnarzt, der Wochenenddienst hat.

 **Wetter:** Denken Sie unbedingt an Sonnenschutzmittel, wenn Sie an den Strand gehen, aber auch bei Radtouren, Wanderungen und allen anderen längeren Aufenthalten unter freiem Himmel.

 **Medikamente:** In Bergen erhalten Sie Medikamente in der Rugard Apotheke (▶ 35). Die Markt-Apotheke in Stralsund befindet sich in der Altstadt am Neuen Markt 18–21, (Tel. (038 31) 264 70).

 **Trinkwasser:** Das Wasser auf Rügen können Sie bedenkenlos trinken, vorausgesetzt die Rohre, aus denen das Wasser kommt, sind nicht uralt.

## ERMÄSSIGUNGEN

**Rügencard:** Diese Karte ermöglicht bis zu vier Personen kostenfreien Eintritt in fast alle Museen, freie Fahrt mit den Bussen der Rügener Personennahverkehrsgesellschaft und bis zu 30 % Ermäßigung bei Gastronomie, Wellness, Kultur, Shopping und Freizeitaktivitäten. Die Rügencard wird für 3 (44 Euro), 7 (64 Euro) und 14 Tage (94 Euro) angeboten.
**Kinder(s)pass:** 46 Restaurants und Freizeiteinrichtungen auf Rügen geben Inhabern dieses Bonusheftes Rabatt bzw. ein kostenloses Essen von der Kinderkarte, vorausgesetzt, ein Erwachsener zahlt den Normalpreis. Der Gutscheinpass kostet 12,50 Euro. (Tel. (038 38) 80 99 90, www.kinderspass.de)

## EINRICHTUNGEN FÜR BEHINDERTE

Die Rügen-Broschüre *Urlaub mit Handicap* informiert über wichtige Adressen zum Thema barrierefreies Reisen (Tel. (038 38) 80 77 80, E-Mail: info@ruegen.de). Im Internet finden Sie weitere Informationen unter www.barriere frei.m-vp.de. Das Kreisdiakonische Werk Stralsund e.V. hält außerdem einen Katalog über barrierefreie Unterkünfte in der Region bereit (Carl-Heydemann-Ring 55, 18437 Stralsund, Tel. (038 31) 303 40, www.kdw-hst.de).

## KINDER

Kinder sind überall willkommen. Informationen über Aktivitäten, die sich speziell für Kinder eignen, finden Sie in jedem Regionenkapitel dieses Reiseführers.

## TOILETTEN

Öffentliche Toiletten finden Sie auf Rügen an bewachten Stränden und an Orten mit berühmten Sehenswürdigkeiten sowie in der Stralsunder Altstadt hinter dem Rathaus.

## FUNDSACHEN

Haben Sie etwas am Strand verloren? Fragen Sie am besten bei den Bademeistern nach. In der Regel fungieren die jeweiligen Tourismusinformationen als Fundämter.

## BOTSCHAFTEN UND KONSULATE

**Österreich**
Stauffenbergstraße 1
10789 Berlin
☎ (030) 20 28 70

**Österreich**
Am Campus 1–11
18182 Rostock-Bentwisch
☎ (0381) 64 91 22

**Schweiz**
Otto-von-Bismarck Allee 4A
10557 Berlin
☎ (030) 390 40 00

## JANUAR

**Neujahrskonzert:** Ein festliches Konzert mit klassischer Musik gibt es am Abend des 1. Januars im Haus des Gastes in Binz, in dem auch die Kurverwaltung untergebracht ist.

In Göhren findet alljährlich eine **Neujahrswanderung** statt, Treffpunkt: Kurverwaltung um 13.30 Uhr

## FEBRUAR

**Fasching:** Die Faschingsparty auf der Selliner Seebrücke bringt nicht nur Einheimische in Schwung.

**Hochzeitstreffen am Kap Arkona**: Jährlich treffen sich Paare, die sich hier haben trauen lassen, um gemeinsam zu feiern.

## MÄRZ

**Osterfeuer:** In mehreren Orten auf Rügen wird am Ostersamstag ein Feuer entzündet, u. a. an der Selliner Seebrücke, am Baaber Strand, in Binz und am Nordstrand in Göhren.

**Ostermärkte:** Auf Ummanz wird Ostern groß gefeiert, u. a. mit einem Ostermarkt und Tanz in der Pfarrscheune in Waase. Auch auf der Stralsunder Festwiese gibt es einen Ostermarkt mit Rummel.

## APRIL

**Maibaumsetzen:** Am letzten Tag im April wird in Binz, Sellin und Göhren traditionell der Maibaum aufgestellt.

**Ummanzer Ostermarkt,** mit Osterfeuer und Tanz in der Scheune auf dem Bauernhof Kliewe (► 34)

**Thiessower Deichlauf** an Ostern, Start ist am Weststrand

**Anbaden in Binz Ende April.** Alljährlich stürzen sich rund 80 Mutige in die eiskalten Fluten. Der Event ist ein Höhepunkt der Binzer Historischen Tage mit Modenschau, etc.

**Bernsteinfest in Göhren** mit Wahl der Deutschen Bernsteinkönigin und Tanz im Hotel Hanseatic (► 82)

## MAI

**Herings- und Hornfischfest:** Ein Heringsfest gibt es am 1. Mai in Altefähr und am ersten Maiwochenende in Göhren.

**Feste:** Ein Frühlingsfest wird in Göhren rund um das Rookhus gefeiert. In Putbus finden die 10tägigen Putbus-Festspiele mit klassischen Konzerten statt. Ebenfalls im Mai wird in Sassnitz das Promenadenfest im Stadthafen gefeiert. Der Binzer Strandkarneval wird am ersten Maiwochenende begangen.

**Rennen:** Der Binzer Halbmarathon sowie Binzer Promenaden- und Crosslauf zieht Sportler von nah und fern an.

Bei der Oldtimer-Rallye **Rügenclassics** in Binz blitzen historische Kühlerhauben zuhauf auf.

## JUNI

**Sonnenwendfeste:** Tag- und Nachtgleiche werden auf Rügen an mehreren Orten gefeiert, u. a. im Kurpark Juliusruh, in Glowe und in Binz. Dort gibt es ein Mittsommerfest und ein Höhenfeuerwerk.

**Feste:** Am zweiten Juniwochenende wird in Binz auf und vor der Seebrücke das Seebrückenfest gefeiert mit Konzerten und kulinarischen Spezialitäten. In Klein Zicker findet Ende Juni ein Dorffest statt. Im Ostseebad Göhren steigt das Bernsteinpromenadenfest Anfang Juni.

## JULI

**Tanz:** Auf Hiddensee gibt es Ende Juli täglich Veranstaltungen im Rahmen der Palucca-Tanzwoche.

**Feste:** Ein Hafenfest gibt es am letzten Wochenende im Juli in Breege. Zur selben Zeit steigt das Selliner Seebrückenfest. Die Wallensteintage (➤ 22) mit viel Kulturprogramm halten Stralsund Mitte Juli in Atem. Das Binzer Sommerfest ist für die Einwohner und Besucher ebenfalls Ende Juli ein beliebter Anlass, es wieder einmal richtig krachen zu lassen.

## AUGUST

**Kunsthandwerk:** In Gingst findet Mitte August ein beliebter Kunsthandwerkermarkt mit Kunsthandwerkern aus der Region statt.

**Feste:** Ein Seebrückenfest wird in Göhren Anfang August gefeiert. Gleichfalls berühmt ist das Schlossfest auf Schloss Granitz. Ende Juni findet in Binz das Blue Wave statt. In Lauterbach wird das Internationale Vilm-Schwimmen veranstaltet. Eine Badewannen-Regatta wird alljährlich im Rahmen des Baaber Bollwerksfestes ausgetragen.

## SEPTEMBER

**Lange Nacht des offenen Denkmals:** Am zweiten Samstag im September sind auch Orte für die Öffentlichkeit zugänglich, die sonst verschlossen sind.
In Stralsund wird die lange Nacht des offenen Denkmals von vielen Veranstaltungen, u. a. Lesungen und Konzerte, begleitet.

**Feste:** Das Rügener Sanddornfest im Rügenhof Arkona läutet die Sanddornernte auf Rügen ein. Einen Fischertag mit Informationen und Veranstaltungen rund um die Fischerei gibt es Mitte September in Göhren am Museumsschiff Luise

## OKTOBER

**Feste:** Tour d'Allee, das Radrennen mit Start und Ziel in Binz findet Mitte Oktober statt. Es ist Teil des Binzer Herbstfestes, das u.a. auch ein Strand–Pferderennen bietet.

## NOVEMBER

**Märkte:** Ende November beginnt die Saison der Weihnachtsmärkte in Stralsund, u. a. auf dem Alten und dem Neuen Markt.

## DEZEMBER

**Märkte:** Weihnachtsmärkte finden an den Wochenenden u. a. in Sassnitz, Göhren, Binz und Bergen statt.

**Silvester:** Feuerwerke zum Jahreswechsel gibt es u. a. in Binz, Baabe, Sellin, Göhren und am Burgwall Arkona

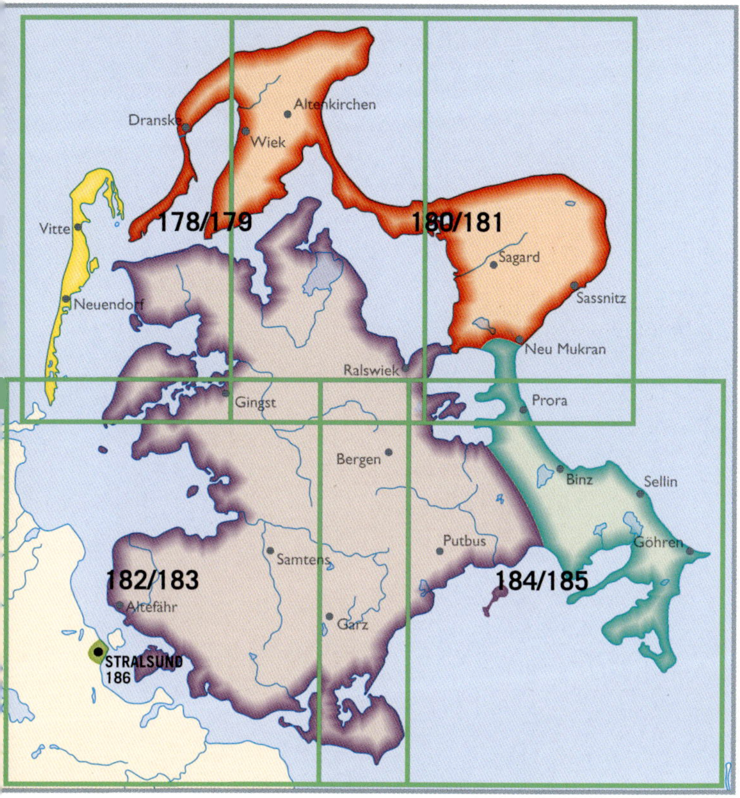

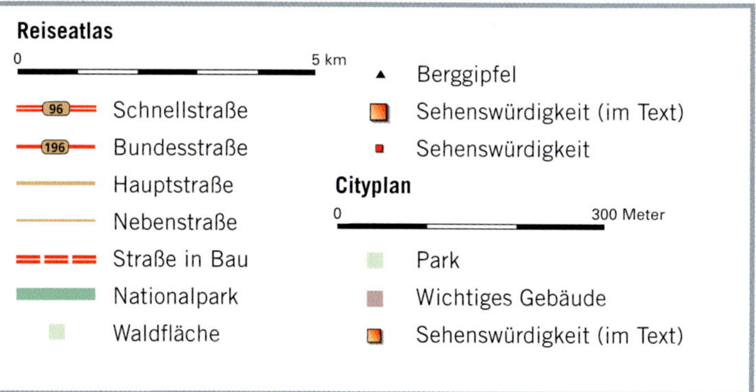


Kapiteleinteilung: siehe Übersichtskarte auf den Umschlaginnenseiten

### Reiseatlas

0      5 km

| | |
|---|---|
| ══ 96 ══ | Schnellstraße |
| ── 196 ── | Bundesstraße |
| ──── | Hauptstraße |
| ──── | Nebenstraße |
| ═ ═ ═ | Straße in Bau |
| ▬▬▬ | Nationalpark |
| ▪ | Waldfläche |

▲ Berggipfel

▮ Sehenswürdigkeit (im Text)

▪ Sehenswürdigkeit

### Cityplan

0      300 Meter

▪ Park

▪ Wichtiges Gebäude

▮ Sehenswürdigkeit (im Text)

# Cityatlas

178
A
B
C
5
O S T S E E
Bar
Kr
Lancken
AXELS HÖHE
11m
Dranske Hof
Rehbergort
Grüner Grund
Dranske
Wieker
Bodden
Z
4
Toter Kerl
Enddorn
(Nicht betretbares Gebiet)
65m
Dornbusch
Blevser Haken
Tiefenufer
Grieben
Libben
Eckort
Hucke
51m
Buger Bodden
Kloster
Schafort
Bis
Gerhart-Hauptmann-Haus
Harter Ort
Möwenort
Altbessin
Neubessin
Fähhof
Vitter Bucht
Langer Ort
Bessinsche Schaar
Fischer-haken
3
Vitte
Rassower Strom
Wittower Fähre
5m
Buger Haken
Libni
Hiddensee
Steinort
Vaschvitz
Dünenheide
Fähr-insel
Seehof
R
Rassower Bucht
Dwarsdorf
Fischer-siedlung
NATIONALPARK
Stolper Haken
Roter Ort
Neuholstein
Holstenhagen
Hassenort
Poggenhof
Retelitz
Granskevitz
Soltenorts Haken
Gröthagen
Lehsten
Tri
Vaschenort
Charlottendorf
Ruge Barg
Renz
Tr
Neuendorf
Schaproder
Mönchstein
Zubzow
2
Plogshagen
Schaprode
Streu
Udars
Zaase
Fischerhaken
Steinort
Luchte
Öhe
VORPOMMERSCHE
Bodden
Udarser Wiek
Freesen
BODDENLANDSCHAFT
Gahlitzer Strom
Fauler
NATURPARK
Gahlitz
Haken
RÜGEN
Tankow
Koselower See
Geller
Haide
Böschow
Gellenstrom
Ummanz
Ürkevitz
Tes
1
Markow
Schafort
Wittenberger Strom
Haken
Waase
Liebes
Kapelle
Suhrendorf
182
Dorfkirche
Klein Kapelle
Varbelvitzer Bodden
Rattelvitz
Volsvitz
Rinne
Wusse
Varbelvitz
Haidho
2m
Rassower

D
E
F
Gellort
NSG
Arkona
179
Kap Arkona
Bakenberg
Varnkevitz
Jaromarsburg
5
NSG
Schwarbe
25m
Putgarten
Siedlung
Schwarbe
Fernlüttkevitz
Vitt
Nonnevitz
GOORER BERG
Goor
Kreptitz
Mattchow
36m
Gramtitz
Riesenberg
Starrvitz
Nobbin
Kuhle
Banz
Lüttkevitz
Gudderitz
Presenske
Reidervitz
Lankensburg
Dorfkirche
Altenkirchen
Altenkirchen
Lankensburger
Drewoldke
Katen
-Juliusruh
Wiek
W i t t o w
10m
5m
Tromper
Wiek
Breege-
Zürkvitz
4
Bohlendorf
Lobkevitz
Breeger
Bodden
Steinkoppel
S
Parchow
Schmantevitz
c
Gelmer Ort
h
Bischofsdorf
Finken-
haken
a
2m
Woldenitz
Kammin
Lebbiner
Haken
a
Königshorn
Kamminer
Fähre
NSG
b
Glowe
Vieregge
Großer Ort
e
Lebbin
Breetzer
Lebbiner
Bodden
3
b
Kontoper
Haken
e
43m
Liddower
Haken
NSG
B o d d e n
l
Grubnow
Waller Ort
Libnitzer Ort
Breetz
Moor
Klein
Liddow
Grubnow
Sylvin
Liddow NSG
Kuschwitzer Haken
Mövenort
Moritzhagen
Laase
Naturschutzgebiet
Beuchel
Reetz
Neuen-
kirchen
Großer Jasmunde
Tetzitzer
See
Banzelvitzer
Berge
Libnitz
Jabelitz
Bodden
Tribkevitz
Zessin
Trent
Neuendorfer
Wiek
Tribbevitz
Groß
Banzelvitz
2
Ganschvitz
Neuendorf
Tetzitz
Garditz
Helle
Rappin
14m
Haidemühl
Zirmoisel
Bubkevitz
Moisselbritz
Venz
Venz Hof
Kartzitz
Lüssmitz
Silenz
Schweikvitz
Woorker
Berge
Gnies
Grosow
8m
Neu
Kartzitz
58m
Presnitz
Woorke
Kluis
Gagern
Ralswiek
Teschvitz
Veikvitz
1
Patzig
Jarnitz
Patzig Hof
56m
Malkvitz
Lipsitz
96
Gingst
183
Dramvitz
Historische
Handwerkerstuben
D
Ramitz
E
Thesenvitz
F
Strüssendorf
Pansevitz

180
A
B
C
5
4
3
2
1
Gellort
NSG
Arkona
Varnkevitz
Putgarten
25m
Kap Arkona
Jaromarsburg
Schwarbe
NSG
Siedlung
Schwarbe
Fernlüttkevitz
Vitt
Nonnevitz
Mattchow
GOORER BERG
36m
Goor
Gramtitz
Riesenberg
Goor
Starrvitz
Nobbin
Banz
Lüttkevitz
Gudderitz
Presenske
Reidervitz
Dorfkirche
Altenkirchen
Altenkirchen
Lankensburger
Katen
Drewoldke
Juliusruh
Witt ow
5m
10m
Breege-
Tromper
Wiek
Bohlendorf
Lobkevitz
Breeger
Bodden
Steinkoppel
Parchow
Schmantevitz
Gelmer Ort
Kammin
Finken-
haken
Woldenitz
Kamminer
Fähre
Lebbiner
Haken
2m
NSG
Königshorn
Glowe
21m
Vieregge
Lebbin
Großer Ort
Kontoper
Haken
Lebbiner
Bodden
Liddower
Haken
Schloss Spyk
43m
Grubnow
Liddow
NSG
Breetz
Moor
Klein
Grubnow
Liddow NSG
Sylvin
Kuschwitzer Haken
Waller Ort
Moritzhagen
Laase
Großer Jasmunder
Rachenbe
Reetz
Neuen-
kirchen
Tetzitzer
See
Banzelvitzer
Berge
Jabelitz
Zessin
Neuendorfer
Wiek
Tribbevitz
Tetzitz
Groß
Banzelvitz
Bodden
Neuendorf
Helle
Rappin
Haidemühl
Zirmoisel
Bubkevitz
Moisselbritz
Kuckelvitz
Venz
Venz Hof
Kartzitz
Lüssmitz
Silenz
Schweikvitz
Woorker
Berge
Schwarze
Berg
8m
Neu
Kartzitz
Gnies
58m
Augustenhof
Kluis
Gagern
Woorke
Ralswiek
Veikvitz
Patzig
Jarnitz
Patzig Hof
56m
183
96
184
Duwenbeck
Lipsitz
Ramitz
Dramvitz
64m
Pansevitz
Duwenbeek
Thesenvitz
Strüssendorf
Stedar

181
D
E
F
5
4
3
2
1
O S T S E E
Ruschvitz
1m
Baldereck
Bisdamitz
Kampe
104m
Spyker-scher See
Spyker
Spyker
Bobbin
Kreidebruch Gummanz
Gummanz
Polkvitz
Neddesitz
Polchow
J a s m u n d
Bussinische Berge
achenberg
Neuhof
Marlow
Deutsches Boxmuseum
Quatzen-dorf
Sagard
Mönken-dorf
96
Dobberworth
Vorwerk
Blieschow
63m
Wostevitz
96b
Borchtitz
Mukran
36m
Großer Wostevitzer Teich
Dubnitz
Semper
Saiser
Lietzow
Staphel
Spitzer Ort
of
Naturschutzgebiet Feuersteinfelder
Kleiner Jasmunder Bodden
184
185
Thiessower Ort
Thiessow
cedar
D
E
F
Rugeshus
Blandow
Salsitz
Lohme
Hankenufer
Nardevitz
Ranzow
Stubbenhörn
Nipmerow
Stubbenkammer
Große Stubbenkammer
Königsstuhl
Kleine Stubbenkammer
Hagen
Kollicker Ort
Kollicker Ort
153m
NATIONALPARK JASMUND
Kieler Ufer
Fahrnitzer Ufer
PIEKBERG
161m
Rusewase
S t u b n i t z
65m
Promoisel
BONER BERG
147m
Werder
Wissower Klinken
Dargast
Buddenhagen
Klementelvitz
Lancken
Wissower Ufer
SASSNITZ
Fischerei- und Hafenmuseum
Klocker Ufer
Fährhafen Sassnitz/Mukran
Neu Mukran
P r o r e r

182
178
A B C
Bock
Bock
Barther Zufahrt
Zarrenzin
Barhöft
Vierendehl-grund
Suhrendorf
Dorfkirche
Liebes
Varbelvitzer Bodden
Rattelvitz
Varbelvitz
Wusse
Mursewiek
Ummanz
Freesenort
Breite
Lieschow
Klein Kubitz
Heuwiese
Lieschow
Schwedenstrom
Barhöfter Rinne
Vierendehlrinne
Solkendorf
Flunder-grund
Klausdorf
Kubitzer
Bodden
NATIONALPARK
VORPOMMERSCHE
Liebitz
Schwarzer Strom
BODDENLANDSCHAFT
Prohner Wiek
Prohn-Ausbau
Prohner Stausee
Klein Damitz
Groß Damitz
Parower Haken
Bessiner Haken
Grabitz
Gurvitz
Bessin
Breesen
Giesendorf
Prohn
Stralsunder Fahrwasser
Barnkevitz
Rambin
Schlossberg
Kramerhof
Parow
Kasselvitz Ausbau
Poppelvitz
Kasselvitz
Kasselvitzer Katen
Schmedshagen
Klein Kedingshagen
Scharpitz
Goldevitz
Kransdorf
Saalkow
Groß Kedingshagen
Knieper Nord
Altefähr
Gustrower-höfen
Jarkvitz
Knieper West
Grahlhof
Klein Bandelvitz
Nesebanz
Vogelsang
Grahler Fähre
Hansedom
Tierpark
Nautineum
Dänholm
Wamper Wiek
STRALSUND
Gustow
Freienlande Grünhufe
Grüntal
Drigger Ort
Landschafts-schutzgebiet
Triebseer Siedlung
Drigge
Drigge
Gustower Wiek
Prosnit
Siedlung Lüssower Berg
Frankensiedlung
Fuchs-berg
Lüssow
Groß Lüdershagen
Steinort
Deviner Haken
Andershof
Schanze
Borgwall-see
Voigdehagen
Deviner Bucht
Schalks-berg
Neu Lüdershagen
Zitterpennings-hagen
Devin
Deviner See
Negast
Lüdershagen Kolonie
Wendorf
Teschenhagen
Neuhof
Niederhof
Middelhagen
Seemühl
Zarrendorf
Brinkhof
Brandshagen
Woltershagen
Krummenhagen
Neu Ahrendsee
Wüstenfelde
Schönhof
Groß Miltzow
Schneiderhof
Neu Elmenhorst
Ahrendsee Rubelow
Ahrendsee
Engelswacht
Brennerhof
Elmenhorst
Deutsche Alleenstraße

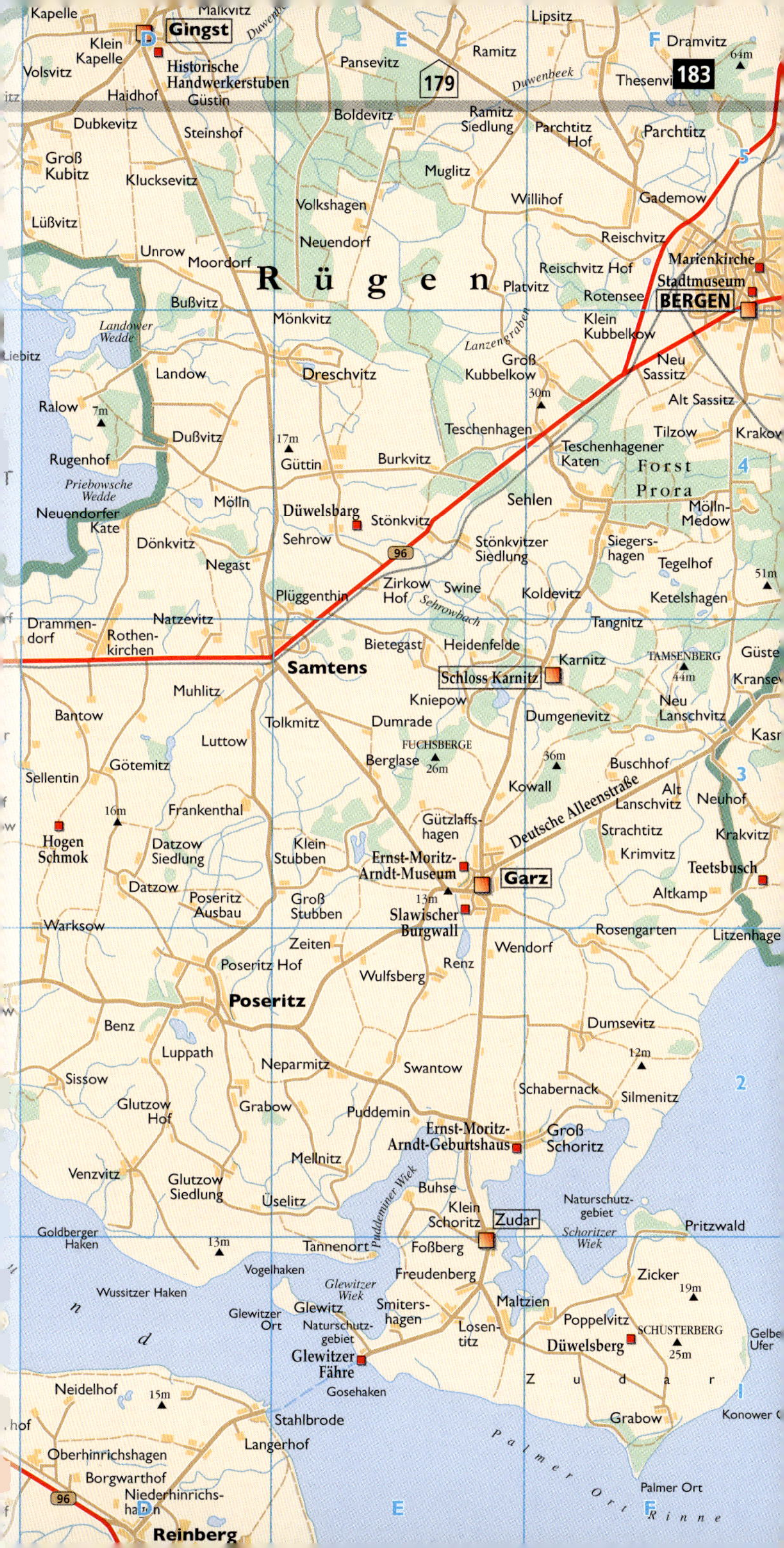

Kapelle
Malkvitz
Lipsitz
Gingst
D
Dramvitz
F
E
64m
Klein Kapelle
Duwen
Ramitz
Volsvitz
Duwenbeek
Thesenvi
Historische Handwerkerstuben Güstin
Pansevitz
179
183
Haidhof
5
Boldevitz
Ramitz Siedlung
Dubkevitz
Parchtitz Hof
Parchtitz
Steinshof
Muglitz
Groß Kubitz
Willihof
Gademow
Klucksevitz
Volkshagen
Reischvitz
Lüßvitz
Neuendorf
Reischvitz Hof
Marienkirche
Stadtmuseum
Unrow
Moordorf
Rügen
Platvitz
Rotensee
BERGEN
Bußvitz
Mönkvitz
Klein Kubbelkow
Landower Wedde
Liebitz
Landow
Dreschvitz
Groß Kubbelkow
Neu Sassitz
Ralow
7m
30m
Alt Sassitz
Lanzengraben
Rugenhof
Dußvitz
17m
Teschenhagen
Tilzow
Krakov
Priebowsche Wedde
Güttin
Burkvitz
Teschenhagener Katen
4
Forst
Neuendorfer Kate
Mölln
Düwelsbarg
Sehlen
Prora
Mölln-Medow
Dönkvitz
Sehrow
Stönkvitz
Siegers-hagen
Tegelhof
Negast
96
Stönkvitzer Siedlung
51m
Plüggenthin
Zirkow Hof
Swine
Koldevitz
Ketelshagen
Drammen-dorf
Natzevitz
Sehrowbach
Tangnitz
Rothen-kirchen
Bietegast
Heidenfelde
Karnitz
TAMSENBERG
Güste
Samtens
Schloss Karnitz
44m
Kranse
Muhlitz
Kniepow
Dumgenevitz
Neu Lanschvitz
Bantow
Tolkmitz
Dumrade
Kasr
Luttow
Berglase
FUCHSBERGE
26m
36m
Buschhof
3
Sellentin
Götemitz
Kowall
Deutsche Alleenstraße
Alt Lanschvitz
Neuhof
16m
Frankenthal
Gützlaffs-hagen
Strachtitz
Krakvitz
Hogen Schmok
Datzow Siedlung
Klein Stubben
Ernst-Moritz-Arndt-Museum
Krimvitz
Teetsbusch
Datzow
Groß Stubben
Garz
Altkamp
Warksow
Poseritz Ausbau
13m
Slawischer Burgwall
Rosengarten
Litzenhage
Zeiten
Wendorf
Poseritz Hof
Renz
Poseritz
Wulfsberg
Dumsevitz
Benz
12m
Luppath
Neparmitz
Swantow
Schabernack
Silmenitz
Sissow
Grabow
Puddemin
2
Glutzow Hof
Mellnitz
Ernst-Moritz-Arndt-Geburtshaus
Groß Schoritz
Venzvitz
Glutzow Siedlung
Üselitz
Buhse
Naturschutz-gebiet
Pritzwald
Goldberger Haken
13m
Tannenort
Klein Schoritz
Zudar
Schoritzer Wiek
Vogelhaken
Foßberg
n
Wussitzer Haken
Glewitzer Wiek
Freudenberg
Zicker
19m
d
Glewitz Ort
Glewitz
Smiters-hagen
Maltzien
Poppelvitz
SCHUSTERBERG
Gelbe Ufer
Neidelhof
15m
Naturschutz-gebiet
Losen-titz
Düwelsberg
25m
Glewitzer Fähre
Z
u
d
a
r
Oberhinrichshagen
Gosehaken
Grabow
Konower
Borgwarthof
Stahlbrode
Palmer Ort
96
Langerhof
Niederhinrichs-hagen
Palmer
Ort Rinne
Reinberg
E
E
1

Lipsitz
Ramitz
A
Dramvitz
64m
96
B
Thiessower Ort
C
Thiessow
Duwe
184
Thesenvitz
180
Strüssendorf
Ossen
Stedar
181
Pulitz
Naturschutz-gebiet
Ramitz edlung
Parchtitz Hof
Parchtitz
Prisvitz
53m
Sonnen-haken
Buhlitz
SCHANZENBERG
60m
5
Willihof
Gademow
Buschvitz
196a
Reischvitz
Rugard
Zittvitz
Lubkow
Kiekut
Platvitz
Reischvitz Hof
Marienkirche
Zirsevitz
Trips
Streu
Siebe Brüde
Rotensee
Stadtmuseum
Tetel
Dum-sevitz
BERGEN
Bergen Süd
Rotbuchen-
Klein Kubbelkow
Kaiseritz
Kluptow
Karow
allee
Groß Kubbelkow
Neu Sassitz
Siggermow
Dalkvitz
29m
Darz
30m
Alt Sassitz
Silvitz
196
chenhagen
Tilzow
Neklade
Zirkow
4
Teschenhagener Katen
Krakow
Dolgemost
Viervitz
Zargelitz
Sehlen
Forst Prora
Forst Werder
Alt Pastitz
Stönkvitzer Siedlung
Mölln-Medow
Pastitz
19m
Posewald
Siegers-hagen
Tegelhof
51m
Beuchow
Koldevitz
Ketelshagen
Neu Güstelitz
Darsband
Tangnitz
denfelde
Alt Güstelitz
Güstelitz
PUTBUS
Lonvitz
Vilmnitz
Karnitz
TAMSENBERG
Kransevitz
Nadelitz
oss Karnitz
44m
Schlosspark
Lauterbach
Wobbanz Freetz
Dumgenevitz
Neu Lanschvitz
Kasnevitz
Neuen-dorf
Mittel-schaar
Muglitzer Ort
Muglit
36m
Buschhof
Wreechen
Großer Haken
3
Kowall
Deutsche Alleenstraße
Alt Lanschvitz
Neuhof
Wreechen-see
Glowitz
38m
Strachtitz
Krakvitz
Neukamp
Vilm
Krimvitz
Garz
Teetsbusch
Kleiner Haken
Altkamp
Rosengarten
Litzenhagen
Rügischer Bod
Wendorf
Dumsevitz
12m
2
Schabernack
Silmenitz
GREIFSWALDER
Moritz-rtshaus
Groß Schoritz
Zudar
Naturschutz-gebiet
Pritzwald
Schoritzer Wiek
Zicker
19m
BODEN
Maltzien
Poppelvitz
SCHUSTERBERG
Gelbes Ufer
Düwelsberg
25m
1
Z u d a r
Grabow
Konower Ort
Palmer Ort
Palmer Ort Rinne
A
B
C

D
E
F
185
Prorer
181
5
Prora
Wiek
BERG
Heide
Sieben
Brüder
Binz
50m
Hagener
Berge
Schmachter
See
Granitzer
Ort
Silvitzer
Ort
71m
Schanzenort
Max-Dreyer-
Buche
Frankenberge
85m
Sellin
4
Schmacht
Jagdschloss
Granitz
Quitzlaser Ort
Pantow
Serams
103m
elitz
Alt Süllitz
Blieschow
Altensien
Nistelitz
Garftitz
Selliner
See
Baabe
Lancken-
Granitz
z
Zarnekow
Neuen-
sien
Moritzdorf
Baaber
Burtevitz
196
Dummertevitz
Preetz
Herzogs-
grab
Heide
Göhren
Groß
Stresow
Seedorf
Nord-
perd
Stresower
Museumshof
uglitz
Bucht
Gobbin
30m
Having
Mönchgut
Speckbusch
aken
Neu Reddevitz
12m
22m
Philippshagen
Gobbiner
Höft
Mariendorf
Lobber Ort
3
BIOSPHÄRENRESERVAT
Alt
Reddevitz
Middelhagen
Kleinhagen
Lobbe
SÜDOST-RÜGEN
Hagensche
Reddevitzer
Höft
Wiek
Großer Strand
odden
Gager
M
ö
Bakenberg
51m
Groß Zicker
Zicker-
see
Saalsufer
38m
2
Klein Zicker
Thiessow
Südperd
Thiessow
1
Thiessower
Haken
Groß
Stubber
D
E
F

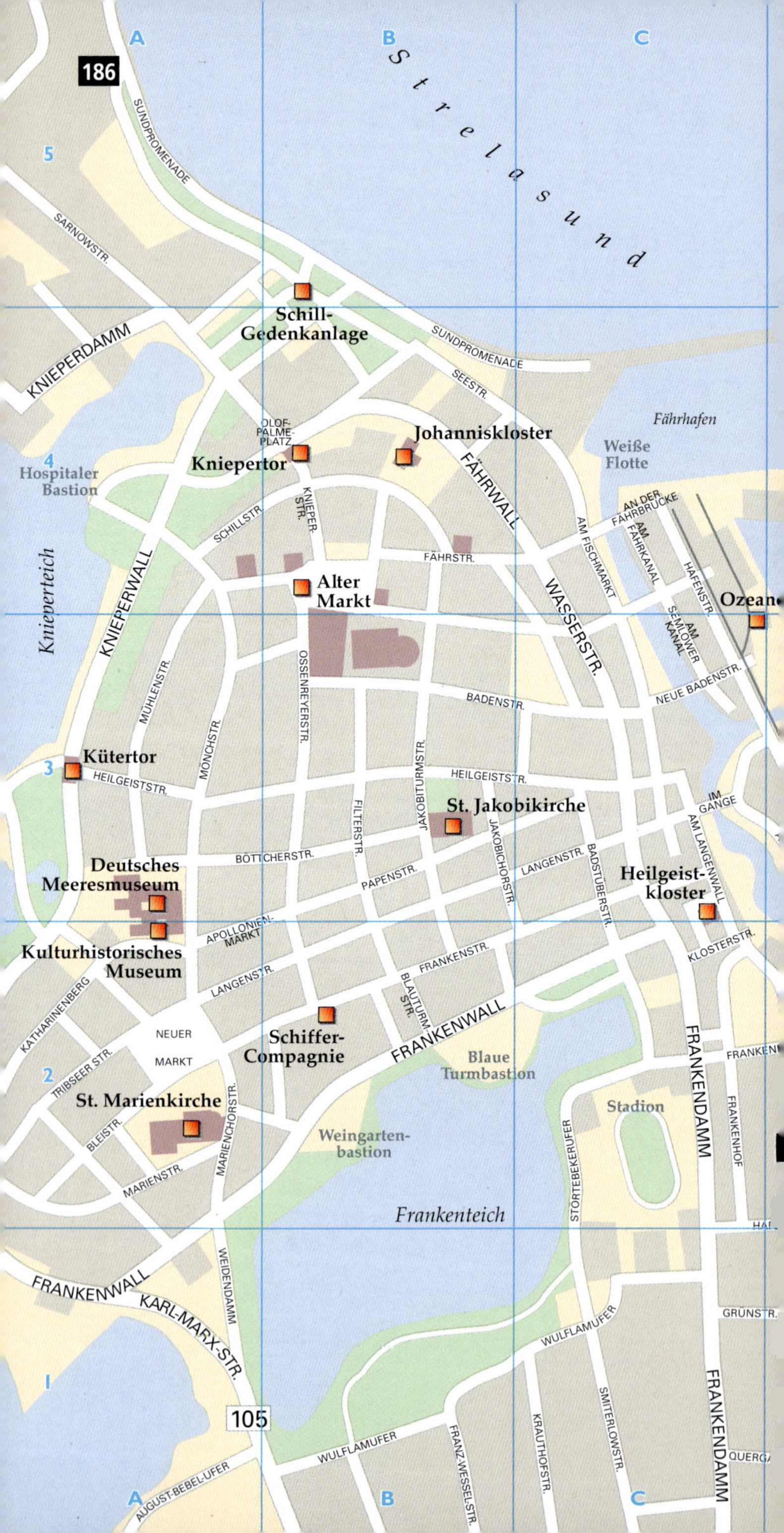

186
A
B
C
5
Strelasund
SUNDPROMENADE
SARNOWSTR.
KNIEPERDAMM
Fährhafen
Weiße Flotte
SUNDPROMENADE
SEESTR.
Schill-Gedenkanlage
OLOF-PALME-PLATZ
Johanniskloster
Kniepertor
FÄHRWALL
AN DER FÄHRBRÜCKE
AM FÄHRKANAL
HAFENSTR.
4
Hospitaler Bastion
SCHILLSTR.
KNIEPERSTR.
KNIEPERWALL
FÄHRSTR.
AM FISCHMARKT
WASSERSTR.
Ozean
Knieperteich
Alter Markt
AM SEMLOWER KANAL
NEUE BADENSTR.
MÜHLENSTR.
OSSENREYERSTR.
BADENSTR.
MÖNCHSTR.
Kütertor
HEILGEISTSTR.
HEILGEISTSTR.
JAKOBITURMSTR.
St. Jakobikirche
IM GANGE
3
FILTERSTR.
JAKOBICHORSTR.
LANGENSTR.
BADSTÜBERSTR.
AM LANGENWALL
Heilgeist-kloster
Deutsches Meeresmuseum
BÖTTCHERSTR.
PAPENSTR.
KLOSTERSTR.
Kulturhistorisches Museum
APOLLONIEN-MARKT
LANGENSTR.
FRANKENSTR.
BLAUTURM-STR.
KATHARINENBERG
NEUER MARKT
FRANKENWALL
FRANKENDAMM
Schiffer-Compagnie
Blaue Turmbastion
FRANKEN
2
TRIBSEER STR.
BLEISTR.
MARIENCHORSTR.
Stadion
FRANKENHOF
St. Marienkirche
Weingarten-bastion
STÖRTEBEKERUFER
MARIENSTR.
Frankenteich
HAF
WEIDENDAMM
1
FRANKENWALL
KARL-MARX-STR.
WULFLAMUFER
GRÜNSTR.
105
AUGUST-BEBEL-UFER
WULFLAMUFER
FRANZ-WESSEL-STR.
KRAUTHOFSTR.
SMITERLOWSTR.
FRANKENDAMM
QUERGA
A
B
C

# Abbildungsnachweis

Abkürzungen: (o) oben; (u) unten; (l) links; (r) rechts; (m) Mitte

Der Verlag bedankt sich bei folgenden Fotografen und Agenturen für die freundliche Unterstützung bei der Realisierung dieses Buches:

Umschlag: Torsten Krüger, Bremen

**AKG Berlin:** 15 *Gustav Adolph landet auf Rügen, Holzstich von Josef Mathias von Trenkwald,* 16 *Kreidefelsen auf Rügen, Gemälde von Caspar David Friedrich,* 17 o. l. *Gerhart Hauptmann während eines Aufenthalts auf Hiddensee,* 17 M. l. *Johannes Brahms, Fotoreproduktion von Jagermann,* 17 M. r. *Clara Schumann, Lithographie von Straub,* 17 o. r. *Friedrich Daniel Ernst Schleiermacher, Holzstich,* 17 u. r. *Die Einbringung des Seeräubers Klaus Störtebeker in Hamburg, Holzstich von Carl Gehrts,* 74 o., 100 u.; **Deutsche Telekom:** 173 M.; **Werner Dieterich, Stuttgart:** 8 u., 46 u., 61 u. l., 68, 120 u., 121 u., 148, 165; **DuMont Bildarchiv: (Kirchner)** 2II, 3I, 10, 13 l., 13 r., 14, 20 l., 24 u., 25 r., 27, 29, 29 u. l, 39 o. r., 40 M. l., 40 u., 41 o. l., 44 o. l., 47, 49 u., 53, 54 o., 61 u. r., 62, 69, 70 u., 72, 73, 74 u., 78, 79 u., 81 o., 81 u., 89 u. l., 89 u. r., 95 o., 95 u., 99 o. l., 101 u., 103 u., 107 o., 109, 110, 117, 119, 125, 127 o., 127 u., 132 o., 156, 160 l., 164 r., 169 o. r., **(Krewitt)** 12, 21 r., 52, 90, 92 u., 104, 137 o., 143; **Ralf Freyer, Freiburg:** 8/9 o., 3II, 8 M. u., 46 o. l., 49 o. r., 75, 97, 108, 122, 123 u., 133, 133 u. l., 136, 137 u., 141 o., 142, 168 o. r.; **Roger Gill, Tübingen:** 173 o.; **Ottmar Heinze, Hamburg:** 5 u. r., 8 o. M., 23, 25 l., 43 o. r., 51, 66 u. r., 91, 93 o., 94, 96, 101 o., 102 u. l., 117 u. r., 118, 120 o., 126, 139, 144 o., 144 u., 145, 155 o. l., 162; **Frank Ihlow, Potsdam:** 3IV, 24 o., 41 u. l., 45 M., 77 o. l., 102 o., 103 o., 129, 138, 146, 147, 155, 166 r., 168 u. l.; **Gerold Jung, Ottobrunn:** 22, 24 M., 66 u. l., 92 o., 133 u. r., 134 u., 140, 141 u., 169; **Torsten Krüger, Bremen:** 42/43 M., 2I, 2III, 2V, 5, 7 r., 8 o., 34 u. r., 37, 37 u. l., 41 M. r., 49 o. l., 50, 77 o. r., 79 o., 80, 89, 98 o., 98 u., 99 o. r., 100 o., 105 o., 111, 160 r., 161, 163, 167, 169 o. l.; **La Terra Magica: (Lenz)** 173 u.; **mauritius images/imagebroker: Eisele-Hein:** 18; **Schapowalow, Hamburg: (Koserowsky)** 7 l., **(Mader)** 6, 28, 29 u. r., **(de Vrée)** 54 u., ; **transit-Archiv, Leipzig: (Berthold)** 5 u. l., 44 u., 66 o. l., 67, **(Härtich)** 26, 117 u. l., 121 o., 128, 134 o., 149, 164 l., 166 l., **(Klose)** 64, **(Legrand)** 11, 20 r., 21 l., 48, 70 o., 71, 76, 105 u., 124, 155 o. r., 157, **(Schulze)** 93 u., 106, 107 u.; **White Star, Hamburg: (Pasdzior)** 2IV, 61, 63, 64 u., 65

Der Verlag hat keine Mühen gescheut die Copyright-Inhaber zu ermitteln, dennoch möchte sich der Verlag für mögliche Fehler entschuldigen. Hinweise und Korrekturen sind jederzeit willkommen.

# Leserbefragung

Ihre Ratschläge, Urteile und Empfehlungen sind für uns sehr wichtig. Wir bemühen uns, unsere Reiseführer ständig zu verbessern. Wenn Sie sich ein paar Minuten Zeit nehmen, diesen kleinen Fragebogen auszufüllen, könnten Sie uns sehr dabei helfen.

Wenn Sie diese Seite nicht herausreißen möchten, können Sie uns auch eine Kopie schicken, oder Sie notieren Ihre Hinweise einfach auf einem separaten Blatt.

*Bitte senden Sie Ihre Antwort an:*
NATIONAL GEOGRAPHIC SPIRALLO-REISEFÜHRER, MAIRDUMONT GmbH & Co. KG, Postfach 31 51, D-73751 Ostfildern
E-Mail: spirallo@nationalgeographic.de

## Über dieses Buch ...
NATIONAL GEOGRAPHIC SPIRALLO-REISEFÜHRER **RÜGEN**

Wo haben Sie das Buch gekauft? _______________________________

Wann? Monat / Jahr __

Warum haben Sie sich für einen Titel dieser Reihe entschieden? _____________

_______________________________________________________

_______________________________________________________

_______________________________________________________

_______________________________________________________

_______________________________________________________

_______________________________________________________

_______________________________________________________

**Wie fanden Sie das Buch ?**

Hervorragend ☐   Genau richtig ☐   Weitgehend gelungen ☐   Enttäuschend ☐

**Können Sie uns Gründe angeben?**

_______________________________________________________

_______________________________________________________

_______________________________________________________

_______________________________________________________

_______________________________________________________

_______________________________________________________

Bitte umblättern ...

Hat Ihnen etwas an diesem Führer ganz besonders gut gefallen?

_______________________________________________

_______________________________________________

_______________________________________________

_______________________________________________

_______________________________________________

Was hätten wir besser machen können?

_______________________________________________

_______________________________________________

_______________________________________________

_______________________________________________

_______________________________________________

_______________________________________________

## Persönliche Angaben

**Name** _______________________________________

**Adresse** _____________________________________

_______________________________________________

_______________________________________________

**Zu welcher Altersgruppe gehören Sie?**
Unter 25 ☐   25–34 ☐   35–44 ☐   45–54 ☐   55–64 ☐   Über 65 ☐

**Wie oft im Jahr fahren Sie in Urlaub?**
Seltener als einmal ☐   Einmal ☐   Zweimal ☐   Dreimal oder öfter ☐

**Wie sind Sie verreist?**
Allein ☐   Mit Partner ☐   Mit Freunden ☐   Mit Familie ☐

**Wie alt sind Ihre Kinder?** _____

## Über Ihre Reise ...

**Wann haben Sie die Reise gebucht?** Monat / Jahr ___

**Wann sind Sie verreist?** Monat / Jahr ___

**Wie lange waren Sie verreist?** __________________

**War es eine Urlaubsreise oder ein beruflicher Aufenthalt?** ______

**Haben Sie noch weitere Reiseführer gekauft?** ☐ Ja  ☐ Nein

**Wenn ja, welche?** ______________________________

_______________________________________________

Herzlichen Dank dafür, dass Sie sich die Zeit genommen haben, diesen Fragebogen auszufüllen.